JN267699

ロジャーズ選集（上）
カウンセラーなら一度は読んでおきたい厳選33論文

H. カーシェンバウム／V. L. ヘンダーソン＝編

伊東 博・村山正治＝監訳

THE CARL ROGERS READER

edited by Howard Kirschenbaum
and Valerie Land Henderson

誠信書房

私たちの同僚，師そして友である
カール・ランソム・ロジャーズ(1902－1987)に捧ぐ

THE CARL ROGERS READER
edited by Howard Kirschenbaum
and Valerie Land Henderson
Copyright ©1989 by Howard Kirschenbaum
All rights reserved
Japanese translation rights arranged with
Howard Kirschenbaum and V.L. Henderson, c/o
Sterling Lord Literistic Inc., New York
through Tuttle-Mori Agency Inc., Tokyo

序　文

　カール・ランソム・ロジャーズ（Carl Ransom Rogers, 1902-1987）は，アメリカ史上において，最も影響力のあるサイコロジストであった。

　彼は，サイコセラピーの主要な新しいアプローチの創始者であったのだが，それは，次のような順序でそれぞれ，「非指示的」（nondirective），「クライエント・センタード」（client-centered），「パーソン・センタード」（person-centered）のアプローチとして知られていくものであった。

　彼は，サイコセラピーの完全なケースを記録し，それを公表した，歴史上初めての人であった。

　彼は，カウンセリングとサイコセラピーについて，これまでにどこでも行われなかったほどに，より科学的な実証研究を実施し，またそれを推進した人であった。

　彼は，精神医学や精神分析を超えた専門的なカウンセリングとサイコセラピーを，すべての援助専門職——心理学，ソーシャルワーク，教育，教会，非専門家によるセラピー，その他——にまで拡大したことについても，他の誰よりも大きな貢献をした。

　彼は，集中的セラピー・グループ経験（体験）（intensive therapeutic group experience）——それはときには「エンカウンター・グループ」（encounter group）と呼ばれるが——の発展とその普及においても，指導的な役割を果たした。

　彼は，1960年代から1980年代にわたる，ヒューマニスティック心理学（humanistic psychology）の運動の指導者でもあった。この運動は，いまなお，一般社会およびこの専門職に対して深甚な影響力をもちつづけているのである。

彼は，対人的コミュニケーションの諸原理を，グループ間の葛藤および国際紛争の解決に適用したことでも，先駆者であった。

彼は，援助専門職のなかでも，最も多作な著作者であった——16冊の本の著者であり，200以上の専門的な論文と研究報告の著者であった。彼の著作物は，数百万部も印刷されているが，その著作の外国語版も60種以上出版されている。

本書は，その生涯にわたる著作のすべての範囲を代表するものである——その広さからいえば，専門的な興味と人間的な関心のきわめて広い領域にわたっており，その深さからいえば，すべての人間関係にとって基本的であるいくつかのテーマを深く掘り下げているのである。本書のどの部分にでも——セラピーについての部分でも，個人的成長，教育，科学，哲学，社会問題，あるいはロジャーズ自身の生涯についての部分でも——そこにはいつも，個人的なもの，専門的なもの，政治的なものが入り交じって表現される。公刊のどの時期をとってみても——1942年から1987年の時期の著作から選択されたものでも，あるいはそれ以前の未公刊の論文をみても——，ロジャーズのユニークな，個人的なコミュニケーションのスタイルがはっきりとあらわれている。

しかしカール・ロジャーズの影響力は，その著作だけによるものではない。それよりもはるかに大きなものである。彼は，印刷物ではない他の革新的な媒体を用いることでもまた，先駆者であった。そのことも彼の考え方を広く普及するのに役立ったのである。アメリカ・サイコセラピスト協会のテープ・ライブラリーに含まれている彼のセラピー面接のテープは，数千本も世界中の専門家に購入された。彼は，自分のセラピーの場面や集中グループ・セッションの場面をフィルムに収めさせることも多かった。有名なグローリア・シリーズ (Rogers, et al., 1962) では，ひとりのクライエントが，ロジャーズと，ゲシュタルト・セラピーのフリッツ・パールズ (Fritz Perls) と，論理情動療法のアルバート・エリス (Albert Ellis) から，次々と面接されるのである。また『出会いへの道』(*Journey Into Self*) (Farson, 1970) という映画は，ロジャーズがエンカウンター・グループをリードしているものだが，長編記録映画部門でアカデミー賞を受賞し，全国配給映画の指定を受けたのである。

ロジャーズは教育者として長い経歴をもっているので，数千人の学生を教え

ることになった。その学生たちは，彼の講義に深く心を動かされて，その思想や方法論を世のなかに広げつづけていった。例えばシカゴ大学時代（1945-1957）の彼の講義の多くには，いつも世界中から，彼に学びたいという学生が数百人も集まっていた。教育関係の学会や会議や研修会では，彼は終生にわたって，積極的なスピーカーとして話しかけ，また何十万人という人の前で，デモンストレーション面接をやったり，エンカウンター・グループのセッションを実演してみせたりした。

著作者，教育者，モデルとして彼は個人的な影響力をもっていたのだが，それ以上にまたロジャーズは，援助専門職の政治学においても積極的に活躍した。多くの役職や編集の仕事にたずさわった。アメリカ・ソーシャルワーカー協会のニューヨーク州支部長およびその全国本部の常任理事であったし，アメリカ矯正精神医学会副会長もやり，アメリカ・サイコセラピスト協会の初代会長，アメリカ心理学会会長——1945年にはその組織改革に貢献した——などをつとめた。1963年にはヒューマニスティック心理学会の創立に力をつくしたが，その初代会長になってくれという懇請はことわっている。

その大きな貢献が承認されるにつれて，ロジャーズの業績は広く知られるようになり，その重要性も証明されることになった。彼は，アメリカ心理学会の優秀科学貢献賞を，それが設けられた最初の年に受賞し，1972年には，同学会のその賞と優秀職業貢献賞の二つを同時に受賞した最初の人になった。世界中の大学から受けた名誉学位，客員教授，その他の賞は，ここにひとつひとつ挙げることができないぐらいの数におよんだ。

ロジャーズの影響力を高めた要因として，その活動範囲が広かったということに加えて，彼の長命とそのスタミナの強さもひとしく重要なものであった。1928年にサイコロジストとしての活動を始めてから1987年の死没にいたる59年間にわたって，彼は，専門職としてきわめて活発に活動をつづけた。彼の最初の論文は，1930年に発表された（Rogers and Carson）。80代になっても心身ともに生き生きとしていて，彼は，講演，ワークショップ，執筆，旅行などのびっくりするほどの過密なスケジュールをこなしていた。

さまざまな領域——心理学，サイコセラピー，教育，カウンセリング，ソーシャルワーク，教会，医療，その他——における多数の専門家たちが，その専

門的経歴のなかで最も強い影響を受けた師あるいはモデルとして，あるいは多くの場合その人生の師・モデルとしてロジャーズをあげているのだが，それにもかかわらず，同じくらいたくさんの人が，ロジャーズの貢献を低く評価し，あるいは批判さえもしているのである。彼の業績は，多くのアカデミックな世界では高く尊重されないけれども，現実の世界においては，重要な刺激を与えつづけている。このことは，『カウンセリング心理学』誌（*Journal of Counseling Psychology*）に掲載された論文（Heesacker et al., 1982），および『アメリカン・サイコロジスト』誌（*American Psychologist*）に掲載された論文（Smith, 1982）のなかに明らかにされている。前者の雑誌では，「長く時間の試練に堪え，いまなおその領域に影響力をもっている著者・論文・著書……」の調査で，主要寄稿者のなかで第 1 位にあげられている。後者の論文では，アメリカ心理学会の第 12 分野（臨床心理学）と第 17 分野（カウンセリング心理学）から無作為抽出された会員に，質問紙が発送された。その調査結果は，「最も影響力のある 10 人のサイコセラピスト」をあげているが，ここでもまたロジャーズが第 1 位にあげられている。

　皮肉なことであるが，ロジャーズは世界中の施設で治療を受けている何百万人の人びとに影響を与えてきたし，また与えつづけているのだが，概していえば，その大衆は彼の名前すら知らない。ロジャーズは，広く大衆に知られることや名声を求めたことはなかった。彼は，自分の影響力が広がっていくのをよろこんではいたけれども，意識して「大衆心理学」のマーケットで売れるようなものを書いたことはなかった。彼の著書『エンカウンター・グループ』（*On Encounter Groups*）が，大衆市場で売れる可能性があらわれてきたとき，大きなテレビのショー番組で，インタヴューに出演するように依頼されたことがある。彼はそれをことわった。出版社の人が，信じられないというふうに「1 回出れば，これからドンドン出られるのに！」と言った。「それがこわいんですよ」と，恥ずかしがり屋で懐疑的なロジャーズは答えたのである（それにもかかわらずこの本は，25 万部を売りつくした）。

　ロジャーズの貢献したところは，簡単に大衆の関心を集めてすぐに忘れられてしまうような，ベストセラー著作家のそれとは違って，もっと繊細なものであり，もっと底の深いものなのである。彼は，「静かな革命家」（quiet revolutionary）と呼ばれてきた。彼のメッセージは，ウソかと思われるほど簡潔なものであるが，その含蓄は非常に深いものである。──すべての人間は，自分自身のなかに，個人的にも満ち足りた，社会的にも建設的な方向に，みずからの人生を導いていく能力をもっている。ある特定のタイプの援助関係のなかで，私たちは，その人間が自由にみずからの内面の智恵と自信を発見していくように援助することができる。その人びとは，ますます健康で，ますます建設的な選択をするようになるであろう。

　ロジャーズは，この「仮説」（と彼は呼んだ）を57年間にわたって，教え，検証し，そしてその仮説を生きてきたのである。彼は，この援助関係の特質を明らかにするために数十年間骨を折ってきたのだし，そして彼自身およびその同僚と学生も，その仮説を，すべての援助専門職に，そして日常生活の多くの領域に適用してきたのである。セラピストの面接室で，学校で，病院で有効であるこの人間関係の諸原理は，両親にも，青少年リーダーにも，あるいは友人関係にも通用するものであることを，彼は実証した。そして年月がたつにつれて，この仮説と，それを具体化するためのさまざまなアプローチは，目につかないかたちで，ジワジワと援助専門職を変化させてきたのである。

　すべての専門家が，ロジャーズの影響を喜んでみていたわけではない。彼の理論と方法があまりにも単純すぎると考えていた人も多い。その人の自立する力を信頼するということは，うまくいかないかもしれないし，ときには有害なこともあるかもしれないと批判する人もいる。またある人びとは，彼の貢献の意味するところを低く評価して，そのなかには新しいものは何もないとか，「そんなことはもうやっていることだ」と言っている人もある。また，こんな批判をいろいろとあげながら，結局は，援助関係についてのパーソン・センタード・アプローチ（person-centered approach）に対して，かなりあいまいな態度を表明する評論家もいるのである。

　要するに，多くの評論家の言っていることは次のようになるであろう。──「私たちも人間を信頼している。私たちも，患者やクライエントや学生が，自分の問題を自分で解決するように援助する方法を用いているのだ。援助とはそういうものなのだ。──つまり他人に代わって問題を解決してやるのではなく，その人が自分で自分の問題を解決するように援助しているのだし，他人の

生き方を指示したりするのではなく，その人の成長を促進しているのだ。しかし，それだけでは十分ではないのだ。私たちはまた，自分自身の経験と専門性を生かして，賢明な質問をし，解釈を与え，情報を提供し，強化をし，あるいはなんらかのかたちで，私たちの責任を，肯定的な，成長を助ける方向へと向けなければならないのだ」。

カール・ロジャーズの業績をめぐっては半世紀にわたって論争がつづけられたが，それは結局，援助専門職のなかでいまだにくすぶっている，ひとつの基本的な哲学的・方法論的な疑問点を浮き彫りにするばかりであった。——私たちは，人間がみずからの成長と発達を導いていくその能力に，どの程度依存することができるだろうか。そしてまた，どの程度私たちは，外部からの動機づけ，戦略，指導，方向づけ，ときには強制すら導入することができるのだろうか，という問題である。

そこにロジャーズの業績が，受容され，歓迎されるばかりではなく，ときには悪口を言われ，誤解されるというように，論争の的になった理由があるのである。援助するということの直線上の，パーソン・センタード側の端に極端な位置をとることによって，そしてそのみずからの位置を支持しながら著作家として，教師として，科学者として，半世紀にわたって効果的な活動をつづけることによって，ロジャーズは，もっとはるかに大きな論争——人間行動の予測と統制についての論争——における中枢的な人物となったのである。

世界中の教師，両親，セラピストたちがわかっているように，私たちは，学生や子どもやクライエントに自由を与えることについて，複雑な感情をもっていることが多い。この点で私たち自身が迷いをもっていることは別にして，人間の成長と独立を支持したいという心からの願いをもっているからといって，それはかならずしも，それを効果的に実践する方法を知っているということではないのである。多くの研究が示していることであるが，自分の行動が非常に促進的であると信じている人でさえも，自分が思っているよりもずっと指示的である場合が多いのである。例えば，カウンセリングのセッションや学級のなかで，クライエントや生徒の方が大部分の時間を話していると主張するセラピストや教師が，よく観察してみると，自分たち自身が大部分の時間を話していることを発見することが多いのである。同じように，もっと大きな規模でいえ

ば，全体主義国家および民主主義国家の例が証明しているように，私たちは，自由と個人の自己決定を信じているからといって，いつもそのように実践しているとはかぎらないのである。

　ロジャーズは，すべての人間関係における民主主義的・自由主義的な理想の重要性を主張したばかりではなく，その理想を実行に移す方法を求めることに，その生涯を捧げたのである。彼は，新しい工夫をし，それを検証し，改変し，モデルを作り，ときには改宗さえしたのだ，とみずから述べている。そのために彼は，彼に賛同する数十万人の学生を獲得し，その人たちの仕事が毎年，数百万人の生活に影響を与えているのである。しかしそれと同時に，彼はまた数千人の批判者をも作ったのである。この批判者たちは，アメリカの大学や研究機関において，カール・ロジャーズとパーソン・センタード・アプローチが専門教育の大黒柱にならないように警戒しているのである。

　ロジャーズの業績に抵抗を示しているのはアカデミーの世界だけではない。ある意味では，創造的人間の教育に向けられる関心は，現代社会におけるきわめて強力な潮流と競争することを余儀なくされるのである。というのは，現代の技術革新の時代は，驚異的なテレ・コミュニケーションの技術，新しい薬と治療法，新しいハードウェアとソフトウェア，仕事とレジャーの新しい方策——つまり，現代の科学と資本主義が提供する最新の進歩——などにますます強く目を奪われているからである。ロジャーズのメッセージは，それとは違った方向を指し示している。見たところは，科学技術にくらべるとまったく面白味のないものであるけれども，それよりももっと難しいものである。現代の諸問題を解決する手段は，科学技術に求めるべきではなくて，もろもろの関係に求められるべきものである，というのがロジャーズの答えなのである。本当に大事なのは，自分自身および他者に対する信頼であり，コミュニケーションに対する信頼であり，自分の感情や葛藤に対処するそのやり方への信頼であり，自分の生き方に意味を見いだす方法への信頼なのである。20世紀の間に私たちは，自分自身および他者と付き合っていく方法について大量の智恵を学んだ。その知識を現実化するならば，私たちはまだ地球を救うことができるかもしれない。それを無視して，私たちの生命と財産を科学技術を使った応急処置に賭けるならば，私たちはもう生き残ることができないかもしれない。

カール・ロジャーズが，現代社会の主要な援助専門職に劇的で恒久的な影響を与えつづけていることは，疑いの余地もないことである。彼の業績が，クオリティ・オヴ・ライフをどうみるかということについて，数百万の人びとに影響を与えたということもまた，明らかなことである。来るべき将来においても，ロジャーズと同じ方向の仕事をしている彼の同僚，その学徒，その他の人びとが，世界中にパーソン・センタードの哲学を展開し，それを促進しつづけるであろうから，彼の業績は，間違いなく広がりつづけるであろう。

　人間関係に対するパーソン・センタードのアプローチが終局的にアメリカ社会および世界中に深く永続的な影響を与えるかどうかということは，もっとはるかに不確かなことである。この点についていえば，世界が人間の諸問題──犯罪，麻薬，グループ間の葛藤，国際間の葛藤，これはわずかの例であるが──にどのような対処を決断しようとするかによって，パーソン・センタード・アプローチが生き残るような社会，あるいはそのような世界さえも，できてくるかどうかが決まるであろう。カール・ロジャーズの業績が，このような決断の過程に対してどのくらい大きな役割を果たすことができるか，それは今後の問題である。

目　次

　　序　文 i

第Ⅰ部　私を語る ─────────────────────────── 1
　　1　私を語る　*1961*　7
　　2　私の結婚　*1972*　32
　　3　老いること──成長しながら老いること　*1980*　42
　　4　85歳を迎えて　*1987*　65

第Ⅱ部　セラピーの関係 ───────────────────── 69
　　5　より新しいサイコセラピー　*1942*　74
　　6　指示的アプローチ対非指示的アプローチ　*1942*　92
　　7　ハーバート・ブライアンのケース　*1942*　103
　　8　援助関係の特質　*1958*　129
　　9　気持ちのリフレクション（反映）と転移　*1986-1987*　152
　　10　クライエント・センタード／パーソン・センタード・アプローチ
　　　　　 1986　162

第Ⅲ部　過程のなかの人間 ──────────────────── 187
　　11　症例　エレン・ウェストと孤独　*1961*　192
　　12　価値に対する現代的アプローチ──成熟した人間における
　　　　　 価値づけの過程　*1964*　206
　　13　結婚しますか？　*1972*　228

第Ⅳ部　理論と研究 ──────────────────────── 243
　　14　二つの研究から学んだこと　*1986*　248

15 サイコセラピー技術の改善における電気録音面接の利用
　　　　1942　256

16 セラピーによるパーソナリティ変化の必要にして十分な条件
　　　　1957　265

17 クライエント・センタードの枠組みから発展した
　　　セラピー，パーソナリティ，人間関係の理論　*1959*　286

　　　人名索引　314
　　　事項索引　316

下巻目次

第Ⅴ部　人間の科学
- 18　行動科学における現行の前提諸条件について　*1968*
- 19　もっと人間的な人間科学に向けて　*1985*

第Ⅵ部　教育
- 20　教授と学習についての私見　*1957*
- 21　学習を促進する対人関係　*1967*
- 22　教育の政治学　*1977*

第Ⅶ部　援助専門職
- 23　グループのなかで促進的人間であることができるか？　*1970*
- 24　援助専門職の新しい挑戦課題　*1973*
- 25　援助専門職の政治学　*1977*

第Ⅷ部　人間論
- 26　「人間の本質」について　*1957*
- 27　十分に機能する人間――よき生き方についての私見　*1961*
- 28　現実は「ひとつ」でなければならないか？　*1978*

第Ⅸ部　より人間らしい世界
- 29　社会的な意義　*1960*
- 30　異文化間の緊張の解決　*1977*
- 31　一心理学者，核戦争をこう見る　*1982*
- 32　ルスト・ワークショップ　*1986*
- 33　ソビエトにおける専門職世界の内側　*1987*

第I部

私を語る

カール・ロジャーズは，その専門的な著作においても，あるいは一般向けの文章においても，表現方法において個人的な様式を用い始めた人である。そういう書き方は，これまで，アメリカの専門的，科学的な表現様式としてはまれなことであり，あるいはまったくなかったことである。この個人的な表現方法は，その伝達の仕方のスタイルにもあるし，またその内容にもみられるものであった。

　はじめは，当時のすぐれたアカデミックな著作者と同じように，ロジャーズもまた，第一人称で話すことはほとんどなかった。序文のなかで第三人称で自分を記述することは，彼の最初の4冊の著書にみられるように，それがほぼ彼の個人的な表現であったのである。例えば，『問題児の治療』(*The Clinical Treatment of the Problem Child*)（1939）のなかで彼は次のように書いている。――「著者は当然のことながら，自分の関係しているクリニックの経験に頼っているのだが，彼はまた，他者の経験や実践をも含めようとつとめた」と。

　1951年には『クライエント中心療法』(*Client-Centered Therapy*)の序文のなかで，個人的表現の水路を試し始めている。つまり二つのつづいている文章のなかで彼は，「著者は……深く彼らの協力に負うている」から，「この本を書くにあたって私はしばしば……」に変わっていったのである。この人称代名詞はその後，序文のしまいまで用いられる（しかしその本の本文では一度も用いられない）。そのなかには次のような文章があるが，そんなことは専門書としてはまったくめずらしいことなのである。

　　この本は，私たちにとってきわめて個人的な経験について書かれたものである。クライエントは，私の相談室の机の角のところに座って，自分自身になろうと努力しているが，しかし自分になることが死ぬほど恐ろしいのである――自分の経験しているところをありのままにみたがっており，その経験している

がままに経験したいのだが，しかしこれからどうなっていくかについては非常に怖がっているのである。この本は，そうしたクライエントについて書かれたものである。私はそのクライエントのそばに座っており，彼と顔を合わせながら，できるだけ深く，そして敏感に，その足搔きのなかに参加しようとしているのである。この本は，そういう私について書かれたものである。私はまた，彼の経験が，彼にとってどんな意味があり，どんな感じがし，どんな味がし，どんな香りがするのかを理解しようとしているのだが，この本は，そうしている私について書かれたものなのである。この本はまた，そのクライエントを理解するのにきわめて人間的な過ちを犯している私についても書かれている。──生きることが，そのクライエントにどのようにみえているのかを知ることにときおり失敗するのだが，その失敗は，そこに起こっている成長というものの微妙で複雑な網の目のなかに，重い物体のようにドスンと落ちてくるのである。この本はまた，新しいパーソナリティが生まれてくる産婆の役割をすることができた自分の特権に，小躍りして喜んでいる私についても書かれている。──そのとき私は，新しい自己の出現，新しい人間の誕生，私が重要な，そして促進的な役割を果たしたその誕生の過程に居合わせて，畏敬の念に打たれているのである。この本は，この経験全体のなかに明らかに存在している，可能性に満ちた，秩序ある力──その力は，宇宙全体のなかに深く根をおろしていると思われるのだが──を，驚異の念をもって見ているクライエントと私について書かれたものなのである。

　ロジャーズが，すべての援助関係において，セラピストや教師や専門職の純粋性が重要であることを強調し始めたとき，その当然の結果として，自分自身の専門的な表現のなかでもできるだけ個人的であり，純粋でありたいと望むようになった。一方においては，1950年代の末ごろまでには，彼はその専門において最高水準の業績を達成し，完全に科学者として高い評価を得ていたので，アカデミックな場面においても，個人的な表現を敢えて試みてみるという自信をもつようになっていたのである。もしかりに，個人的な話し方をして，しかも「ソフト」だとか非科学的だと片づけられないような人がいるとすれば，ロジャーズがまさにそうした人であったのである。だから彼は，適当だと思うときには，自分自身の声をも挿入しながら，そうした表現をすることができたのである。こうした理由から1957年の論文「『人間の本質』について」

(A Note on 'The Nature of Man')（下巻，第26章）においては，その雑誌の編集者が次のような脚注をつけることになったのである。

> 編者は，原稿のなかに第一人称代名詞が頻繁につかわれていることについてこの論文の筆者に疑問を述べた。それに対して頂いた返事がここに引用する価値があると思うので次に掲げたい。──「それがまったく個人的な形であるという事実は，偶然のものでもないし，また，とくに目立とうとしたからでもない。ここ数年間私は，もっと個人的な表現法について実験をつづけているのだが，それは，もっと個人的なかたちで論文を書くことによって，もっと直接的にコミュニケートすることができ，またもっと大事なことだと思うが，それが神がかりのように聞こえないようにすることができると思うからである。『それはこうである』と言うよりも，私たちは，『それはこうだと思う』という言い方をしたいと思っているであろう。私は，それがすぐれた科学的な論文だと思われるよりも，もっと個人的なかたちで表現したい理由を知ってもらいたいだけなのである」と。この議論は，とくに本論文の性質にぴったりしていると思われるので，原文の雰囲気をそのまま残すことにした。──編者

結局は，読者や聴衆に直接に話しかけようとするこのやり方は，いわばカール・ロジャーズの特許マークになり，彼の影響が広がっていくときに，その微妙ではあるが意味深い要因となっていくのである。「私には，彼が私に直接に話しかけているように感じられました」というのが，しばしば，読者や聴衆から述べられた気持ちであった。それは，ロジャーズが何百人，何千人の人びとに話しかけたときでもそうであった。

コミュニケーションにおける彼の個人的なスタイルと同じくらいに大事なことは，彼がその著作や講演のなかに取り入れ始めた，その個人的な内容であった。1930年代における初期の専門的な論文のなかで，ロジャーズは自分の考え方を例証するために事例研究を用いることが多かった。こうした実生活からの例は，彼の著作や論文を面白いものにし，それにもっと深い意味を与え，その信頼性を高めることになった。とうとう彼はまた，ひとつの事例として自分自身の生活を用い始めるようになった。個人的な逸話を加えることによってそのコミュニケーションが豊かなものになり，聴衆に意味深いかたちで直接的に

話しかけることになったのである。数年間にわたって，彼はまた，いくつかの自伝的なエッセーを書いて，専門家としての自分自身の発展，あるいは結婚とか老いることといった人生の特定のテーマを探究していくのである。最後の20年間にも彼は，ほとんどいつも，個人的な文脈のなかで，著作，評論，講演を開始するのであった。

　こうしたパターンからしてみると，カール・ロジャーズの著作集を，個人的な記録から始めることは，まことに適切なことだと考えるのである。もし彼自身がこの著作集の編集を企画したとしても，同じようなやり方を選んだに違いないと思うのである。選択された最初の三つのエッセーは，個人的なエッセーとして最も重要なものであると思う。「私を語る」(This Is Me)（第1章）は，彼の最初の自伝的エッセーであるが，きわめて人気の高かった著書『人間になることについて』(*On Becoming a Person*)（1961）からとられたものである。そのなかで彼は，自分の家庭的な背景を述べ，またセラピストとしての彼の哲学と方法論に影響を与えた，クライエントとの三つの危機的な経験を書いている。「私の結婚」(My Own Marriage)（第2章）では，ロジャーズはヘレンとの46年間の結婚生活（結局は55年になったが）におけるコミュニケーション，性，支え合いなどについて忌憚なく語っている。「老いること——成長しながら老いること」(Growing Old: Or Older and Growing)（第3章）は，ロジャーズの75歳のときの展望を，改定版では78歳のときの展望を伝えるものである。そのなかで彼は，現在の活動と健康の状態について，静穏さと愛情，死に対する態度，ヘレンの死，などについて述べる。あまり知られていないエッセー，「85歳を迎えて」(On Reaching 85)（第4章）は彼の死後公刊されたものであるが，この自伝の部分の最後の仕上げになるものである。

1

This is Me

私を語る

　「私を語る」という演題で皆さんに講演するようにご案内をいただいている。このようなご招待を受けて，私はいろいろな気持ちを感じているが，ひとつだけ申し上げておきたい。どんなグループも，個人的な意味で，私がどんな人間かを知りたいと望んでいることを，光栄に，またうれしく思っている。こうしたご招待は，ユニークなことであるし，挑戦的なものであると思う。そこで私は，この率直な質問に対して，できるだけ率直に応えたいと思う。

　さて，私はどんな人間なのだろうか。私は心理学者であり，長年，私の主要な関心事はサイコセラピーであった。さてそれはどういうことであろうか。ここで私の仕事について，長々と説明して，皆さんをわずらわせるつもりはない。しかし拙著『クライエント中心療法』の序文から2，3の文節を引用して，私にとって，サイコセラピーがどんな意味をもっているかを示しておきたい。この著書の主題の感じを読者に伝えようとして，私は次のように書いたのである。

　　　本書は何を伝えようとしているのだろうか。その答えは本書が意図した生きた経験をある程度伝えることであろう。
　　　本書は，すべてのセラピストの相談室に溢れている，苦悩と希望，不安と満足について述べている。ひとりひとりのセラピストが，ひとりひとりのクライ

〔出典〕 *On Becoming a Person.* Boston : Houghton Mifflin, 1961, 4–27.

エントとの間につくる人間関係は，それぞれ独特のものである。しかしこれらすべての関係のなかに私たちが発見した共通の要因についても述べられている。本書は，私たちひとりひとりの非常に個人的な経験について述べている。また私の相談室で，机の隅のほうに座って自分自身になろうと努力しながら，自分自身になることを死ぬほど恐れている——自分の体験をありのままに見ようと努力し，その体験になることを望みながら，しかもそうなることを深く恐れているクライエントについて語っている。本書は，私がそのクライエントとそこに座り，向かい合い，できるだけ深くかつ敏感にクライエントの苦闘のなかに参加していることについて語っている。また，クライエントの体験を見ようとしている私，そしてクライエントにとってその体験が，どんな意味，どんな感じ，どんな趣き，どんな香りがしているかを感じ取ろうとしている私を語っている。またクライエントを理解するときに私という人間のもつ免れ難い過ち，クライエントが見ているままに見ることができない失敗などを嘆いている私を語っている。こうした失敗は，そこに生まれかかっている入り組んだ，微妙な成長の網の目を重い物体で突き破るような失敗なのである。また新しいパーソナリティの誕生の産婆となる特権に喜んでいる私について，すなわちひとりの自己ひとりの人間の誕生に畏敬の念を感じながら寄り添い，この誕生のプロセスに私自身が重要な援助的役割を果たしているのを心から喜んでいる私について書いている。この経験全体のなかにはっきり見られる強力な秩序ある力——これらは全体として宇宙に深く根ざしているように見えるのだが——を驚異の念を抱きながら見守っているクライエントと私について書いている。本書ではセラピーの過程に生き生きと現れてくる生命力——それは盲目的な力とすさまじい破壊力にもなるが，成長の機会が与えられると，成長に向かって突き進む圧倒的な力にもなるのだが——について語っている，と私は確信している。

　おそらく上述のことから，皆さんは，私の仕事と，その仕事に対する私の気持ちについて，少しでも心に描いていただけたと思う。また皆さんは，私がどうしてセラピーを職業とするようになったのか，その道を歩む過程で起こる意識的，無意識的な決断や選択についても知りたいであろうと思う。そこで私の自伝のうちでも，心理学的に重要ないくつかのこと，とくに私の専門職としての人生に関係してくることを話してみたい。

幼年時代

　私は，家族の絆が強く，倫理的にも，宗教的にもとても厳格で妥協しない雰囲気を持ち，勤勉の徳を信奉している家庭に育った。6人の子どもの4番目に生まれた。両親は子どもたちの面倒をよくみてくれ，いつも子どもたちの幸福を心がけていた。両親はまた，愛情のこもったやり方で，私たち子どもの行動を強く管理していた。自分たちが他の人たちと異なっているのを，両親は当然と思っていたし，私もそう思っていた。――私たち家族は，アルコール類は一切口にせず，ダンスやトランプ遊び，映画や演劇も見ないし，交際もせず，ひたすら仕事をしていたのである。炭酸飲料水でさえ，かすかな罪の香りがしたなどと，自分の子どもたちに，話してもなかなか信じてもらえなかった。私が始めて「ポップ」を飲んだとき，何か堕落したような感じがしたのを覚えている。私たちは，家族だけで，一緒に楽しく過ごしたが，他家の人びととは，交際しなかった。私はかなり孤独で，高校時代，わずか2回デートしただけである。

　私が12歳のとき，両親は農場を買い，家族はそこに移った。それには二重のわけがあった。父は実業家として成功していたので，それを趣味にしたかったのである。しかしもっと大事なことは，両親が，育ち盛りの青年期の子どもたちを都会生活に溢れる「誘惑」から遠ざけるべきだと考えていたからだと思う。

　この農場で私は後年の仕事に関係深い二つのことに興味をもった。私は夜飛ぶ大きな蛾に夢中になった（当時，ジーン・ストラトン＝ポーターの本が流行していた）。私は農場の森にいたすばらしくきれいなやま繭蛾，かいこ蛾，てんさん蛾などの権威者になった。捕えた蛾をたんねんに育てたり，青虫を飼ったり，繭を長い冬の間保存したりした。こうした経験から，私は科学者が自然を観察するときに感ずる喜びやいらだちといったものを実感したのである。

　父は新しい農場を科学的に運営しようと決心し，科学的農業の本をたくさん買いこんだ。彼は子どもたちが，自分たちの手で，利益の上がる事業をやるようにすすめた。そこで，私たちは，養鶏や，ときに子山羊，子豚，子牛を飼育した。このようなことをやっているうちに，私は科学的農業の学者になった。

科学に対する基本的な感動をこのようにして身につけてきたことを，最近になってようやく自覚するようになった。モリソンの『飼料と飼育』が，14歳の少年には難しすぎると誰も教えてくれなかったので，その数百ページの本を苦労して読み，実験のやり方をも学んだ。すなわち，与えた飼料が食肉や牛乳の生産にどのように影響するかは，実験群と統制群をマッチさせたり，無作為抽出の手続きによって諸条件を一定に保つ方法を学んだりした。仮説の検証が，とても困難なこととも学んだ。私は，実践活動の領域で，科学の方法についての知識を得たばかりでなく，それを尊重すべきことを学んだのである。

大学と大学院時代

　私は，ウィスコンシン大学で農学部から出発した。私がよく覚えていることは，農業経済学の教授が学問と事実の活用について語った情熱的な言葉である。彼は百科事典のような知識のための知識の不毛性を強調し，「つまらぬ弾薬庫になるな。ライフル銃になれ」と話を結んだ。

　大学生活の初めの2年間に，学生宗教会議に参加して感激し，職業志望を農学者から，牧師に変更した。——それは，ささやかな移行であった！　牧師になる準備には，史学部がよいと思い，農学部から，移籍した。

　大学3年のとき，世界キリスト教学生連合会議によって，アメリカから中国に派遣される12人の学生の1人に選ばれた。これは私にとり，とても重要な経験になった。それは第一次世界大戦が終わって4年たった1922年のことである。ドイツ人とフランス人は，個人的には親しそうに見えても，互いにとても憎しみ合っていることを見て，ひどく心を痛めた。誠実で正直な人たちならば，非常に異質な宗教教義も信じることができるのを知って，私は，自分の視野を広げなければならなかった。重要な点で私は，生まれて始めて両親の宗教思想から解放され，両親と同じ考えになることはできないのに気が付いた。この思想の独立のため，私と両親の関係は，緊張し苦痛に満ちたものになった。しかしいま振り返ってみると，他のいかなる時期にもまして，この時期に私は独立した人間になったと信じている。もちろんこの時期の私の態度は，反抗的で扱いにくいものだったが，決定的な分離は，東洋に旅行している6カ月の間にできたものである。だからそれは家庭の影響から離れた所で考え抜かれたも

のであった。

　この講演は，私の個人的成長より，専門家としての発展に影響を与えた要因を説明するものなのだが，ここできわめて簡単に私の個人生活における大変重要な要因に触れておこう。私は中国旅行の頃，長年の知り合いで，幼なじみのかわいい娘と愛し合っていたが，大学を卒業するとすぐ，渋る双方の親たちを説得して結婚した。大学院へ一緒にいくためであった。私はこのことについてあまり客観的になれないが，彼女の変わらずに支えてくれる愛情と友情は，結婚以来，私の生涯において，とても重要で豊かな要因であった。

　私は，宗教的な仕事につく準備として，当時（1924年）アメリカでもっとも自由なユニオン神学校（Union Theological Seminary）を選んだ。そこで学んだ2年間を後悔したことはない。私はそこで何人かの偉大な学者や教師と接触したが，なかでも有名なマッギフェルト博士は，探求の自由と，どのような結果になろうとも真理に従うという強い信念を抱いていた。

　大学や大学院に勤め，その規則や頑固さを知ってみると，神学校時代のある重要な経験を思い出して本当にびっくりしている。さまざまな思想が一方的に提供されているが，私たちのあるグループは，私たち自身の問題や疑問を自分たちで探求し，その行き着くところを見つけたいと望んでいた。私たちは，教授のいないセミナーで，カリキュラムは私たち自身の提起する問題で構成され，しかも単位として認められるセミナーを認めて欲しいと，学校当局に願い出た。神学校がこれに当惑したことは当然のことであるが，しかし何と私たちの願い出を許可したのである。たった一つの条件は，学校側の立場として，若い教師をひとりつけるが，学生が望まない限り，何もしないというものだった。

　このセミナーが，とても満足いくものであり，問題の明確化に役立ったことはいうまでもないと思う。これを契機に私は自分自身の人生観の形成に向かって，長い道のりを歩み始めたと感じている。このグループの人たちの大多数は，自分たちの提起した問題を考え抜いた結果，自分たちは宗教の仕事にまったくふさわしくないと考えるようになったのである。私もその一人であった。人生の意味を探求すること，そしてひとりひとりの生活を建設的に改善することが，おそらく私の生涯の関心事であるだろうが，しかし，ある特定の宗教教

義を信奉することを要求されるような分野で働くことはできないと思った。私の信条はこれまで大きく変化してきたし，これからも変化しつづけるだろう。とすれば，ある専門職にとどまるため，一連の教義体系を持たなければならないことは，私には恐ろしいことに思われた。私は，思考の自由が制限されないような分野を探すことにした。

心理学者になる

　しかし，それはどんな分野か。私はユニオン神学校の心理学や精神医学の科目や講義に魅力を感じていた。その分野は，当時ようやく発展し始めていた。グッドウィン・ワトソン，ハリソン・エリオット，マリアン・ケンワージィなどが，こうした興味を沸き起こしてくれた。私は，ユニオン神学校から，道路をはさんだ向かい側にあるコロンビア大学教育学部にいって，もっと多くの科目を履修し始めた。私はウィリアム・キルパトリックに教育哲学を学び，彼が偉大な教育者であることを知った。私は，センスがよく実践家でもあるリタ・ホリングワースの指導で児童臨床の実習を始めた。私は児童相談の仕事に引き付けられ，ほとんど苦しまずに再適応しながら，だんだんと児童相談の分野に入り込み，自分を臨床心理学者と考えるようになった。それは私がはっきりと意識的に選択したわけではなく，ただ自分の関心がある活動をやりながら徐々に踏み出した第一歩であったのである。

　教育学部在籍中に連邦財団の奨励研究員ないしインターンに応募して，当時，新設の児童相談研究所に採用された。最初の一年をそこで過ごしたことに，いつも感謝している。そこは，開設当初の混沌状態にあったが，それは好きなことができることを意味するものであった。私は，デビッド・レヴィやローソン・ローリイなどを含む研究所員たちのフロイトの力動論的立場のなかにドップリとつかっていた。そしてそれは，当時のコロンビア大学教育学部の主流であった，厳密な，科学的，客観的，統計的な立場とまったく対立的なものであることを知った。振り返ってみると，この矛盾を私のなかで解決するように迫られたことは，非常に貴重な学習体験であったと思う。当時私は二つのまったく異なった世界に生きている感じがしていて，「永遠(とわ)に両者は出会うまじ」と思った。

インターンを終えるころになると，学位論文は未完成であるが，大きくなる家族を養うため，職につく必要に迫られていた。職はあまりなかったので，職を見つけたときの安堵感と喜びは今でもよく覚えている。私はニューヨーク州ロチェスターにある児童虐待防止協会の児童研究部にサイコロジストとして雇われた。そこには3人のサイコロジストがいて，私の年俸は2千900ドルだった。

この職についたときを振り返ってみると，あるおかしさと，驚きを感ずる。私が喜んだ理由は，やりたい仕事がやれるチャンスがあったからだった。どうみても，そこは，専門職の袋小路だとか，専門的な接触を失って孤立するだろうとか，当時の基準からみても俸給は良くないなどと考えたことは，思い出せる限りなかったように思う。私は，自分の最も関心のあることをやる機会が与えられるならば，他のことは何とかなるといった気持ちをいつももってきたように思う。

ロチェスター時代

ロチェスターの12年間は大変有意義なものだった。少なくとも最初の8年間は，私は心理学的な仕事に埋没した。裁判所や諸施設から送致されてくる非行児や恵まれない子どもたちの診断をしたり，対策をたてたり，そのうちに多くの事例に「処遇面接」(treatment interviews)を行うことに熱中していった。この時期は，他の専門家たちとの接触が少なかった。私の関心は，クライエントに対してもっと効果的であることだけに集中していた。私たちは成功もしたが，失敗にも耐えなければならなかったので，そこから多くを学びとることになった。子どもやその親を扱う方法については，「それはうまくいくか」「効果があるか」ということが唯一の選択基準だった。そのうち，日々の臨床経験のなかから，だんだん私自身の見解を形成し始めているのに気づいた。

三つの大きな重要な事例が浮かんでくる。それは，みんな些細なことだが，当時の私には大変重要なことだった。しかも驚いたことに，それらはみんな幻滅——権威や資料や私自身に対して——を味わった事例なのである。

まだ訓練中の頃，私はウイリアム・ヒーリー博士の著作に惹かれていた。彼によれば，非行は性の葛藤にもとづくものが多く，したがって，この葛藤を意

識化すれば，非行は治ると書かれていた。ロチェスター1年目か2年目に，私は理由なき衝動的放火癖の青年に懸命に取り組んでいた。一時保護所に毎日通って面接し，私は自慰行為に関する性衝動を探り当てた。万歳！　このケースは治った。しかし，保護観察に置かれると，彼はまた同じ問題にはまり込んだ。

　私はそのとき感じた失望感をいまでも覚えている。ヒーリーは間違っているのかもしれない。私はヒーリーが知らないことを学んでいるのかもしれない。とにかくこの事件から，私は権威者の教えにも誤りがあること，まだ発見すべき新しい知識があるのだという強い印象を受けた。

　2番目に素朴に気づいたのは，また別のものであった。ロチェスターに来て間もなく，私は面接に関するディスカッション・グループを始めていた。私は公刊された親の面接記録を見つけた。それはほぼ逐語的に記録されていた。ケースワーカーは，抜け目なく，賢く，洞察に富み，すばやく面接を問題の核心に持ち込んでいた。私はこれを良い面接技術の事例として喜んで使っていた。

　数年後，私は同じような仕事にあたって，この優れた記録を思い出した。その資料を探し出し，再読した。私はぞっとした。面接者は抜け目ない合法的な質問で親に無意識的動機を認めさせ，罪の告白を引き出しているように見えた。私の経験から，このような面接は，子どもや親に永続的な援助を与えるものではないことを知っていた。この事件から，私が臨床的人間関係では，押し付けたり，強制したりするアプローチから遠ざかってきていることに気づくようになった。それは，哲学的理由からでなく，そうした方法は表面的な効果しか上げ得ないからであった。

　3番目の事件は数年後に起こった。私はクライエントの行動を解釈するのに慎重になり，忍耐強くなり，相手が受け入れるような時間を見計らい，それを優しく伝えるようになってきていた。私は手におえない息子を持つ，とても頭の良い母親と面接をつづけていた。問題は母親が幼児期にその子を拒否したことにあるのは明白だったが，いくら面接を重ねても母親にこのことを洞察させることができなかった。私は彼女を誘導し，彼女が話した事実をならべて，そのパターンを理解させようと努力した。しかしどうにもならなかった。ついに私も匙を投げた。私たちは一生懸命努力してみたが，どうも失敗したようだ

し，面接もやめた方がよいのではと提案した。彼女は同意した。そこで私たちは面接を終了することにし，握手をし，彼女はドアの方へ歩き始めた。そのとき，彼女は振り返って，「先生はここで大人のカウンセリングはやりませんの？」と尋ねた。私がやりますよというと，彼女は「それじゃ，私うけたいのです」と言って，今まで座っていた椅子に座りなおした。そして彼女は，絶望的な結婚生活，うまくいかない夫との関係，失敗感や混乱した気持ちを吐露し始めた。これらは，彼女がそれまで話していた不毛な「生活史」とはまったく違うものであった。そこから本当のセラピーが始まり，結局は非常に成功したものになった。

　この事件は私が次に述べる事実を学び取るのに役立った多くの事件のひとつにすぎない。すなわち，その人を傷つけているのは何であるか，どの方向にすすむべきか，何が重要な問題なのか，どんな経験が深く秘められているのか，などを知っているのはクライエント自身であるという事実である。——後年になってやっとこのことの意味を十分理解するようになったのであるが——。私が自分の賢明さや，知識をみせようとしなければ，私はその過程のなかで動いていく方向について，クライエントを信頼したほうが良い，という考えが私のなかに芽生え始めてきたのである。

心理学者かそれとも？

　この時期に私は，自分が心理学者なのか疑問に思い始めた。ロチェスター大学は私の仕事が心理学でないことを明言したし，私が心理学科で教えていることにまったく関心を示さなかった。アメリカ心理学会にも出席したが，発表論文はネズミの学習過程や実験室型の研究ばかりであった。それは，私のやっている仕事には何の関係もないように思われた。しかし，精神医学のソーシャルワーカーは，私と同じ言葉を話しているような気がしたので，私はソーシャルワークの分野で活動するようになり，地方の会合だけでなく，中央の機関まで出かけていくようになった。アメリカ応用心理学会が結成されて，やっと私は，心理学者として本当に活動するようになった。

　私は，ロチェスター大学の社会学科の課程で問題児の理解とその取扱いについていくつかの講義をし始めた。間もなく，教育学科がこれらの科目をその履

修課程に組み入れたいという要望を出してきた（私がロチェスターを去る前に，心理学科もその科目を組み入れる許可を求めてきたので，ついに私も心理学者として受け入れられるようになった）。こうした経験を簡単に記述してみると，私がいかに頑固に自分の道を歩むことにこだわって，仲間と一緒に進んでいるかどうかにはあまり関心を持たなかったことが私自身にもよくわかってくる。

　時間がないので，ロチェスターに，独立のガイダンス・センターを設立する仕事や，そこでの精神科医との闘いについて，ここで話すことはできない。これらはほとんど管理運営上の争いであって，私の思想の展開にはあまり関係のあるものではなかった。

子どもたち

　このロチェスター時代に，私の息子と娘は，幼児期と児童期を過ごした。私は自分の子どもから，人間関係について，その発達について，自分が仕事で学んだことよりもはるかに多くのことを学んだ。子どもたちの幼少期には，私はあまり良い父親だったとは思っていないが，幸いなことに妻は大変良い母親だった。私の方も年とともに，だんだんと理解ある良い父親になっていったと思っている。この優れた，感受性豊かな2人の若者の子ども時代の喜びと苦悩，思春期の自己主張や混乱，さらに成長してそれぞれが自分の家庭を持つようになるまでの関係をつづけることができたのは，まことに貴重なことである。成人した子どもたちやその配偶者たちと，相互に深く交流できたことは，妻と私が成し遂げたとても満足していることのひとつであると思っている。

オハイオ州立大学時代

　1940年に私はオハイオ州立大学教授の地位を受諾した。私が選ばれた唯一の理由は，休日や短期の有給休暇を利用して書き上げた著書『問題児の治療』にあったと思う。驚いたことに，また予想に反して，私は専任教授の地位を提供された。アカデミックな世界には，この地位から入ることを心からお勧めする。品位を落とすような競争のなかで一歩一歩昇進する大学人の世界では，でしゃばらないということだけしか学ばなくなってしまう。私にはその必要がな

かったことに感謝している。

　オハイオ州立大の大学院生にカウンセリングと処遇について，私がこれまで学んできたことを教えてみて，私は自分の経験から私自身の独自の立場を発展させているかもしれないと初めて気がついたのである。私がこうした考えを論文にまとめて，1940年12月ミネソタ大学で発表したところ，その反響は強烈なものであった。私には可能性に満ちた輝かしい私自身の考えが，他人には，大きな脅威になりうることを初めて経験したのである。私自身が賛否両論の渦中にいるのに気づき，私は当惑し，疑問をもち始めた。それにもかかわらず，何か貢献できるものがあると思い，『カウンセリングとサイコセラピー』（Counseling and Psychotherapy）の原稿を書き，セラピーのより効果的な立場と感じていたことを公刊することにした。

　ここでもまた私が「現実主義的」であることにあまり関心を払わなかったことに気づき，いささか滑稽にも思うのである。出版社に原稿を見せると，それは面白く，新しいけれども，大学のどのコースでそれを使うか疑問だといわれた。私は，自分がいま教えているコースと別の大学のコースのたった二つしか知らないと答えた。出版社は，私が既設のコース向けの教科書を書かないのは大きな間違いだとみなした。出版社は，元が取れる2千部も売れるかどうかさえ危ぶんでいたのである。私が他の出版社に持っていくと言い出すと，出版社はしぶしぶ賭けてみる腹をきめた。現在，7万部売れ，まだ売れつづけているのをみて，私たちのうち，どっちが驚いているのかよくわからない。

最近のこと

　この時期から現在までの私の専門職生活，つまりオハイオ州立大学の5年間，シカゴ大学の12年間，ウィスコンシン大学の4年間については，ここまで書いてきたところでよくわかっていただけると思う。そこで私にとって大切な2，3の点を簡単に強調しておきたい。

　私は面接するクライエントの範囲を絶えず広げて，ますます深いセラピー関係に生きることを学んできた。この経験は，私にとても多くのことを教えてくれたし，またこれからも教えてくれるだろう。また問題の深い人たちが自分の欲求を満たすために，私自身に私以上の人間になるように求めてきているよう

に思われて，ときには恐ろしくなることがあったし，これからもそうしたことはあるだろう。セラピーを実践することは，セラピストに絶えざる人間的成長を要求することは確かだし，これは結局は報いられることになるとはいえ，ときには苦痛なものである。

　私にとって，リサーチがだんだん重要になってきたということも述べておきたい。セラピーは，私が主観的に自分自身を解釈していく体験である。リサーチは，豊かな主観的体験に私が，距離をとり客観的に眺めようとするため，科学のあらゆる優れた方法を駆使して私自身が自分を偽っていないかどうかを決めようとする体験なのである。人間の理解や人間の進歩にとって，物理学における重力や，熱力学の法則のようにとても重要なパーソナリティと行動の法則が発見されるだろうという確信が私のなかに育ち始めている。

　最近の 20 年間の間に，私も論争を挑まれることには，かなり慣れてきたが，私の考えに対する反応には驚きつづけている。私の立場としては，いつも仮説というかたちで自分の考えを提示し，読者や，学生がそれを受け入れるのも，拒否するのも，自由にしてきたつもりでいる。ところが，心理学者，カウンセラー，教育者たちは私の考えに，いろいろな時や所で，激しい怒りや軽蔑や，批判を向けてきたのである。こうした分野で，このような激情は収まったけれども，最近では，精神科医の間で，それが再燃している。それは，私のアプローチが，彼らが大事に育て上げ，疑問視したことのない多くの原理に深い脅威を与えるものと感じられているからである。しかしおそらくこの批判の嵐よりも無批判で，盲目的な「使徒」たちが生み出す損害の方がもっと大きいものである。この人たちは，新しい立場のいくばくかを自分流に身につけ，私自身や私の仕事を正確にも不正確にも理解したことを武器にして，誰彼となく戦いを挑んでいく人たちである。ときどき私は，「味方」か，敵のどちらに多く傷つけられているのか，わからなくなることがある。

　ひとつには，無理に論争に捲き込まれる煩わしさもあって，私はそこから逃げだして，ひとりでいる特権を非常に大切にするようになった。私が仕事で最も成果が上がっているときは，他人の思惑や，職業上の期待や，日常の義務から，まったく解放されていて，しかもいま自分のしていることを良く展望することができるようなときであると思う。妻と私は，私が心理学者であることを

誰も知らないメキシコやカリブ海に身を隠し，絵を描いたり，泳いだり，シュノーケリングをしたり，カラー写真に風景をおさめたりして遊ぶのである。しかし，こうした場所で，1日2時間から4時間を超えない範囲で仕事に向かうだけで，最近数年間に私が成し遂げた進歩を達成できたのである。私はひとりでいる特権を大切にしている。

経験から学んできた重要な事柄

　これまでごく簡単に私の専門家としての生活について話した。しかし今度は，私の内面に案内し，悩みを持つ人たちと何千時間も親しく接触して学んだことを話したい。
　はじめにはっきりしておきたいが，これから述べることは，私にとって重要なものである。皆さんにも当てはまるかどうか私にはわからない。また他人への指針としてこれらを提供するつもりはない。しかし他人が心の内面の動きをいろいろ私に話してくれるとき，それを聞いて，私の方向はまったく違うのだということがはっきり自分にわかっていさえすれば，そのことは私にとって，とても価値のあることなのである。こうした意味から，私の学んできたことをこれから話したいと思うのである。どれをとってみても，私が明確に意識化するずっと以前から，それは私の信念や活動の一部になっているものである。それは確かに，不完全なまとまりのないものである。私にいえることは，それらが私にとって，これまでも非常に大切なものであったし，現在も重要なものである。私はたえずそれらを学び，そして学びなおしている。それらに従って行動できないこともよくある。しかし，後でそうすればよかったと思う。新しい状況にぶつかって，それが適用できる状況であることを見損なってしまうこともよくある。
　これらは固定したものではない。たえず変化を続けている。これらはすべて私にとって重要なものであるが，ときにはあるものは，一時期よりもさほど重要でなくなったり，またあるものは前よりももっと重要になったりするように思われたりする。
　学んできたことを，私にとってどんな意味があるかが伝わるような言葉や文

章で示すことにしたい。その後，少し説明を加えたい。これらの相互関連性はそれほど強くないが，最初の部分に他人との人間関係に関わっているテーマを扱っている。その後，私の価値観や信念などに関連したものを並べている。

　まず私の意味深い学習のうち，否定的なかたちのものから始めたい。私の人間関係では，私が本当の自分自身でないように振る舞うならば，結局それは，援助にはならないことに気づいた。実際は腹を立て，批判的なのに，静かに楽しそうにするのは，援助的でない。回答を知らないのに，知っている振りをするのは，援助にならない。その瞬間に敵意を感じているのに，愛しているようにするのも，援助にならない。びっくりしていたり，不安を感じているのに，自信ありげに振る舞うのも援助にならない。このことはとても単純なレベルにおいても当てはまるように思う。私の気分が悪いときに，良いように振る舞うのは，私にも援助にならない。
　ここで述べたことを，言い換えれば，私と他人との人間関係では，仮面をつけていようと努力すること，つまり表面上はある行動をとりながら，心の底ではまったく別のことを感じているときは，私は援助的でも効果的でもないことに気づいている。そのようなことは，私が，他人と建設的な関係を創り上げようとすることにも役立たないと思う。私がこれが事実であるとわかっていると思うのに，私自身十分にそれを生かしていないこともはっきりといっておきたい。事実，人間関係で犯した私の過ちや，私が他人に援助的になれないときのほとんどの場合は，次のように説明できるように思われる。つまり私が，何らかの理由で防衛的になり，表面的にはある行動をとりながら，気持ちは正反対の方向に動いているときである。
　二番目に学んだことは次のように表現できる。——私が受容しながら自分自身に耳を傾け，自分自身であることができるとき，私はもっと効果的であることに気づいている。長年にわたり自分自身に十分に耳を傾けることを学んできたと思う。だから以前よりはある瞬間に私が何を感じているかがわかるようになっている。——つまり私が怒っているのか，この人を拒否しているのか。温かさや愛情を深く感じているのか，そこに起こっていることに興味をもてず退屈しているのか，この人との関係を心配し，恐れているのか，この人を心から

理解しようとしているのか。こうした多様な態度は私が私のなかに聞き取ることができる感情なのである。別の言い方をすると，私はだんだんとそのときの自分になれるようになってきていると思うのである。私がまったく不完全な人間で，いつも，こうなりたいと望んでいるようにはなれないことを，前よりもたやすく受容できるようになってきている。

　このことはとても奇妙な方向へと動いていくことになると思われるかもしれない。しかし私にはとても価値があると思われるのは，私があるがままの自分を受容するときに初めて私は変化する，という，パラドックスがあるからである。私はこれを自分自身の経験やクライエントから学んできたと思う。——私たちはあるがままの自分を自分に十分に受容するまでは，変化することもできないし，現在の自分と違う方に動いてもいけない。それができるときには，ほとんど気づかないうちに起こるように思われる。

　自分自身になることが生まれてくるもう一つの結果は，関係が真実なものになるということである。偽りのない本当の関係は，生命力にあふれ，深い意味をもつ，すぐれた人間のあり方である。私がクライエントや学生に悩まされたり，退屈しているならば，その事実を私が受容できるときは，応答の際，彼の気持ちをもっと受容することができるように思われる。また，私や彼のなかに起こってくる経験の変化や感情の変化を受容することができる。偽りのない人間関係は，そのまま固定してしまうのではなく，変化するものなのである。

　そこで私は，自分の態度において自分のあるがままになってしまう方が効果的であることを学んでいる。私の忍耐が限界にきたとき，それを事実として受容したり，他者を操縦したり，型にはめ込みたがっている自分を私のなかの事実として受容する。こうした感情は，温かさ，関心，優しさ，親切，理解などの感情——これらもまた，私の本当の感情の一部なのだが——同じように受容したいと思うのである。私がこれらの態度を事実として，私の一部として，受容するとき，私と他人との関係は，あるがままのものになり，とてもはやく変化し，成長するのである。

　さて，今度は，私にとって大きな意味を持つ中心的なテーマに移ろう。この学習は次のように表現することができる。自分自身に他人を理解することを許すことができるならば，それはたいへん価値があることがわかった。こういう

言い方は奇妙に聞こえるかもしれない。他人を理解するように自分を許すなどということが必要なのだろうか。私は必要だと思う。私たちが他人の言葉を聞いたときの最初の反応は、たいていの場合，最初は、それを理解することよりも，すぐに評価したり，判断を下したりするものである。誰かが，その感情，態度，信念を述べると，たちまち，「それは正しい」「それは馬鹿らしい」「それは異常だ」「それはおかしい」「そいつは不正確だ」「それは良いことではない」などと私たちは反応する傾向がある。彼の言葉が彼自身にどんな意味があるかを正確に理解しようと自分に許すことはほとんどない。私は，その理由は、理解することが危険なことだからだと思う。他人を本当に理解しようとすると、理解することによって私が変化するかもしれない。私たちは誰でも変化を恐れている。したがって私が述べるように，他人を理解することを自分に許し，他人の照合枠（frame of reference）のなかに十分に共感して入り込むのは容易なことではない。またそれは稀なことである。

　理解することは，二重の意味で心を豊かにする。悩んでいるクライエントと面接しているとき、すなわち精神病の人の奇妙な世界を理解したり，人生に絶望している人を理解すること，――こうした理解のすべてが，何かしら私を豊かにしてくれる。私はこうした経験から，自分を変化させ，今までと違った自分になっていくのを学び，よく対応できる人間になっていくというかたちで学んでいるのである。最も重要なことは，私の理解がこの人たちに変化することを許すということである。理解は，彼らに自分の勇気，親切，愛情，感受性だけでなく，恐怖，奇妙な考え，悲しみ，失望などの感情を受容できるようになるというのが，私自身や彼らの経験するところなのである。そうすると，その感情も自分自身も変化していくのがわかるのである。まったく文字どおりに頭に鍵がかけられて，他人からそれで操られていると信じている女性を理解することであっても，あるいは，自分ほど孤独で他人から孤立している人間はいないと感じている男性を理解することであっても，こうした理解はすべて私には価値のあることである。しかしまた，そしてもっと大事なことだが，理解されるということは、こうした人たちにとっても，非常に肯定的な価値があるのである。

　もう一つ私が学んだことで，私にとって大事であったことに移ろう。他人が

その感情やその私的世界を私に伝えられるようなチャンネルを開けておくことは，とても実りの多いことである。理解することは報いられることなので，私は，他人と私の間にある障壁を取り払って，望むならば，もっと十分自分を表現できるようにしておきたいと思う。

　セラピー関係では，クライエントがもっと楽に自分を伝えやすくするために私はさまざまな方法をもっている。私自身の態度によって，安全な関係を作りこうしたコミュニケーションがもっとできるようにしている。彼自身が見ているままに彼を理解し，そうした彼の見方やそれに伴う感情を受容することができれば，それもまたとても彼の援助になる。

　また教師としても，学生と私が分かち合えるチャンネルを開けておけば，私はとても豊かになることに気づいている。それで大成功とはいえないことがよくあるのだが，私は授業のなかで，学生相互の間でも，また教師に対しても，感情が表現できたり，違う意見が表明できるような雰囲気を創るように努力している。私はよく学生に授業の「感想文」を書いてもらうことがある。──そこには学生が，授業に関して自由になんでも書くことができるようにしている。またこの授業が自分の要望にあっているかどうか，教師に対する気持ちや，授業に関わるときの個人的な問題点なども表現することができる。これらの感想文は，成績にはまったく関係しない。ときには同じ授業時間が正反対に体験されていることもある。ある学生は，「このクラスの雰囲気には，言うに言われぬ反発を感ずる」と書いている。別の外国人学生は，同じ科目の同じ週の授業について，「このクラスは最も効果的で実り多い科学的学習法にしたがっている。しかし長い間，講義形式や権威的方法で教えられてきた私たちには，この新しい授業法は理解しにくい。私たちは，教師の講義を聞き，受け身にノートを取り，試験に備えて，指定されたテキストを読んで暗記するように慣らされてきている。自分の習慣がどんなに不毛でつまらない，役に立たないものであっても，それから抜け出るには時間がかかるものである」。こうしたまったく正反対の感情に私の心を開いていることは，とても豊かな報いを与えてくれる。

　私が指導者であったり，あるいはリーダーと見られているような集団においても，このことは当てはまるものである。私は防衛したり恐ろしがったりする

必要を減らして，自由にその感情を表現できるようにする。このことはとても興奮するようなことであり，私はまったく新しい管理運営の可能性を発見したのである。

しかしこの点については，ここでは詳しく述べない。

もう一つ，カウンセリングの仕事のなかから学んだ大切なことを述べてみたい。私はこの学習を次のようにきわめて簡潔に表現することができる。私が他人を受容することができると，それはとても報いられるものであることを学んでいる。

他人とその感情を心から受容することは，理解することと同じように，なまやさしいことではない。私に敵意をもっている人を本当に許せるだろうか。彼の怒りが彼の本当のものであり，正当なものとして受容できるのだろうか。人生観がまったく異なっている人を受容できるだろうか。私に大変な好意を持ち，尊敬し，私を人生のモデルにしようとしている人を受容することができるだろうか。これらすべてのことが，受容のなかには含まれており，だからそれはたやすく得られるものではない。現代文化では，「誰でも私と同じように感じ，考え，信じなければならない」とすべての人が信じることが，ますます一般的になってきたと思う。自分の子どもたちや親たち，配偶者たちが，特定の論争や問題について，自分と異なる感じをもつことをなかなか許せない傾向がある。またクライエントや学生たちが，私たちと異なる行動をしたり，自分の経験を自分流に解釈したりすることを許さない。国家レベルでは，わが国と異なった考え感じを他国がもつことを許せないのである。しかしこうした人間の独立性，あるいは各自の経験を自分流に使い，そこに自分流の意味を見つける権利があるということ——このことが人生の最も貴重な潜在力のひとつであると私は考えるようになった。人間ひとりひとりが，きわめて現実的な意味で，自分自身という島である。人はみずから進んで自分自身になろうとし，自分自身であることを許されるならば，そのときはじめて他の島に橋をかけることができるのである。そこで，私が他人を受容できるとき，それをもっと具体的にいえば，彼の感情や態度，信念などを彼の生きている現実のものとして受容できるならば，私は彼がひとりの人間になる援助をしているのである。このことにはとても大きな価値があると思われるのである。

次の経験はとても伝えにくい性質のものである。私が自分自身や他人のなかの現実にひらかれていればいるほど，事を急いで「処理」しようとしなくなってきている。私が自分の内部に耳を傾けようとし，私のなかに進んでいるその体験過程に耳を傾けているとき，そしてまた，その同じ傾聴の態度を他人にも広げようとするとき，それだけ私は，複雑なプロセスを尊重するようになってきている。私は，ただ自分自身になること，他人がその人自身になるように援助をすることにますます満足するようになった。このことが，聞きなれない，ほとんど東洋的な観点と思われるのだろうということはよく承知している。他人のために何かをやってあげないならば人生とは何のためにあるのだろうか。私たちの目的のために，他人を型に押し込まないなら，人生には何の意味があるのだろうか。私たちが学ぶべきと考えていることを教えないなら，いったい人生は何の意味があるのだろうか。私たちと同じように考え，感じさせようとしないならば，人生には意味があるだろうか。私が述べているような活動的ではない人生観を誰がもてるのだろうか。たいていの皆さんは心のなかでこのような態度を持っていることと思う。

　しかし私の経験は逆説的なものである。この複雑な人生のなかで，ただ自分自身になろうとすればするほど，自分自身や他人の現実を理解し受容しようとすればするほど，それだけ変化が起こり出してくるように思われる。非常に逆説的なのであるが，誰でも進んで自分自身になろうとすればするほど，自分が変化するばかりでなく，自分と関係している人たちもまた変化していくのである。少なくともこれは私のもっとも生々しい経験であり，私の私生活や専門職の生活から学んだ最も深い経験のひとつである。

　さて，今度は人間関係とはあまり関連がないが，私の活動や価値観と結びついた経験に移ってみたい。最初のはとても簡潔である。私は自分自身の経験を信頼できる。

　私が長い間かかって理解し，いまなお学びつつある基本的なことのひとつは，値打ちがあるとか，やってみる価値があると感じるときには，それはやってみる価値があるということである。別の言い方をすれば，私のある状況に対する全有機体的感覚は，私の知性より信頼できるということである。

私の専門職の生活では、他人から見れば馬鹿げていることとか、自分も疑問に思うような方向に進んできた。しかしときに孤独を感じたり、馬鹿げていると感じたりすることはあっても、「正しいと感じた」方向へ進んできていることを後悔したことはない。

　ある内的な非知性的な感覚を信頼するとき、その動きのなかに知恵を見いだしてきたのである。事実、私が正しいとか真実だと感じたがゆえに、これまでとは違った道を歩んだときは、5年か10年もすれば、多くの仲間がその道に参加してくれ、私はそう孤独を感じる必要がなくなるのである。

　私の全体的な反応を一層深く信頼することができるようになると、その感覚を私の思考の道案内として利用することができることがわかった。私のなかにときどき起こってきて、深い意味がありそうな感じがする漠然とした考えを、私はだんだんと尊重するようになってきている。こうした漠然とした考えや思いつきが、私を重要な領域に導いてくれるだろうと思う傾向が私にはある。私はそれを私の全体経験を信頼することだと考えているが、それは知性よりも賢明なものだと思えるようになった。それは間違いを犯しやすいことも確かだが、意識的精神だけに頼るよりは誤りが少ないと信じている。私の態度は、芸術家、マックス・ウェーバーの次の言葉によく表現されている。「私の拙ない創造的努力のなかで私は、自分がまだ知らないことや、やったことのないことに大きく依存している」と。

　この学習とたいへん密接に関連して、他人による評価は私の指針にはならない、ということが当然の結果となる。他人の判断には、耳を傾け、その内容を十分に考慮すべきであるが、それは決して私には指針にはならない。このことを学び取るのに大変な苦労をした。私がまだ若い頃、思慮深く、学識豊かで私よりはるかに有能で博識の心理学者から、私がサイコセラピーに興味を持ったのは間違いだといわれたときのショックは、いまだに覚えている。サイコセラピーを研究しても何にもならないし、サイコロジストとしては私はまだ実践する機会すら持てなかったのである。

　後年になって、ある種の人たちには、私がペテン師で、無免許で医療行為をしているもの、皮相的で有害なセラピーの創始者、権力欲の強い人物、神秘主義者などに見えることを知ってちょっと動揺したことがある。しかし私はそれ

らに余り惑わされなかった。その理由は，私のしていることが正直で，完全な，開放的で健全なものか，あるいは偽の，防衛的で不健全なものかどうかを知ることができるのはたったひとりの人間（少なくとも私の存命中，そしてたぶん永遠に）だけであるし，そのひとりとは私なのだと考えるようになったからである。私のしていることについてあらゆる証拠を得ることはうれしいことである。批判（好意的なものも，敵対的なものも）や賞賛（本心からのものも，お世辞も），こうした証拠の一部である。しかしこれらの証拠の軽重をきめ，その意味と有用性を決めるのは，私自身の課題であり，ほかの誰にも任せることはできない。

　前に述べた見解からすれば，次の学習に皆さんはさして驚かないであろう。経験は私には最高の権威である。妥当性の基準は私自身の経験である。いかなる人の考えも私自身の考えすらも，私の経験ほど権威を持っていない。私のなかで真理が形成されてくる過程で，より真理に接近するためには，この経験にこそ繰り返し繰り返し戻っていかなければならない。

　聖書も予言者も，フロイトもリサーチも，神や人の啓示も，私自身の直接経験に優ることはできない

　私の経験は意味論者の用語に従えば，基本に近づくほど大きな権威を持つものである。したがって権威の階層は，最下層の経験ほど権威があることになる。私がサイコセラピーの理論を読み，私のクライエントとの面接からサイコセラピーの理論を創り上げ，あるクライエントを直接にサイコセラピーをしたとすれば，私が述べてきた順番に権威が増大する。

　私の経験は誤りやすいので，権威的ではない。しかしそれはいつも新しく基本の層で点検することができるので，権威の基礎になる。このようにして，よく起こる誤りや間違いやすさはたえず訂正することができるように道がひらかれている。

　さて，もう一つの個人的な学習に移ろう。私は経験のなかに秩序を発見することを楽しんでいる。私が多くの経験の集積のなかにでも，そこに存在する意味や法則性や秩序を探したがるのは，避けがたいことのようである。この種の好奇心から，探求するのはとても満足なことであるし，これまでやってきた主要な理論化もそこから生まれてきた。そこから私は，臨床家たちが子どもを対

象に積み上げてきたいろいろな経験のなかに秩序を見つけようとした。そこから私の著書『問題児の治療』が生まれた。またサイコセラピーのなかで機能していると思われる一般原理を理論化したし，また，数冊の著書と多くの論文を書くことにもなった。また，私の経験のなかで出会ったと思うさまざまなタイプの法則性を検証するためにリサーチを進めた。さらにすでに体験していた秩序性をつなぎ併せて理論構成をすることになったし，この秩序をさらに新しい，未開拓の領域におしすすめて，それがさらに検証されることができるようにした。

　このようにして私は，科学的リサーチと理論構成の過程とを，重要な体験の内的秩序づけを目的としたものとみなすようになった。リサーチは，主観的体験の現象のなかから意味と秩序を取り出す絶えざる，学習的な努力である。世界には秩序が存在するとみなすことは，心の満たされることであるし，自然のなかに現れてくる秩序ある諸関係を理解するとき，報いの大きい結果が得られるので，リサーチの正当な理由をもつものである。

　そこで自分がリサーチや理論構築に献身する理由は，秩序と意味を見つけたい欲求——それは私のなかにある主観的な欲求なのだが——を満たすためなのだと考えるようになった。私は，ときどきほかの理由から，例えば，他人を満足させるため，反対者や疑っている人たちに信じさせるため，専門職上有利な立場を取るため，名声を得るため，そのほか芳しからぬ理由のために，リサーチを行ったこともある。こうした誤った判断や活動から，私は，科学的活動を追求する唯一健全な理由があるということ，そしてそれは，私のなかにある意味を求める欲求にあるのだとますます信じるようになった。

　もう一つの学習は大変苦労して学び取ったことだが，それはわずか4語で表現できる。事実は味方である（*The Facts are friendly*）と。

　たいていのサイコセラピストは，とくに精神分析家たちは自分たちのセラピーに科学のメスを入れること，あるいは他人にそれを許すことを固く拒否してきたことに，私は大変興味を抱いてきた。私は，自分も同じように感じてきたので，こうした反応が理解できる。とくに私たちが科学的研究を始めた初期の頃の，結果がどうなるかを待っているときの不安をよく覚えている。仮説が反証されたらどうしよう！　私たちの考えが間違っていたら！　私たちの見解

が正当化されなかったら！　振り返ってみると，そうしたとき，私は事実というものを潜在的な敵とみなしたり，不幸をもたらすものとみていたと思う。しかし長いことかかって私は，事実は常に味方であると考えるようになった。いかなる領域で得られるどのような小さい事実でも，その分だけ私たちを真理に近づけるものである。しかも真理により接近することは，決して有害なことでも，危険なことでも，不満足なことでもない。そこで，私は自分の考えを再整理するのをいやがり，古い見方と概念化を捨てかねていながら，もっと深いレベルでは，こうした苦しい再組織こそ学習することなのであり，たとえ苦しくとも，もっと人生を正確に見るようになるので，満足すべき人生の味方に導いていくことをある程度認めるようになってきている。そこで，現在私の思索をそそる領域は，私の持論が客観的に確証されていない領域なのである。こうした問題に迷いながら手探りで何とか突き進むことができれば，真理へもっと近づいて，もっとはるかに満足できるだろう，と思っている。私は事実は私の友人であると確信している。

　ここで最も実り多く学んだことに移りたい。それによって私は，他人と非常な共通性を感じることができたのである。それは次のように述べることができる。最も個人的なものは最も普遍的なものである。学生や職員に講演するときや，著作のとき，私は自分自身をいろいろなかたちで個人的に表現してきた。それがあまりにも私自身のユニークなものなので誰にも理解できないような態度でも表明してきたように思う。『クライエント中心療法』の序文（出版社から最も不適切なものとみなされた）と，論文「人間か科学か」（Persons or Science）がその二つの例である。これらの例では，私は最も私的で個人的な，したがって他人からは最も理解しにくい感情そのものが，ほとんど例外なく，多くの人に共鳴を呼ぶ表現であることがわかったのである。私たちひとりひとりのなかにある最も個人的でユニークなものが，表現されたり，伝わったりすると，他人に最も深く語りかける重要な要因になるのだと信じるようになった。このことから，詩人とか芸術家とかいわれる人たちは，自分のなかにあるユニークなものを思いきって表現している人たちである，と考えるようになった。

　私がこれまで述べてきたことすべての基盤になる，ひとつ深く学んだことを

申し上げたい。これは 25 年以上にわたる悩める人への私の援助活動から学んだことである。簡単なことである。私の経験では，人間は基本的にポジティブな方向性を持っている。深く混乱している人，ひどい反社会的行動をとっている人，とても異常な感情をもっている人，こうした人びととの私の深いセラピー的接触の経験からでもこのことがいえるのである。私がそうした人たちが表現している感情を敏感に理解できるとき，ひとりの独立した人間として受容できるとき，彼らはある方向に向かって動いていくのである。彼らはどんな方向に向かって動いていくのだろうか。私が最も事実を記述していると思う言葉は，ポジティブ，建設的，自己実現への動き，成熟へ向かった成長，社会化への成長，といったものである。人間は十分に理解され，受容されるほど，処世のためにかぶっていた仮面を脱ぎ捨て，前向きの方向に動いていくようになると，思うようになった。

　この点では誤解されたくない。私は人間性の本性をポリアンナ（底抜けの楽天家）のような楽天的なものとみているわけではない。人間は防衛や内心の恐怖から，信じられないほど残酷に，恐ろしいまでに破壊的で，未熟に，退行的に，反社会的に，人を傷つけるように行動したりするのを私はよく知っている。私の経験のなかで最も勇気づけられ，最も目のさめるような部分は，このような人たちと取り組んでいるときに，深いレベルにおいては私たちすべてと同じように，彼らのなかに強力なポジティブな傾向があることを発見することである。

　これまで長々と述べてきたが，しめくくりに，学びとった大切なことを述べておきたい。それはきわめて，簡潔に経験を述べられる。人生は，最良の状態では，流動的で，変化しつづけるプロセスであり，静止しているものはひとつもない。クライエントや私の経験から見ると，人生が最も豊かで実り多いときは，それが流動的に流れているときである。このことを経験するのは，魅力的なことだが，少し恐ろしい感じもする。自分の経験の流れに身を任せ，前の方と思われる方向に，つまり，自分にもかすかにしかわからない目標に向かって進んでいられるとき，自分は最良の状態にあるのだと思う。このように私の体験過程の複雑な流れに身を任せ，そのたえず変化している複雑さを理解しよう

としていると，固定した点はひとつもないことが明らかになる。私がプロセスのなかにいることができるとき，私が閉ざされた信念の体系とか，不変の原理などを持ち続けることができないことが明らかである。人生は，私の体験を流動的に解釈し，理解することによって導かれるものである。人生は，常に生成のプロセスにあるものである。

　私が他人に教えたり信じたりするように励まし，または説得するような哲学や信念や原理といったものがないという理由が明確になったと思っている。私はただ自分の体験の現在の意味を自分で解釈して生きていくことができるだけであり，そして他人には，彼ら自身の内面の自由を発展させ，彼ら自身の体験を自分で有意義に解釈していくように，自由と許しを与えるしかないのである。

　もし真理なるものが存在するとすれば，この自由な個人の探求のプロセスこそ，真理に向かって流れていくものである，と私は信じている。ある限られた範囲内だが，これはまた私が体験してきたと思っていることなのである。

2

私の結婚

My Own Marriage

　この著作にとりかかっている現在で，私はもう47年余りも結婚生活をつづけているが読者に私たちの結婚生活についてお伝えしたいと思う。皆さんのなかには私たちの結婚生活が信じられないほどにしっかりしたものと思われる方もあるかもしれないが，私はとくにそうは思わない。けれども，ヘレンと私はときどき，どうしていまだに2人の生活が豊かなもので，こんなにお互いに高め合っているのかあらためて驚くことがあるし，なぜこれほど幸福でいられるのか不思議に思うことがある。それらの疑問に答えることは私にはできないが，私たちの結婚の歴史を，できるかぎり客観的に述べてみたいと思う。おそらくそのなかから何かを得ることができると思う。

　私たち2人は，小中学校時代の大方はシカゴ郊外で同じブロックの中に暮らしていた。友だち仲間も住んでいたが，彼女の方が私よりもたくさんの友だちをもっていた。私は13歳のときに引っ越した。そのとき彼女から離れることに悲しい気持ちも感じなかったし，音信も途絶えてしまった。

　大学に入ったとき，彼女とは専攻は異なっていたが，彼女が同じ大学を選んできているのを見て私は驚いた。彼女は私の大学時代，最初にデートをした人だったが，その大きな理由は私が大変シャイな人間で，知らない人とデートできなかったからである。けれども私は他の女性とデートするようになるとすぐ，やさしくて，率直で，思慮深い態度を私に示してくれるヘレンの多くの美

〔出典〕 *Becoming Partners : Marriage and Its Alternatives*, New York : Delacorte Press, 1972, 21–29.

点がわかるようになった。彼女は学問的情熱に燃えているといった人柄ではなく，現実の問題に自由に開放的に考えることのできる人であった。一方，私の方は，学問の道に進みたいという気持ちにとらわれていた。彼女は一般常識や学問的知識に疎かったようで，社交の場で恥ずかしい思いをしたことをおぼえている。

　私たちの友情は深まった。私たちは，ハイキングやピクニックによくでかけたが，そんなときに私は，自分の好きな自然を彼女に紹介することができた。彼女は私にダンスを教えたり，ときには社会的な行事を楽しむことを教えてくれた。私はだんだんと彼女にたいする気持ちが真剣になっていった。彼女も私に好意をもってはいたけれども，私と結婚する気持ちがあるかどうかはまったくわからなかった。そんなとき私は事情があって1年間大学を離れたのだが，情熱的な手紙を彼女に送りつづけた。私が大学にもどったとき，彼女は大学を卒業しており，シカゴで商業美術の仕事についていた。だから私たちはその後もまた離ればなれにくらしていた。しかし，ついに彼女はイエスと言った。愛しています，結婚したい，と彼女が私に言ったその夜は，私は大学のクラスにもどるために，夜どおしうす汚いガタガタゆれる列車に乗っていなければならなかった。けれどもそんなことはちっとも気にならなかった。私は天に登ったような，雲の上を歩いているような気持ちだった。「彼女が私を愛している。彼女がこの私を愛している」決して忘れることのできない至高体験だった。

　それでも結婚するまでに1年10カ月も離れていたので，文通はひんぱんであった（今日では電話でするところであろう）。私は大学の最後の2年間は仕事運がよく，大学院に入る前に結婚しても十分なくらい，驚くほどの収入を得ていた。

　私たちの両親は似合いの組み合わせだと認めてはいたけれど，結婚については賛成しなかった。学校を終える前に結婚するなんて！　どうやって彼女を養うのか！　そんなことは聞いたことがない！　それでも私たちは結婚して（22歳のとき）2人とも大学院に進むことにした。振り返って見ると，これは私たちがこれまでにした決断のなかで最も賢明なものであったと思っている。

　私たちは両方とも性的に未経験で，きわめてうぶ（自分たちは相当知識を

もっていたと思っていたのだが）だった。けれども数カ月間親たちと千マイルも離れたところに移り（すばらしいアイディアだ！），ニューヨークで，世界で最も小さなアパートを見つけ，私たちに似合いの家具を入れ，激しくお互いに愛し合いながら，楽しいロマンティックな生活をした。

　私たちはニューヨークで暮らすことにしたために，2人は一緒に大きく成長することができた。ヘレンは，私のとっているコースのいくつかをとり，私はヘレンの美術の仕事から学んだ。私たちは専門書を読んだり，ショーを見ることに耽溺し，ほとんど無一文になってしまうほど楽しんだ。2人とも宗教，政治，すべての時事問題に対する態度が驚くほど変化した。彼女はパートタイムの仕事をしたし，私は定期的に週末の仕事をしたけれども，2人はほとんど一緒に過ごして，思想，趣味，感情などあらゆる面を分かち合うことを学んだ——ひとつの領域だけを除いて。

　私にとって2人の性関係はすばらしいものであったが，彼女にとってはそれほどではないということに，うすうす気づき始めていた。しかし，「今夜はだめ」とか「今日は疲れているの」とか「他の日にして」というような彼女の言葉の深い意味を，ほとんど私は理解していなかった。こういう状態が危機を招くことは確実である。

　この点では，私たちには運がついていた。どんな幸運もそうなのだが，それは利用されるためにあるものであった。私の大学院で知ったのだが，精神科医のG・V・ハミルトン博士が，実施中の研究を完成するために，何人か比較的若い既婚者の男性を求めていた。たぶん，多少の報酬が組込まれていて，すぐにその機会に飛びつくだけの値打があるもののように思われた（実際にこの研究は，キンゼイ報告をもっと個人的にしたような画期的な研究のはしりで，それは立派な研究であったが，一般にはあまり知られていない）。私はハミルトン博士の研究室に2，3回長い面接を受けに出かけた。彼は大変静かに，また忌憚なく，私の性的な発達の状況や生活について質問した。私もだんだん同じくらいに気楽になって話しているのに気がついた。そのなかで私にわかってきたことのひとつは自分の妻がいままでオルガスムスに達したことがあったのかどうか，全然知らなかったということだった。彼女は私たちの関係を楽しんでいるように見えたので，私はもちろんそうだと思っていた。しかし，私が学ん

だ最も重要なことは，日常生活に関することで，普通では，とても話すことができないようなことでも，たやすく，自由に話すことができるのだということであった。

そこで疑問が起こるのだが，私の夫婦生活にこのことを当てはめることができるのだろうか。私はヘレンと自分たちの性生活について話し合う——本当に話し合う——という驚くべきことに挑戦しはじめたのである。それはすさまじいものだった。どの質問も，どの答えも，攻撃したり，非難したり，嘲笑したり，拒否したりして，相手方をいたく傷つけるものであった。しかし私たちはそれをしのぎぬけた。お互いにそこで，性生活における相手の要求やタブー，満足や不満を前よりもずっと深く理解し合うことができた。その結果，まずやさしさとか理解とかが深くなり，より改善するようになったりした。そしてだんだんと彼女のオルガスムスだけでなく，十分な持続性のある満足感のある豊かな性生活ができるようになってきた。こうして私たちは，新しい困難な問題が起こったとき，それについて納得いくまで話し合うことができるようになった。

それは私たちにとっておそろしく大事なことであった。それは疑いなく，お互いの気持ちが離ればなれになってしまうような迷路から私たちを救ってくれたのである。しかし，もっと重要なことは，きっと他のひとには言えないと思っていることでも，言うことができるということ，言い換えれば，自分のなかにしまっておかなければならないと思っている問題も，実は他人と分かち合えるのだということがわかったということである。しかし，何度も私たちはしばらくこの教えを忘れてしまったが，危機的な時期になれば，いつもそれを思い出すことができた。

私は自分たちの結婚のすべての経験を順を追って詳細に話すつもりはないが，お互いにたいへん距離を感じた時期もあったし，非常に親密な時期もあった。また私たちは激しいけんかをするたちではないが，たいへんなストレスがあったり，わずらわしく思ったり，悩んだり，苦痛だったりする時期もあったし，この上なく愛し合い，支え合い，という時期もあった。そして私たちはいつも話し合うことをつづけた。自分の生活と活動に没頭して，相手を顧みる暇がない，というようなことはあり得ないものである。

ときどき私たちが2人ともやってしまう困った行動がある。ヘレンよりも私の方がその頻度が多いが，社交の場あるいは公の場で相手のことをからかったり，自尊心を傷つけるようなことや，相手をけなしたりするようなことを——いつも「冗談」なのだが——言ってしまうのである。そういうときトラブルが起こる。防衛のしるしにちがいないのだが，自分の行動から具体的な例を思いつくことができないので，最近わが家を訪れたある夫婦を例にとってみよう。私たちが酒の話をしているとき，夫の方が「調子に乗りすぎて」，「本当にうちのワイフは飲み過ぎますよ」と言った。妻の方はそんなことはないと思って，カッとなり，皆の前で批判されたことに対して憤慨した。それに対して彼は「いや，冗談なんだよ」という答えをしていた。こういうことは私もよくやる。ヘレンは私たちが家に帰ったとき，それをはっきり言う。私が臆病で，逃げの文句を言っているのだと自覚するようになった。もし，私が何かヘレンのすることに否定的な気持ちがあるならば，皆の前で「冗談半分」にチクリとやるよりは，自分たち2人だけのときに，勇気をもって言った方がずっとよかったであろう。同じように皮肉は，私の家庭のなかでよく言っていたし，相手にいいがかりをつけたりすることもよくやってきたが，結婚の当初，それは彼女を深く傷つけて，彼女には我慢できないものであったことがわかった。私は彼女から（彼女は私から）多くのことを学んできた。

　私たちが今まで十分に意見の一致をみなかったのは，うまくいっている結婚生活のなかでの独占欲の問題である。私はそれに対してノーと言うし，彼女はイエスと言う。私は他の女性が本当に好きになることがあったが，私の気持ちとしては，ヘレンを除け者にするようなものではなく，彼女に対する愛に加えて存在するものであった。彼女はそれを私と同じ感じ方でとらえるどころではなく，非常にショックを受けてしまった。私に対する深い怒りでもないし，嫉妬でもないのだが，彼女は「そっちのけにされた」「不満だ」という気持ちを内向させた。このとき，もう成長していた娘が，ヘレンに本当の気持ちを認めるように助けたり，私たちがもう一度話し合えるように助けてくれたことは，大変うれしいことだった。私たちが本当の気持ちをわかり合うことができたとき，解決の糸口がつかめ，私とヘレンは，あんなに彼女を脅やかせていた女性ともいい友だちになっているのである。ちなみに，私たち夫婦は，お互いに

いろいろな重要な場面で，よく息子や娘に助けられた。これは貴重な経験である。

　考えてみると，私たちは一方が個人として痛みや苦しみを感じているときには，お互いに非常によく支え合っていたように思う。この点について，彼女が私を支えていた例を二つあげ，彼女が私に支えられたと思っている例を一つあげてみたい。

　まずはじめの例は，私が40代のときである。1年近く，私は誰に対してもまったく性欲を感じなかったが，医学的な原因は見当たらなかった。ヘレンは私に自然な衝動が甦ることを確信しており，そっと私の苦境のなかに一緒にいてくれた。いくつか心理的な原因を考え出すことはできるが，どれももうひとつ私にはしっくりこない。これはいまだに私のなかでミステリーとして残っている。しかし，彼女の静かな絶えざる愛情は，私に非常に大きな意味をもっていて，おそらく最も効果的なセラピーであった。ともかく私は，徐々に正常な性生活にもどったのである。

　もっと重大な危機があった。それはある重症の分裂病の若い女性とかかわっていたときに訪れた。長い治療期間を費やしたにもかかわらず良い結果を得られなかったセラピー関係から起こったと思われる。そのことを話すと長くなるが，彼女を助けなければと思い詰めたので，私が彼女の自己から私の「自己」を切り離すことができないところまできていた，ということを述べておけば十分だろう。私は文字どおり，私自身を失ったし，自分自身の境界を見失った。私を助けようとする同僚の努力もあまり役にたたなかったし，私は気が狂うのではないかと（それももっともだと思うのだが）思うようになった。

　ある朝，研究室に来て1時間ばかりたってから，私はすっかりパニック状態になった。私は家まで歩いて帰り，ヘレンに「ここから出ていかなきゃいけない，ずっと遠くへ」と言った。ヘレンはもちろん，私がどういうことになっていたのかある程度わかっていた。彼女の答えは，私の心を和らげた。彼女は「いいわ，すぐいきましょう」と言った。私の仕事を引き継いでもらうための電話を何本かしてから急いで荷作りをして，2時間も経たないうちに道路に出ていた。その後6週間以上帰らなかった。私はよくなったり，悪くなったりであった。それから帰ってきて，同僚の一人からセラピーを受けることになり，

大変助かった。しかし，私のいいたいことは，このときヘレンは，最悪の状態は乗り越えている，私は気は狂っていないと確信していて，あらゆる方法で私に援助の手をさしのべてくれたことである。わあ！　私はこのようにしてしか感謝の念を表現することができない。これが，私の危機にいつもそばにいてくれたという意味である。私は彼女が何か苦しんでいたり，悩んでいたりすることがあったら，同じようにしたいと思っていた。

　彼女の母親は老年になって，何回か発作に苦しんだ。これは不幸なことに（しかしよくあることだが）母親の性格を変えてしまった。母親は知的な関心の強い，温かくて親切な性格の持ち主だったが，ごたごたと苦情をいう，疑い深い，ときには人の気持ちをひどく傷つけるようなことまで言う人物になっていた。これは娘たちにとっては大変つらいことであった。とくにヘレンは，母親と非常に仲がよかったために，心理的な打撃を受け，とても打ちひしがれ傷ついていた。母親は人と一緒に住むことも，ひとりで住むこともできなくなった。そこで，彼女をアパートから離して，療養ホームに入所させる（そこが最良であるわけは，ひとりでいられることである）という，大変辛い決断をした。それは，母親は以前の母親とは違うのだという現実にはっきりと向かい合うことであった。ヘレンは母親にこのような扱いをしたことについて，非常に罪悪感を感じていた。母親はそういう罪悪感をより強く感じさせるにはどうすればいいかをわかるくらいの抜け目なさをもっていた。6年間という長くて辛い年月の間，私はヘレンに寄り添っていたと信じている。彼女は週に2日見舞いに行くだけなので，そのことで心を痛め，罪悪感を感じて，混乱していた。私はその気持ちをそのままにもたさせながらも，そのように自分を責めるのは間違っており，彼女の決断は正しいと思っていることを彼女に伝え，また，彼女が苦しい，複雑な状況のなかで，可能な最善のことをしていると伝えた。彼女は私がそばにいることによって勇気づけられ，助けられたと思う。また，医者である息子も，身体的，心理的な老化が起こっていること，母親のいうことは額面通りに受けとめてはならないことを，ヘレンに理解させるのを協力してくれた。

　共に暮らした長い年月を振り返ってみると，なかなか客観的になることはできないけれでも，私にとって重要に思われるいくつかのことがある。

私たちは共に同じ地域社会の出身であるし、似かよった背景や価値観をもっていた。

　私たちはお互いに補い合っている夫婦である。いろいろなタイプの結婚を分類すると二つの両極に分かれるといわれている。一つのタイプは、夫婦がお互いに相手の欠陥を補い合うという「歯車のうまくかみ合った」結婚であり、2人ともとても心安らかであり、ときにはあまりにも平穏すぎるくらいのものである。もう一つは、衝突の多い結婚で、その結婚が成功するか否かは、2人が絶えずいろいろな衝突を建設的に処理するように努力するかどうかにかかっており、さもなければ崩壊してしまうという結婚である。私たちの結婚は、まあ中間的なかかわり合いといった方がいいだろうが、どちらかといえば、やや「歯車のかみ合った」結婚に近いだろう。私は恥ずかしがりやで淋しがりやの傾向があるが、ヘレンは私よりも自然で、気さくで、社会にとけ込んでいく。私はいつも、自分でやっていることをこつこつと忍耐強くする方であるが、彼女は「なんでこうしないの？」とか「旅行に行きましょうよ」とか言う方で、私はしぶしぶそれに同意するのだが、いざそれにとりかかると、私の方がいつもより冒険心がでて、子どものようになるし、彼女はいつもより落ち着いている。私は研究に関心をもったセラピストとして今までやってきているが、ヘレンは芸術家であり、計画出産運動（planned-parenthood movement）にも終生かかわるつもりでいる。私たちはお互いに、相手の関係している領域から多くのことを学ぶ機会をもっている。私たちはまた、衝突や食い違いに対して、ほとんどの場合、建設的にかかわることができた。

　結果として、私たちはお互いに、いつも2人の共同の生活をもつと同時に、独立した生活や関心事をもっていた。だから決して直接に競い合うことはなかった。私たちが競い合いそうになると、何か落ち着かなくなる。あるとき、私が絵筆をもって、一つ二つかなりいい絵を描いたとき、彼女にこころ安らかならざるものを感じさせたことがあった。私よりも、彼女の方が人に対してうまく援助をすると、私は「ああ、なんということか、彼女の方が私よりいいじゃないか！」と実は動揺しているのであった。しかし、こうした妬みとか競争は、それほど大事にいたったことはない。

　他の面で私たちは、不思議なほどに競争的でなく、この方が私たちの好みで

ある。結婚の当初から，家具とか自動車，贈り物から，着るものにいたるまで，同じ物を選ぶ傾向にある。ときどき私が，「オーケー，僕はもう決めたよ。君が決めたら教えてくれよ」と言う。彼女が選んだのを後で聞くと，私が決めたのと同じのを選んでいることがびっくりするほど多かった。証明のつもりではない。ただそういう事実だということを述べているだけである。

　子どもたちが小さかったときには，彼女は実にすばらしい母親だった。そのころ私は，父親として自分はまずまずのところだと思っていた。とても奇妙なことだが，その当時私は，子どもたちのしていることが，彼ら自身の成長を促進するものかどうかということよりも，私を邪魔しているかどうかの方が気掛かりだった。2人の子どもがかなり成長してからは，私は十分に，ときにはヘレンよりもよく子どもたちと気持ちを通じ合えるようになった。

　これまで，私たちがお互いにいろいろな面で補足しあってきたことを十分に述べたと思うが，これらの補足関係のバランスは変化する。例えば，これまで2人の間では私の方が読書家であったのだが，最近では，私はいろいろな要求のために大方の時間をとられてしまうので，彼女の方が読書家になってしまった。まわりで起こっているいろいろな情報におくれないために，今では彼女にすっかり頼るようになってしまっている。

　私たちは2人とも病に臥したり，手術をしたこともあったが，時期が重なったことはなかったので，お互いに相手の困ったときに世話をすることができた。私たちは，ときどき老化による問題は起こるが，基本的には健康を維持している。

　ディヴィッド・フロストがテレビで愛の定義をしていて，「愛とはお互いが自分自身についてよりも，相手について関心を多く持つときに存在するものである」といっていた。この表現は，私たちの結婚生活の最も良い瞬間に当てはまるものと思う。しかしこれはまた，愛の悲惨さを定義するものでもあると思う。というのは，それぞれが相手のことを深く考えるあまり，自分のことを投げ出してしまうことをも意味しているからである。私たちにこの定義が当てはまることはなかった。

　私が，自分たちの結婚でいえる最も意味深いことは（あまりうまく説明できないが），お互いがいつも，相手の成長を喜び，熱望しているということであ

る。私たちは個人として成長してきたし，その過程のなかで一緒に成長してきたのである。

　私たちは聖書でいう人の寿命の70歳（threescore and ten）に達したので，私たちの現在の状況について，最後にちょっと述べてみたい。私たちはお互いに，生きること，苦しむこと，あがきや楽しみを精一杯分かち合ってきたが，それはトルーマン・カポーティが言っている愛の定義「愛とは文章を完成させる必要のないときに存在するものだ」の条件を満たしている。何か事が起こったときとか，何かの場面に出会ったとき，ふと，ヘレンが「あなた覚えている？　あのときの……？」と私に言う。私は「もちろん」と答えて一緒に笑う。2人が同じ体験について考えているのである。また，私たちの性生活については，20歳代，30歳代と同じではないけれども，身体的な親近感，また私たちの「寄り添い」，あるいは私たちの性的な関係は，あたかもひとつの弦が，それだけで美しいばかりでなく，弦をたくさん重ね合わせて，より豊かな音色を奏でる和音にもたとえることができよう。要するに，私たちは非常に幸運なのである。もっとも，そういう幸運を維持するために，ときには非常に懸命に立ち向かわなければならないこともあったけれども……。

　しかし，私の述べてきたことが，すべてをバラ色にしてしまわないように，次のことを付け加えておく。2人の子どもたちが，結婚生活の問題でしっかり苦しんだのである。つまり，私たち自身が満足のいく関係を創り上げるだけ成長したからといって，子どもたちもそうなるという保証はないということである。

3

Growing Old : Or Older and Growing

老いること
——成長しながら老いること

　75歳であるということは，どういうことだろうか。それは55歳であることや35歳であることと同じではない。しかし，私にとってはその違いは一般に考えるほど大きなものではない。私の場合は，とくに幸運であったから，私の例が他の人びとに役立ったり，示唆を与えることになるかどうか，わからない。ここで私の見解や感じ方を書き留めようとしているが，これはほぼ私自身のために書くのである。65歳から75歳までの10年間に限って述べたい。おおかたの人にとって65歳という年は，生産的な生活を終える時期であり，「退役生活」——それがどんな意味をもつにせよ——に入っていく年だからである。

身体的な側面

　私は身体の衰えを感じている。いろいろな面でそれがあらわれている。10年前にはフリスビーを投げて大いに楽しんだが，今は右肩が関節炎で非常に痛くて，そんな運動をするなぞもってのほかである。5年前には，自分の庭で楽にできた庭仕事が，去年は困難になり，今年は重労働すぎて，週に一度やってくる庭師にまかせた方がよいのである。このゆっくりやってくる老化現象は，

〔出典〕 *A Way of Being*. Boston : Houghton Mifflin, 1980 70-95.

視力，心拍その他さまざまな衰えを伴いながら，私が「私」と呼んでいる身体の部分が，永遠につづくものではないことを私に知らせる。

しかし，私は今も，海岸を4マイル散歩して楽しんでいるし，重い物を持ち上げることができるし，妻が病気のときには買い物，料理，皿洗いなどをすべてするし，息切れもせず旅行鞄を運ぶこともできる。女性の姿態はいまだに世界中で最も愛すべき創造物のひとつであると思うし，その美しさを大いに楽しんでいる。セックスに関して，性的な能力は衰えているにしても，35歳のときに感じていた関心は今も同じように感ずる。私は今でも性的に元気であることを嬉しく思っている。もちろん，最高裁判所判事のオリバー・ウェンデル・ホームズが80歳のときストリップショーを見た後で「ああ，もう一度70歳にもどりたい！」と述べた気持ちには同感できる。そう，65歳，60歳にもどりたいと思う。

このようなことから，私は明らかに老いたことを十分にわかっている。しかし，私の内面では私は，多くの面で同じである。老いてもいないし，若すぎもしない。私はそういう人間のことを述べていきたい。

活動について

新しい企画

過去10年間私は，心理的に，また肉体的にも危険を伴った多くの新しい冒険に乗り出してきた。これらの企画に着手するときほとんどの場合，他の人からの提案や意見がきっかけとなっているのが不思議である。それは多くの場合，自分では気づかないうちに準備ができていて，誰かが適切にボタンを押したときにのみ行動になってあらわれたのにちがいないと思う。例をあげてみよう。

1968年に，同僚のビル・クールソンが他の何人かと「私たちのグループは独立した新しい組織を作るべきだ」と私に提案してきた。そこから，奇想天外な，嘘のような，そして最も影響力の強い，組織なき組織「人間研究センター」(Center for Studies of the Person) が生まれたのである。このセンターのアイディアが提案されると，私はそれを実現させるためにグループで精力的

に動き，当初の難しい数年は，私はセンターや自分たち自身を育てるのに力を尽くした。

　私の姪で小学校教師のルース・コーネルが「教育関係の書籍目録にあなたの本がないのはどうしてなのでしょう？」と尋ねた。この言葉がもとになって『創造への教育』(*Freedom to Learn*)を書こうという発想がひらめいた。

　集中的グループ経験（体験）(intensive group experience)を通して医師たちの人間性を刺激するという，同僚オリーン・ストロードの夢がなかったら，私はエリート意識をもつ医者たちに影響を及ぼそうとは決して考えなかったであろう。懐疑的でありながらも，希望をもちながら，私はそのプログラムが発足するように精力的に援助した。900人もの医学教育に携わる人びとがエンカウンター・グループに参加した。そのなかには医師の妻たちや研修医なども一緒に参加していて，「人の痛みを感じる視点」を医学教育に持ち込んだ。それはたいへん感動的な，実り多い発展をとげ，今では私が何の援助もしなくても完全に独立して動いている。

　今年の夏，私たちは16日間の集中的グループ形式でパーソン・センタード・アプローチ——第5回ワークショップを開催した。この一連のワークショップは，過去10年間のどの企画よりも私にとっては学ぶところの多いものとなった。私は自ら，私自身の新しいあり方を学び，それを実践してきた。そして，グループ・プロセスとグループ中心のコミュニティづくりについて，知的にも直観的にも学びとってきた。この過程で強力なスタッフが，親密な専門家ファミリーを作りあげていき，非常にすばらしい体験となった。私たちはますます勇気を得て，グループとの新しいやり方を試みるようになった。なぜ私がこんな大きな，時間のかかる企画に没入することになったのだろうか。4年前に私の娘，ナタリーが「クライエント・センタードのアプローチに関わるワークショップを一緒にやりませんか」と言ったからである。あの会話からこれだけのことが実っていくとは，私たちは2人ともまったく予測もしていなかった。

　私の本『人間の潜在力』(*Carl Rogers on Personal Power*)(1977)も同じように会話がきっかけになっている。その当時大学院生だったアラン・ネルソンが私にクライエント・センタード・セラピーには「政治学」がないというコ

メントをめぐって私に挑戦してきた。このことから，私には一連の考えがまとまってきた。しかし，その方向を探究する準備は私のなかにできていたのである。というのは，その本のいくつかの部分には，さりげなくそのことにふれているからである。

無謀なのか賢明なのか？

　ごく最近のことで，たぶん最も危険をはらんだ冒険は，私と人間研究センターの4人のメンバーがブラジルへ旅行したことである。これはエドアルド・バンディラの組織力と構想と説得力で，私は行くことに同意したのであった。この歳でこの旅行は長期だし無理だと考えた人もあったし，私も15時間も飛行機に乗ることなどについてもいささか不安はあった。また，自分たちの活動がなんらかのかたちで一つの大国に影響を与えるなどと考えることは，傲慢ではないかと思う人もあった。しかし，ブラジルのファシリテーターを訓練する機会をもつことは，彼らのほとんどはアメリカでの私たちのワークショップに参加したことがある人たちだし，彼ら自身が自分たちの集中的ワークショップをもつためにも，大変魅力的なことであった。

　もう一つ都合のよいことは，ブラジルの三大都市で600〜800名の参加者と出会うことになっていた。これは2日間の研修会で，合計約12時間，ともに過ごすことになっていた。アメリカを出発する前は，そんなに大勢で，この短い期間では講演形式をとらざるを得ないだろうと考えていた。しかし，その日が近づくにつれて，セッションの調整や方向づけを皆で分かち合うこともなく，参加者自身が自分たちを表現したり自分の力を体験したりするチャンスをもつこともなく，パーソン・センタード・アプローチについて話すということは，私たちの基本姿勢に矛盾するという感じがだんだんと強くなってきた。

　そこで私たちは大きな賭けをした。短い講演の後に，リーダーレスの小グループ，関心グループ，エンカウンター・グループのデモンストレーション，スタッフと聴衆との対話などを試みた。一番すばらしかったのは，800名もの人びとが（10〜20の列になって）大きく輪をつくり，そこで感情や態度を表明していったことである。話したい人にマイクロフォンが渡され，参加者とスタッフは平等の立場で参加した。どの人も，どのグループもリーダーシップを

とることもなく，それは巨大なエンカウンター・グループになった。最初はかなり混乱もあったが，その後人びとは相手の話に耳を傾けるようになった。スタッフに対して，あるいは進行についての批判が，ときには非常に激しく飛びだした。また，こんな短期間に，こんなに多くのことを学んだことはない，と感じた人たちもあった。感じ方が極端に異なった。ある人は，スタッフは質問にも答えようとしないし，事態の調整もしないし，説明もしないと言って手厳しく発言したかと思うと，別の人は「しかし，批判をしても，自分を表現しても，どんなことを言っても自由だ，というこんな感じは今までにあっただろうか」と言い，最後には参加者たちが自分で学んだことを自分の日常場面にもどったとき，どう生かしていくかという建設的な討論がなされた。

　サンパウロにおける初日の夜のセッションは，非常に混乱していて，その上，あと6時間しか時間がないという感じが自分に迫ってきた。しかしそのセッションが終わったあと，私はその会について誰とも話すまいと思っていたのを思い出す。私は非常に混乱していた。私は失敗することが決まっているまったく馬鹿げた実験に乗り出す手助けをしてしまったのか，あるいは800名の参加者が，自分自身の可能性に目覚め，自分自身の学習体験を作り上げていく，新しい方法の開発に手助けをしているのであろうか。それがどうなっていくのか予測する手立てはまったくなかった。

　おそらく，賭が大きいほど満足も大きいのであろう。サンパウロでの第2日目の夜，本当の意味の共同体がそこにあった。人びとは自分自身のなかに意味深い変化を経験していた。それから数週間後と数カ月後の非公式のフォローアップでは三つの都市それぞれの数百人の人びとが，価値のある体験であったことを確認している。

　これほど得るものの多い長期の旅は，いままでになかった。私はたいへん多くのことを学んだ。私たちが個人のレベルでも，対人関係の面でも，またグループのレベルでも，すべての面で創造的事象が生まれるような，促進的な雰囲気を作り上げていたことは間違いない。私たちはブラジルにある影響を与え，ブラジルはまたたしかに私たち全員を変えたと思う。巨大なグループのなかでも，何をすることができるかという私たちの視点はたしかに拡大されていたのである。

これらがこの10年間，自分に引き寄せられてきた活動であり，それは自分にとって非常に得るところの多いものであった。

冒険をすること

これらの活動には，いずれの場合にも危険の要素がつきまとっていた。実際，最近の自分の生活のなかで，非常に価値のあった経験には，かなり危険が伴っていたように思われる。そこで，少し時間をもらって，私が数々の冒険をする背後にある理由について考えてみよう。

過去の経験から，非常に満足に仕事ができるやり方を知っているのに，なぜ未知に挑戦することが魅力的に思え，新しいことに賭けるのだろうか。自分で十分にわかっているわけではないが，いくつかの点をあげることができる。

第1の要素として，友人および密接な関係のある同僚など——何らかの形で共同して仕事をしている人たちだが——を，私のサポートグループと思っているということである。このグループでのかかわりのなかで，新しい大胆な仕事をするように，陰ながら，あるいは公然と，お互いに励まし合っていることはたしかである。例えば，5人が協同してブラジルの企画を体験したが，あれがグループでなくてひとりだけでやったら，あれほど深い実験をすることはできなかったであろう。もし私たちが失敗しても，信じあっている仲間，失敗を一緒に修正してくれる仲間がいるのだから賭けもできるのである。私たちはお互いに勇気を与えあっていた。

第2の要素は，私が若者たちや，若者が創り出そうとしている新しい生き方に親しみを感じているからである。なぜそれに親しみをもつのかはわからないが，事実そうなのである。私はすでに明日の「生まれくる新しい人間」(the emerging person) について書いているし，私自身この新しい在り方，生き方に引き込まれている。希望的な観測でそのような人間を描写したのではないかと恐れている。しかし，スタンフォードリサーチセンター (1973) は，4千500万人のアメリカの人が「次の三つの内的信念をあらわす生き方——つまり，第1に人間を尺度にして物事を考えたほうがよい。第2に質素な生活，保存，リサイクル，倹約をした方がよい。第3は外的な事象よりも内面の生活を大事にする) を支持する」と表明している研究結果をまとめた（文献1）。こ

の結果を見て、いまは私は自信をもっている。私はこのグループに属している。そして、この新しい生き方を試みるためには、危険と不確定要素は避けられないのである。

　第3の要素は、私は安全とか確実性には退屈してしまった、ということである。講演の原稿を準備しているとき、あるときはそれが聴衆に大いに受け入れられるのがわかる。20カ所の聴衆にそれを20回話して、しかも歓迎されることは間違いない原稿である。私はただそれだけではいやなのである。3回も4回も同じことを話したら、自分自身にあきてしまうのである。それ以上繰り返すことには耐えられない。お金を手にすることはできるし、肯定的な反応ももらえるが、それができないのである。それがどうなるかがわかっているので、いやになるのである。同じことをしゃべっている自分の声を聞くのがいやなのである。私には何か新しいことを試みる生き方が必要なのである。

　しかしたぶん、私がさまざまなことをやってみたいと思う最も大きな理由は、成功するにせよ失敗に終わるにせよ、その行動のなかから学ぶことがあるからである。学習、とくに経験から学ぶことは、私の人生を価値あるものにする主要な要素なのである。こうした学習は、次の展開の助けになる。だから私は危険を冒しつづけるのである。

著作について

　この話題について考えたとき、「この10年間にどれだけ書いてきたか」を自分に問いかけてみた。私はすっかり驚いてしまった。秘書が私の刊行物のリストを保存していたのを教えてくれたのだが、65歳以降に著書4冊、論文約40篇、そして数本の映画を作っている。これは、その前のどの10年間よりずっと多い数字である。本当に信じられないことである！

　その上、これらの本は共通の哲学でもってつながってはいるが、まったく違った主題について書いているのである。『創造への教育』（1969）は、教育に対する私のアプローチを述べたものである。1970年に出版されたエンカウンター・グループにかんする著書は、この感動的に発展したものについて、私が学んできたことをまとめたものである。1972年に『結婚革命』（*Becoming*

Partners）が出版された。この本は男女の人間関係の新しい形をいろいろと描いている。そして最近の『人間の潜在力』はパーソン・センタード・アプローチという新しく生まれてきた政治学を，いろいろな分野へ応用できるよう探究したものである。

　40篇の論文のうち，4篇が私のこころに浮かび上がってくる。そのうちの2篇は将来を展望するもので，2篇は回顧的なものである。共感についての論文「共感的——まだ受容されていないあり方」（Empathic—An Unappreciated Way of Being）はきわめて重要な人間存在の様式についての研究を集大成したもので，よい論文だと思っている。また「現実は『ひとつ』でなければならないか？」（Do We Need 'A' Reality）（本書下巻，第28章）は，新鮮な述べ方が気に入っている。他の2篇は，対人関係についての私の基本哲学の発展過程を記述したものであり（「人間関係についての私の哲学とその発展」〈My Philosophy of Interpersonal Relationship and How I Grew〉），それから心理学者としての私の歩み（「回想——46年」〈In Retrospect: Forty-Six Years〉）である。

　私はこの波のように押し寄せる著書を驚きの目で見ている。何と説明していいのだろうか。多くの人が晩年になるとごく個人的な理由で執筆している。アーノルド・トインビー（Arnold Toynbee）は80歳で「私を著作に向かわせるものは何か」の問いを自分に投げかけて次のように答えている。「良心である。私を著作に向かわせる態度はオーストラリア人魂ではなく，アメリカ人魂である。つねに仕事に向かい全力を注ぐことは，私の良心によって義務として課せられる。仕事のために仕事の奴隷になるということは，理性的ではないかもしれないが，そう考えても私は自由になれない。例えば怠けたとすると，それがほんのちょっとの怠けであっても，私は良心が痛み，それゆえに不安で不幸になる。だから私のなかに仕事をする力が残っている限り，この鞭は私を叱咤激励しつづけるように思われる」と（文献4）。このようにせき立てられた人生は，私にとっては非常に悲しいものに見える。これは私の動機づけとはあまりにもかけ離れている。

　アブラハム・マズローは死の数年前に，これとは異なった強い衝動にかられていたようである。彼の場合は，まだ未公表だが公表しなければならないと

思っていることが非常にたくさんあったので，精神的に大きなプレッシャーがかかっていた。すべてを言いつくそうという衝動のために，彼は死にいたるまで書きつづけたのである。

　私の見解はまったく異なっている。私の友人である精神分析家，ポール・バーグマンは，人間はその人生において，一つだけしか根源的なアイディアをもたないものである。つまり，その人によって書かれたものはすべて，その一つのテーマの一直線上の展開にすぎない，と書いているが，私は同感である。この記述は，私の著作にあてはまると思う。

　物を書く一つの理由は，私は好奇心が旺盛だからである。自分のものであろうと人のものであろうと，ある考え方のなかに潜在している意味を知り，それを探究するのが好きである。また私は論理的で，一つの思考が枝分かれしていくのを追い続けるのが好きである。言語的なコミュニケーションと同様に，感情，直観，非言語のものにも深く関心を寄せているし，その世界について考えたり，書いたりすることを楽しんでいる。この世界を概念化することは，私にとってはその意味を明確にしていくことになるのである。

　しかし私の著作意欲に関しては，まだ他にももっと重要な理由がある。私の内面にはいまだに対人関係でコミュニケーションの難しい内気な少年の姿があるように思う。例えてみると，面と向かって愛の表現をするよりも手紙にする方がより雄弁になる少年であったり，高校時代も作文では自由に自分の意見が述べられるのに，クラスで同じことを話すときにはあまりにも「はんぱ」な感じがしてしまう少年がいるようである。そうした少年の姿は，いまだにしっかりと私の一部分を占めている。私は著作とは，きわめて現実的な意味で，私があまり知らない世界とコミュニケートする私なりのやり方なのである。私は，理解してもらいたいという気持ちは非常に強いが，あまり期待はしていない。著作は，いわばびんに封印して海に流す便りのようなものである。驚いたことに，心理的にも地理的にも，数えきれないほど多くの岸辺で，人びとはそのびんを見つけ，語りかけているメッセージの内容を理解したのである。だから，私は書きつづけるのである。

学びとったこと

自分自身を大切にすること

　私はこれまで自分のことよりも他人への配慮をよくし，他人の面倒をみてきた。しかしこのごろになって，私は進歩してきた。

　だいたいは責任感の強い人間であった。もし誰かがある企画のこまごまとしたことをやっていなかったり，ワークショップの参加者の面倒を十分みていなければ，私がしなければならない。しかし私は変わった。1976年のオレゴン州，アシュランドのパーソン・センタード・アプローチのワークショップで健康が優れなかったときや，1977年，ブラジルのアーコゼロのワークショップでは，私は複雑なプログラム指揮の責任から身を引き，それを完全に他の人に任せた。私は自分自身の面倒をみる必要があった。そこで私は，自分自身である責任と自分自身であることの満足以外には，あらゆる責任から離れることにした。罪悪感をもたないで気楽に無責任でいられるというのは，これまでにない感じであった。しかも驚いたことに，その方がもっと効果的であることがわかったのである。

　私は以前よりいろいろと上手に自分の身体を大切にしてきた。また心理的要求を大切にすることも知っていた。3年前，あるワークショップ・グループが，外からの要求に応じてどれほど自分が忙しく駆り立てられていたかと，私に気づかせてくれた。──「かわいい人にかみ殺される」とグループのひとりが言ってくれたが，この言葉は私の気持ちを正確にとらえていると思った。そこで私は，これまでしたことがなかったことをやってみた。10日間，提供してもらった海辺のコテージでまったくひとりきりで過ごした。私は深く自分を蘇らせることができた。私はとことん自分でいることを楽しむことができた。私は自分が好きなのである。

　私は前よりいっそう援助を求めることができるようになった。自分でできるということを主張しないで，他の人に物をもってもらうのを頼んだり，何かやってもらうように頼むことができるようになった。また，ごく個人的な援助も受けることができるようになった。妻のヘレンが病気で状態が悪かったと

き，私は24時間勤務の看護婦のように待機をつづけ，また一切の家事をやり，多くの要求を受ける専門家であり，かつまた著述家であることに限界がきて，援助を求めた。そしてセラピストである友人から援助を得ることができた。私は自分自身が必要としているのは何かを探し，それを満たすようにした。そして，この時期自分たちの結婚生活を圧迫している緊張は何であるかを考えてみた。私は，自分の人生を生きることが自分の人生を生きのびるために必要なことだと思うようになった。ヘレンが大きな病気をしているときであったけれど，それを第一にしなければならないと気がついた。私はすぐに他人に頼ることはできない方だが，何でも自分で処理できるわけでないという現実を知ったのである。このようにいろいろのかたちで，私は，この自分という一人の人間をたたえ，そして大事にすることが，もっとよくできるようになった。

静穏？

老人になるに従って穏やかで落ちついてくる，といわれ，そのように考えられている。こうした言い方，考え方は誤解を招くものだとわかった。確かに私自身の外側で起こる出来事についてはかなり先まで見通しがきくので，以前より物事を客観的に観察できることが多くなってきたと思う。しかし逆に，自分の内面にふれる出来事になると，以前よりも強い反応を呼び起こされることが多い。感動したときには非常に気分が高まるし，気に掛かることがあると深く混乱してしまう。こころは傷つきやすくなるし，痛みは激しく感じるし，涙もろくなってきた。喜びは高く頂点にも達するし，大体怒りは出しにくかった私であるが，それすらももっと激しく感ずるようになってきた。情緒的にはこれまでになく不安定になっていると思う。うつの感情と躁の感情の幅が大きくなり，そのいずれもが引き出されやすくなった。

この不安定さは，危険をあえて冒す私の生活スタイルによるものかもしれない。また，エンカウンター・グループで学習した高い感受性からきているのかもしれない。あるいはこれまで見落とされてきた老年期の一つの特性なのかもしれない。私にはわからない。私はただ，自分の感情が動揺しやすく敏感になっていることがわかるだけである。私はそういうことすべてが，身近に自分のこととしてわかるようになってきている。

新しい考えにひらかれていること

　ここ数年間私は，以前よりも新しい考え方に，より心がひらかれていると思う。私が一番重要視していることは，内的宇宙，つまり人間の霊的能力や魂の可能性の領域にかかわることである。私は，この領域はいま，知識の新しい前線であり，発見の切り口になるだろうと考えている。10年前なら私は，こんなことは言わなかったであろう。しかし，この領域で仕事をしている人びとの書いた文献や経験や会話から，私の見解は変わってきた。人間は驚くばかりの直観力を可能性としてもっている。本当は私たち人間は，自分の知性よりもずっと賢い存在なのである。それには多くの証拠がある。私たちは大脳の右半球の能力である非合理的で，創造的な「超自然的精神活動」(metaphoric mind)の能力を悲しいくらいおろそかにしてきた。バイオフィードバックが証明するところでは，もし私たちが自分で意識機能を低下させ，リラックス状態になるならば，体温とか心拍，その他すべての器官の機能をある程度調整することができるのである。末期がんの患者が，悪い考えを打ち負かすことに焦点を当てた，瞑想や空想の集中プログラムを受けたところ，驚くほどいろいろな点での緩解を経験したという。

　私は神秘的現象（予知，思考移送〈テレパシー〉，透視，霊気，キルリアン写真†，体外離脱体験）などについてさえも以前よりもひらかれている。これらの現象は，認知の科学的法則に当てはまらないが，おそらくいまは，新しいタイプの法則を発見しようとしている時期にあるのであろう。いま私は，新しい領域から大きなものを学んでおり，楽しく感動的な経験をしている。

親密なかかわり合い

　ここ数年間に私は，非常に親密なかかわり合いに自分自身をひらいてきている。これは確実にワークショップ経験の結果である。身体に触れたり，触れられたりすることにも抵抗がなくなってきた。男性，女性を問わずに抱擁したり，キスしたりすることも多くなったし，自分の生活の感覚的な側面がもっと

---

†　訳注：人体からでるオーラ（気）を写した写真のこと。

覚醒されてきた。そして，自分がどれほど心理的に親密な接触を求めていたかもわかる。他人への気配りを大事にしたいと思うし，自分の方も同じような配慮を受けたいと思っていることもはっきりわかった。日ごろそれとなく意識していたことだが，いまはそれを次のように率直に言うことができる――それは，私がサイコセラピーに深くかかわるのは，自分という人格をあまり危険にさらさないようにしながら，この親密性を求める欲求をみたす用心深い方法であった，ということである。いまは私は，他人との人間関係のなかにすすんで浸かるようになったし，思い切って自分自身を前面に出すこともするようになった。新しく奥深い親密性への能力を自分のなかに見いだしたように思う。この能力はいろいろと心の傷を広げもしたが，もっと大きな喜びさえも分かち合えるようにもなった。

　こうした変化は私の行動にどんな影響を与えているのであろうか。私は男性の友だちともっと親しくもっと深いかかわりをもてるようになった。これはどういうことかといえば，引っ込み思案にならないで，楽に友情が変わらぬことを信じながらかかわり合いをもてるようになったということである。本当に信頼できる親密な男性の友人グループがあったのは大学時代だけであり，その前にも後にもそんなものは全然なかったのである。だからこの経験は，いま新しく始まったばかりの冒険的な展開なのである。そしてここから得るものは非常に大きいと思う。それからまた女性とも，親密なコミュニケーションをもっている。いま何人かの女性とプラトニックではあるが心理的には親密なコミュニケーションをもっていて，それは私にはきわめて大きな意味をもつものである。

　これらの親密な男女の友人たちと私は，苦痛，喜び，驚き，情熱，不安，わがまま，自己卑下など，私の自己のどんな側面も分かち合うことができる。空想や夢も分かち合うことができる。同じように友人たちも私と分かち合ってくれる。こうした経験は，私を非常に豊かにするものである。

　長年の結婚生活において，そしてまたこの親しい友人関係において，私は親密なかかわりという領域で多くのことを学びつづけている。私は，気持ちが分かち合えたときの親密感や，理解され受け入れられたときの満足感と同じように，苦痛，怒り，不満，拒否を経験しているときにも，そのことにもっとよく

気づくようになっている。深くこころを配っている人に対して，否定的な感情をもちながら相対するのはどんなに難しいことかを学んだ。かかわりのなかで何か期待を抱くことが，いとも簡単にかかわり合いについての強要に変わってしまうことも学んでいる。私の経験から最も難しいことは，そのときそのかかわりのなかで，その人がどのように存在していても，そのままでその人を大切にすることである。私がこうだと考えているままに，こうあって欲しいと私が望んでいるままに，またこうあるべきだと私が思っているままに，それに従って相手を大事にすることははるかに容易なことであるが——。私が自分のためにその人にこうあって欲しいと求める期待を断ち切って，私が満足するようにその人を変えていくという希望を切り捨てて，ひとりの人をそのあるがままに尊重することは，至難のわざであるけれども，それは満足のできる親密なかかわり合いへの豊かな道なのである。

　以上がこの10年間に私の生き方が変化してきたところである。私は，親密なかかわりや愛することに，もっとこころをひらいているように思う。

個人的楽しみと困難なこと

　この10年間，いくつかのつらいこと，それからたくさんの嬉しいことを経験した。最大の緊張は，ヘレンの病気とつき合うところにあった。病気は5年間非常に厳しい状態であった。彼女は，痛みや制限された生活に最大の勇気をもちながらよく耐えてきた。彼女が動けないことは私たち夫婦にとって肉体的にも精神的にも新しい問題を投げかけていた。——これはずっとつづいていく問題である。絶望と希望が交互にやってくるきわめて難しい時期を過ごしているのだが，現在は希望の方がずっと多くなっている。

　彼女は，多くの場合強い意志の力だけで，自分の目標をあれこれ立てて，普通の生活にもどろうと努力していて，たいへんいい方向に向かっている。しかし，これは容易なことではなかった。まず，何よりも，彼女は生きたいのかどうか，生きるための目標が何かあるのかどうかを選択しなければならなかった。しかも，私は彼女に依存しない独立の生活をしていたことで，彼女を苦しめ困らせた。彼女が非常に悪かったときには，それまでの2人の密接なつなが

りがたいへん負担になり，世話をしてもらいたいという彼女の要求で，さらに高まった。そこで私は，自分自身の生き残りのために，自分自身の生活を生きようと決心した。彼女はこのことで非常に傷ついた。つまり，私の価値観が変わったことで，深く傷ついたのである。彼女の方では，夫を支えるという，むかしのモデルを放棄しかけている。その心境の変化が私に対する怒りとなって湧きあがってきたし，またそういう社会的に是認された役割を彼女に押しつけた社会に対しても怒ったのである。私の方では，ちょっとでも，かつてのような，常に一緒だった私たちの夫婦関係に戻ろうとする動きがあると怒りを覚える。私は統制のように思われる一切のことに，頑固に抵抗している。そういうことで，私たちはいままでになく，緊張の高い困難な関係になっている。私たちは気持ちの上で努力して乗り越えなければならないこともももっと多くなったが，しかし，2人の新しい共同生活の方法を創り出そうとするときには，これまで以上に素直な関係にもなっている。

　こんなわけで，この時期は苦悩と緊張に捲き込まれた10年であった。しかしまた，得るところが多い肯定的な経験もたくさんあった。私たちは3年前に金婚式を祝った。数日間リゾート地で私たちの子ども2人，息子の妻，6人の孫全員が楽しく過ごした。私たちの息子や娘が，いまや自分たちの子どもであるというだけでなく，自分たちの内面生活をも分かち合える最良の親愛なる友人であることは大変嬉しいことである。彼らとは個々になんども親しく訪ね合っているし，同じように国のあちこちから親しい友人が訪ねて来てくれる。私たちの親しい友だちの輪は，途切れることなくどんどん深まっている。——みんな私たちよりも若い人である。

　私には，庭仕事や長い散歩が楽しみである。身に余ると思ういろいろな賞や表彰を受けた。最も感動したのはライデン大学の400年祭の折りに，大学から受けた名誉学位である。この由緒あるオランダの学問の府から私のもとへ特使が派遣されたのである。私の書物で感動したり，変わったという人たちからたいへん親しみを込めた手紙が何十通もくる。こういう事柄はいつも私を驚かせる。南アフリカに住む一人の男性の生活，そしてオーストラリアの奥地に住む一人の女性の人生に変化をもたらすのに私が重要な役割を果たしたなどということは，ちょっと信じられないことであり，まるで魔法にでもかかったような

気がする。

死を考える

　それから，人生には終焉がある。私の歳で死についてほんの少ししか考えていないというと皆さんは驚かれるであろう。最近，一般の人びとが死に大いに関心をもっているということに，私は驚いている。
　10年か15年前には，私は，死は個人の完全な終わりと確信していた。今でもその考えに近いと思う。しかし，それは私にとっては悲劇だとか恐ろしいことだとは思えない。私は自分の人生を生きることができている。——十分とはいえないにしても，ある程度の満足感のある人生を生きている。そして，私の人生も終わりがやって来るのは自然なことだと思われる。すでに私は他の人びとのなかに少しばかりの不死のものを残している。心理的にいえば，世界中に強力な息子たちや娘たちが育っているとときおり話してきた。また私と仲間たちが発展させてきた考えやあり方はこれから先も，少なくともしばらくの間はつづくであろうと信じている。だからもし私が，個人として完全な終焉を迎えたとしても，私のもろもろの局面はさまざまな形の発展をしながら，これからも生きつづけるであろう。これはひとつの愉快な考え方である。
　私は，人びとが死を恐れているのかどうかは，死がやってくるときまで，知ることができないのだと思う。もちろん死は暗闇のなかでの最後の跳躍であり，麻酔で意識を失っていくときに感じるあの不安な感じを，死に直面するときにも反復され増幅されて感じるのだろうというのがもっともらしい考えだと思う。しかし私はまだこのプロセスに深い恐怖を覚えたことはない。今のところ，私の死への恐怖とは，それがどういう状況で起こるかということである。長い病気で苦しんで死ぬことには恐怖を感じている。老衰や脳溢血による脳の一部損傷などが起こることを恐れている。私の希望としては，威厳を保ちながら死ねるように，素早く死んでしまいたい。ウインストン・チャーチルのことを考えている。私は彼の死そのものを悲しいとは思わなかったが，人格に値する威厳ある死に方ができるうちに死が訪れなかったことを悲しく思った。
　しかし，死が終わりであるという私の信念は，この10年間に学んだことに

よって少し変わってきた。レイモンド・ムーディ（1975）が書いたものを読んで強い印象を受けた。——彼は，死を宣告されかけたけれども，生き返った人びとの体験を記述している。霊魂再生の報告例をいくつか読んで強い印象を受けたのだが，霊魂再生は実際には，きわめて疑わしい祝福であるように思われる。エリザベス・キューブラー=ロスの研究と死後の世界についての彼女の結論に，私は興味をもった。また，個人の意識なぞは宇宙意識のひとつの断片にすぎず，その断片も個人の死後，再び宇宙の全体に吸収されるのだという，アーサー・ケストラーの見解に強くひきつけられる。個々の川がいずれは大洋の潮の流れに吸収され，どろどろとした泥を沈澱させながら無限の大海に流れ込むという，彼の比喩は面白い。

だから，私はその体験にひらかれながら死を考えていたのだと思う。なるようになるのだから，私は生命が終わるにしろ，つづいていくにしろ，どちらも受け入れられると思っている。

結　論

　私は，私の健康，結婚生活，家族，元気な若い友人に大変めぐまれ，著書からは予想以上に多額の収入などもあり，非常に幸運だったと思っている。したがって私の人生は，決して典型的なものではない。

　しかし私にとっては，この10年間は冒険的な仕事に満ちたすばらしい年月であった。私は新しい考え，新しい感覚，新しい経験，新しい試みに自分自身をひらくことができた。そうすることによって私は以前にも増して，生きるということは確実性のあることをやるのではなく，むしろ生命をかけて，ひとつのチャンスにかかわっていくことだと悟るようになった。

　これが変化をもたらすのであり，私にとっては変化の過程が生きることそのものなのである。もし私が安定しており，一定であり，静止しているならば，生を生きていることにはならないであろう。だから私は，混乱や不確実性，恐れや感情の起伏を受け入れるのである。それは，流動的な，ときには困難にみちた，感動的な生き方をするために私が喜んで支払う代価だからである。

　私の人生のすべての時期をふり返ってみるとき，この10年間に匹敵する時

期は，ただひとつシカゴ大学カウンセリング・センターの時代だけである。それもまた企画，研究，個人的な成長，など実りの多い時代であった。しかしまたそれは，個人的にははなはだしく不安定で，専門的論争のはげしい時代であり，この過去数年間よりはるかに困難な時代であった。だから実は，この10年間が私の生涯のうちで最も満足な時代であったというのが正直なところである。ますます私自身であることができるようになったし，それを楽しむことができるようになった。

　子ども時代はむしろ病弱で，若死にするだろうと両親は予想していた。この予言はある意味では完全に間違っていたが，別の意味では当たっていた。私は年をとっても老いないという意味では正しいと思う。だから今はその予言に賛成している。——私は若いままで死ぬであろうと思っている。

1979年の追記

　ここでは1979年という，苦しみ，悲しみ，変化，満足，冒険のすべてが際だってあらわれているまる1年間をとりあげて，この章を結びたい。

死へのプロセスを生きる

　1979年3月に妻が亡くなったが，その前の18カ月の間にヘレンと私と数人の友人がかかわった一連の経験があって，私は死とか霊魂の存続についての考えや感じがすっかり変わってしまったのである。この体験はきわめて私的なものであるが，いつかそれについてくわしく書くかもしれない。今はほんの少ししか書けない。ほとんどヘレンについての話なのだが，私の体験の部分に焦点を当てて述べたい。

　ヘレンは霊的現象とか霊魂不滅説などにはたいへん懐疑的であった。けれども招待を受けて，彼女と私はお金を取らないたいへん正直な霊媒者を訪問した。そこでヘレンは，死んだ姉との「交信」を経験し，私はそれを見ていた。その霊媒者は，知らないはずの事実を再現した。そのメッセージは非常に納得のいくものであり，がっしりしたテーブルを軽くたたくとすべてが出てきて，文字を打ち出していくのである。後日その霊媒者が私たちの家にきて，居間に

ある私の机がいろいろなメッセージを打ち出したときには，信じられないようｰうな，しかし確かに何の不正もないこの体験に目をみはるばかりであった。

　ヘレンはまた，彼女の家族の幻影や夢をみて，自分が「あの世」に歓迎されているという確信をもつようになった。死が真近くになっていたとき，彼女は病院のベッドの横に不吉な幻影や悪魔の姿を「見た」。しかし，ある友人が，それはヘレン自身のこころがつくりだしているものかもしれないと言ったところ，彼女はそれを念頭から追い払い，とうとう，ここへ来るのは間違ってるよ，一緒に行くつもりはないよ，とその悪魔に言って追い払ったのである。悪魔はその後あらわれなかった。

　また，最後の数日になって，ヘレンは神秘的な白い光が近付いて来て，ベッドから彼女を持ち上げ，またベッドに降ろした幻影をみた。

　最後の何年間かは，2人の間に距離ができてだんだんそれが深まっていった，とこの章のどこかで述べた。私は彼女の看護はしたいと思ったのだが，彼女を愛しているのかどうか，かならずしも確信がもてなかった。ある日，死が迫ってきたころ，私は自分のなかにまったく理解できないような異常な興奮を覚えた。いつものように彼女に夕食を食べさせに病院に行ったとき，私は彼女に，自分がどれほど彼女を愛していたか，人生にどれほど大きな意味を与えてくれたか，長い結婚生活でパートナーとしてどれほど多くの示唆を与えてくれたかなどを，溢れ出すように話している自分に気づいた。前にも同じようなことを彼女に話したとは思う。が，その夜はこれまでになく強く誠実に語りかけていた。彼女に，生きなければという義務感は感じないでほしい，家族はみなうまくいっている，彼女が望むように生でも死でも選んでほしいと話した。私はまた，あの白い光がその夜もう一度来ることを望んでいる，とも言った。

　私は，彼女が，生きなければならない――それも他人のために――と感じることから解放したのである。私が帰った後，彼女は看護婦さんたちを呼び集めて，お世話になったすべてのことに感謝し，私はお別れをしますと言ったそうである。私はそのことを後で知った。

　朝までに昏睡状態になり，次の日の朝彼女は娘に手を握られ，何人かの友人たちと私が見守るなかで，安らかに眠った。

　前に述べた霊媒者と以前から彼女にずっとみてもらっていた私の友人たち

が，ちょうどその夜，会合をしていた。彼らは即座にヘレンと交流をもつことができた。ヘレンはいろいろな質問に答えていた。彼女は昏睡状態のときに語られていたすべてのことを聞いていた。白い光と霊魂がやってくるのを体験した。彼女は家族とも会った。彼女は若い女性の姿であった。死は安らかで，苦痛はなかった，ということであった。

　ほんの一部しか述べていないが，これらすべての体験から，私はかつては信じることができなかった人間の霊が存続するという可能性に，前よりもひらかれるようになった。またその経験で私は，あらゆるタイプの超自然現象にも関心をもつようになった。これらは，死のプロセスについての私の考えを完全に変えた。人はそれぞれ，永遠につづく魂の本体として存在し，ときおり人間の姿をとるという可能性もあり得ると今は思っている。

　こうしたすべての考えは，たった2年前に書いたこの章の最後の部分とは，きわめて対照的であることはあきらかである。

活動と冒険

　ヘレンの死にもかかわらず，というか，ある部分はヘレンの死があったからともいえるが，最近私は国の内外のワークショップの招待を受け入れ，他のスタッフと一緒に参加することが以前より多くなった。リストをあげてみると，ベネズエラでの教育者のためのワークショップ：国際色豊かなスタッフとともにローマ近郊で行われた大きな，激しく揺れたワークショップ：パリでのファシリテーター養成グループにおける短期間だが深まりのある体験：非常に得るところの多かったロングアイランド地区単位のパーソン・センタード・ワークショップ（2年目で東部の同じスタッフで行われた）：外国人参加者が多数あったプリンストン・パーソン・センタード・ワークショップ：ワルシャワ近くの保養地で行われたポーランドでの感動的なワークショップ。美しく流れた4日間のニューヨーク州ポーリングでの「人生の転換期」（Life Transition）ワークショップなどである。

　上に述べたうちの二つについてコメントをしたい。参加者90名で構成されたプリンストン・ワークショップは，いままでに参加したワークショップのなかで，私にとってはおそらく最も困難をきわめたものであった。しかし，少な

くともスタッフの一人は，これまで私たちが運営したプログラムでは最高のものだったと感じている。私にとっては苦痛に満ちたもので，そのラージグループがひとつのコミュニティになるかどうかというぎりぎりのところにまでやっとたどりついたにすぎないと私は思った。

そのワークショップがきわめて苦しいものになったのには，多くの要因があると思っている。スタッフは，この第7回パーソン・センタード・ワークショップを，この例年のシリーズの最後にしたいと決めていた。私たちは，お互いに近い感じはもっていたが，個人的にはそれぞれ違った道をとり始めており，このパーソン・センタード・ワークショップが一つの「型にはまった慣例」になることは望んでいなかった。またスタッフは，長い期間の共同の体験から，否定的感情，敵意，批判などに対しておそらく以前よりも受容的になっていた。そのため，それらの感情を参加者が自由奔放に表現して，参加者同志にあるいはスタッフに向けられた。しかも，外国からの参加者が大勢いて，アメリカという国に対して，あるいはアメリカ人の参加者に対して，侮辱や軽蔑，怒りを自由に声に出して表現していた。また，このワークショップをどう運営すべきかについては，はっきりした考えをもっていた人が2人いた（2人の考えは非常に違っていたが，私たちの非構成的なやり方に強く反対していた点では一致していた。そして2人とも，かなりの追随者をもっていたが，このワークショップ全体の方向を変えるには及ばなかった）。また明らかに，個人的に深い心理的障害を示している参加者が何人かいた。

ラージグループが，自らの計画を展開し，自らの道を歩もうとするのだから，ただでさえいつも混沌としたものになるものなのに，それにさらに上のような要因が加わるわけで，結果はそれは大変なものであった。不満，怒りが頻繁に表現された。あるメンバーが創造的，積極的な方に動こうとすると，他のメンバーに阻止されてしまう。こうした人びとに，自分の可能性に気づき，自分の能力を建設的に使うものだという信頼感を持ってもいいのかどうかさえも，正直いってわからなくなったくらいである。お互いが，すべて最悪の敵になってしまったのである。10日間の終わりになってやっと，相異をふまえたまとまり，そして相異の上に築かれたコミュニティのかすかな様相があらわれてきた。しかし驚いたことに，多くの参加者が後で手紙をくれて，非常に学ぶ

ところの多い体験だったし，変化をもたらしたと書いているのである。私もまた学んだのだが，それは苦しい学びであった。

　ポーランドのワークショップは，いくつかの理由で特別な例であった。専門家，非専門家に及ぶ全体で 90 名が一同に会したが，みんな私の仕事に信じられないほどの高い関心をもっていた。ポーランド人スタッフは不安を感じていたので，ファシリテーターの役割は 4 人のアメリカ人スタッフが大部分とることになった。私はポーランド人がもっとリーダーシップをとることを望んでいたので，そのときはがっかりした。1 週間のセッションの中頃になって，ひとりひとりが自分の可能性に気づき，自分の力を発揮しだしたとき，多くの人，特に専門家たちが，他の人を傷つけるやり方で，その力を用いた。人を傷つけるようなラベルを貼ったり，診断をしたり，巧みにやりこめたり，などが非常に目立ってきた。それはプリンストンでの様子に似ていたので，「おお，やめてくれ。二度とやらないでくれ」と思った。しかし，スタッフの一人であるポーランド女性のすばらしい率直な発言によるところが大きいのだが，参加者はそうした行動のもたらす結果に気づきはじめ，いつの間にかそういうことがなくなった。その週の終わりの頃には，私たちは親密になり，温かい思いやりのあるコミュニティになった。

　何カ月か後に，参加者の一人から手紙をもらうまでは，私はそこで何が起こっているのかが，はっきりとわからなかった。その手紙には次のようなことが記されていた。「ここの人びとは，レスカルチェフで行われた『歴史的な出来事』について話し合っています。これほど多様な人びと，多くの専門家，精神科医，心理学者（それぞれが援助関係について自分の信念をもっているのです）が，毎日のように憎しみをぶつけ，他人を引きずり落とそうとしていたのに——今では，それぞれみんなが認め合いながらまとまりをもつようになり，そうです，自分の人間性を失うこともなく，押しつけあうこともなくなっています」。私は専門家間の対立や中傷について，予め知らなかったことは幸いだったと思う。

　そのグループは，全体的に洗練されていて，知的で，アメリカの同僚のグループよりも学識の高い面が多かったと思う。彼らは社会主義国に住んでいるのだが，彼らの問題，感情，取り組み方，自由と誠実さへの願望などは，他の

国々で感じてきたこととほとんど同じであるように思う。

私事ながら

　この年も終わりに近づいたころ，私の愛情，感情，性の能力などを，ますます意識するようになった。私は，これらの欲求を表現できる人間関係を発見し，作っている自分を幸運に思っている。そこには苦しみと痛みがあるが，そこにはまた，喜びと深まりもあった。

　1980年1月8日は，私の78歳の誕生日であった。この日にはたくさんの友人が私の家に食べ物や飲み物を持ってきて，歌ったり，思いがけない贈り物をしてくれたりした。熱狂的な，すばらしい，思い切り浮かれ騒いだパーティであった。愛，思いやり，仲間意識，幸せに満ちあふれていた。この日のことはいつまでも忘れないであろう。

　だから私は，いまもなお，この本章のタイトルの後半部，すなわち成長しながら老いることにふさわしい自分を感じている。私は，自分自身を，老いながら，成長していると感じているのである。

文　献

1. Mitchell, A. Quoted in *Los Angeles Times*, February 28, 1977.
2. Moody, R. A., Jr. *Life after life*. New York: Bantam Books, 1975.
3. Stanford Research Institute. *Changing images of man*. Policy Research Report No. 3. Menlo Park, California, 1973.
4. Toynbee, A. Why and how I work. *Saturday Review*, April 5, 1969, p. 22.

4

85歳を迎えて

　このエッセイが印刷されるころまでには，私は85歳の誕生日を迎えていることだろう。私は周囲から誕生祝いをしていただくことはあまり気にしていないのだが，しかし，85歳という年齢が，私にとってどんな意味をもっているかについては，いろいろと個人的に思うことがある。非常に幸せであったと感じていることが，私の思いの最も大きな部分であるのだが，それゆえ，ここに書きつらねることは，私の個人的な感謝という性質を帯びるものになるであろう。

　私はとても健康であり，エネルギーに満ちている。この点では非常に恵まれていると思う。視力が弱いということだけが，身体的な弱点である。本を読むことがいつでも私の生活の中心なのだが，いまはそれも困難で骨が折れる。しかし，この年齢で大きな弱点がひとつだけということは，むしろ感謝しなければならないことであろう。

　私には，親密で助け合える友人のサークルがあり，しかもそのサークルのなかに，私の息子と娘が入っているのは嬉しいことである。この心理的な「ホームベース」は私には非常に大事なものである。

　私の仕事の国際的な影響をこの目で見るくらい十分に長生きできたことは，何よりも有り難いことであった。昨日私の手元にとどいた二つの文書は，その一部分にすぎない。そのひとつによれば，1970年から1986年までの間に，

〔出典〕　*Person-Centered Review*, Vol. 2, No. 2, May 1987, 150-152. Reprinted by permission of Sage Publications, Inc.

パーソン・センタード・グループ・アプローチについての論文が，165篇も発表されているのである。さらに驚くことは，この165の論文は，日本で書かれ，日本で発表されたものなのである！　もうひとつの書簡は，ブラジルで，クライエント・センタード/パーソン・センタード・アプローチについての大規模な会議が開催されたことを知らせてくれた。私はまた，イタリア，西ドイツ，イギリス，オーストラリア，メキシコ，スイス，オーストリア，ハンガリー，ギリシャなど，挙げればきりがないが，これらの国々でも意味深い仕事がつづいていることを知っている。

　このリストに，最近，おそらく最も関心を引く国が加わった。それはロシアである。私は最近ソビエト連邦で，二つの集中的なワークショップといくつかの大きな公開講演をやってきたばかりである。私は，ソビエト連邦で，私の仕事が広く知られているのを知ったのだが，そのことはほとんど信ずることができないほどであった。ソビエトの心理学者に私たちが与えた衝撃もまた，まことに強烈なものであった。そのことを私が確信をもって言えるのは，モスクワ・ワークショップの2日後に，その参加者の多くが，最も権威のある科学審議会に対して，自分たちの経験を報告していたからである。彼らがほかの人たちに，ワークショップの結果，個人としても専門家としても，大きな変化を遂げたと話すのを聞いて，私は大きな報酬を得たような気がしたのである。

　私は，北アイルランド，中央アメリカ，南アフリカといった世界の三大紛争地域に，個人的に深くかかわることができたことを，言葉では言いつくせないほど幸せに思っている。数年前のことだが，私は，交戦中のプロテスタント派とカトリック派，そしてイギリス人を含む，ベルファスト・グループのファシリテーターをつとめることができた。こうした歴史的な抗争であっても，短時間の集中的グループによって，大きく緩和することができることを学んだ。

　1985年に私は，中央アメリカ諸国の政策担当者と世論形成者のグループのファシリテーターをつとめた。参加者は，コスタリカ，ホンジュラス，ニカラグア，エルサルバドル，コロンビア，ベネズエラ，メキシコ，アメリカ，その他，九つの関係国から来ていた。それは新しい経験であり，やり甲斐もあるがむずかしい試みでもあった。そこには政府の首脳陣，外交官，国会議員，作家などがいた。しかしそのほとんどの人は，緊張緩和や相互の対話などという心

理学的側面については知識も興味ももっていなかったからである。私たちの学んだことは，まことに大きいものであった。

　1986年には，南アフリカで，ひとりの同僚と私で，黒人，白人同数の集中的グループのファシリテーターをつとめた。いまだかつて私は，（黒人側の）これほどの深い怒りと憎しみと苦しみ，そしてまた，（白人側の）これほどの恐怖心と罪悪感と偏見を経験したことがなかった。翌1987年にもう一度是非来てほしいという緊急の招請があったことは，このときの成果を最もよく証明するものであろう。

　私は，こうした努力の意義について，思い上がりをしているとは思わない。たしかに，これらの国々のいずれにおいても，私たちはその全体的な状況にはっきりした影響を及ぼしたわけではない。しかし，小規模ではあれ，この対立，緊張の激しいグループのいずれにおいても，意味のある対話が確立され，葛藤が軽減され，より現実的な相互理解が生まれ得ることを証明することができたのである。そのことを知って，私は大いに満足しているのである。私たちは，試験管規模の実験をやっただけなのだが，何が可能なのかを示すことができたのである。問題は，こうした取組みを増強しようとする意志が社会にあるかどうかなのである。

　私個人としては，こうした深刻な葛藤の処理に参加することができたという事実を，驚きながらも満足して見ているのである。65歳のころは，こんなことは夢にも見なかったことである。また，こうした冒険的試みを可能にしてくれた数多くの人たちに感謝の念を禁じえない。いずれの場合においても私は，目に見える氷山の一角の上にいただけで，こうしたことを可能にしてくれたのは，無数の人びとのかくれた努力によるものなのである。

　私は，私の人生のもうひとつの部分を，驚きと畏敬の念をもって見ている。私は自分の書き物をとおして，何十万もの人びとと個人的にかかわりをもっていることを認めざるを得ないのである。私の書いたものは，十数カ国の言葉に翻訳され，私が想像することができないほど多くの人びとの心や生活に触れているのである。さらにまた，私の著書や論文のほとんどすべてが，私のなかに伝えたい何物かがあったから書かれたのであり，そのことに気づいて私の驚きはさらに深まるのである。いまは「売れるように」書くという書き方が流行っ

ているが，それは私には無縁なことである。それだけに，私の仕事がこれほどまでに広がっているのに，驚いてしまうのである。エジプトのひとりの男性，オーストラリア奥地に住む女性，ソビエトのグルジア共和国の学生などの生活に私が接触していることを思えば，それはなんとも有り難いことなのである。

　私の85歳における人生が，私が考え，夢み，期待していたものよりも，明らかにもっとすばらしいものになるだろうと思っている。私は少なくとも，私を育て，私の存在を豊かなものにし，私の人生に活気を与えてくれた，もろもろの愛の関係について述べずに筆をおくわけにはいかない。この人生に別れを告げるのはいつになるかはわからないが，充実した，幸せな85年を生きたということになるであろう。

第Ⅱ部

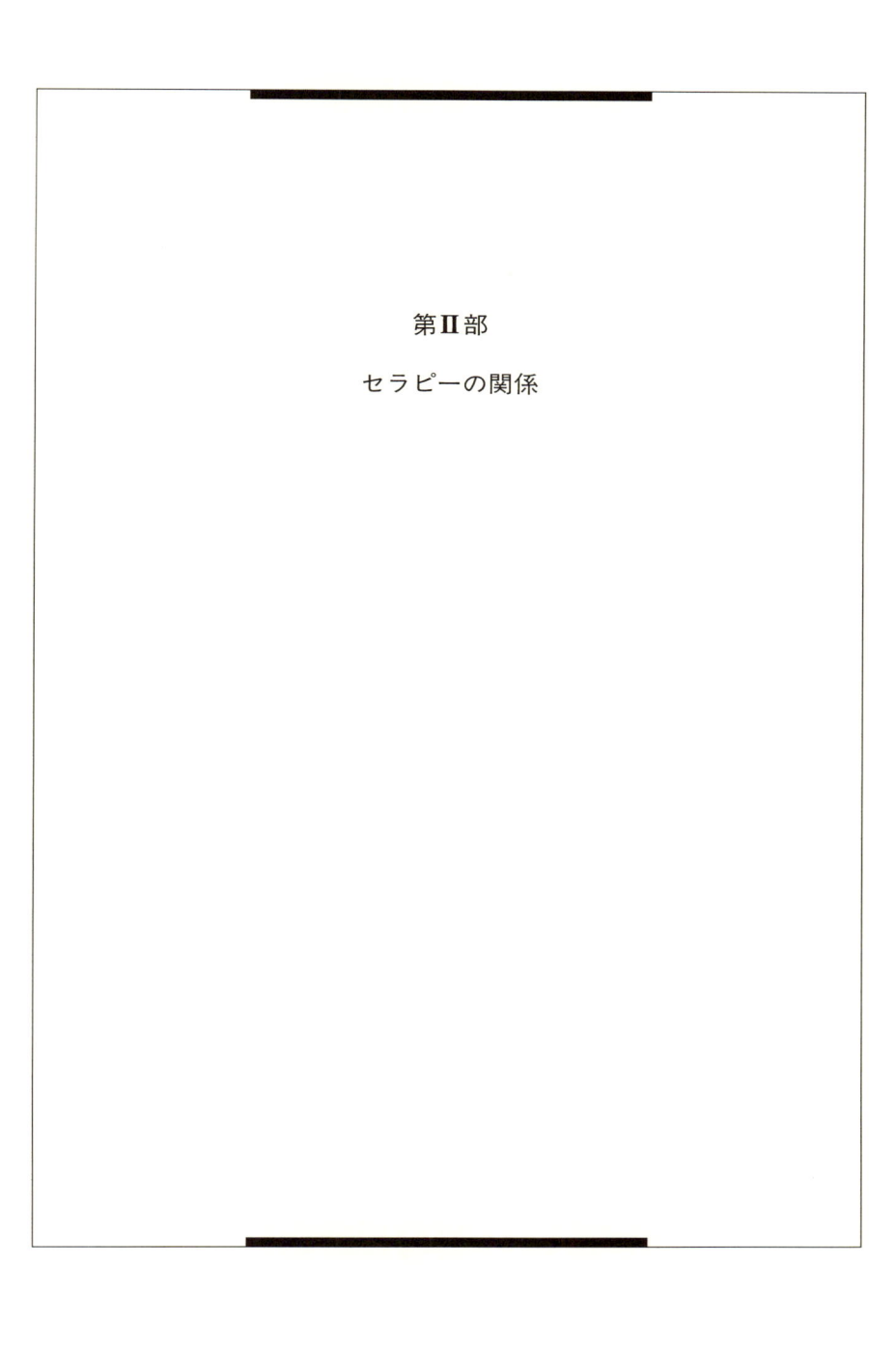

セラピーの関係

1942年に公刊された，カール・ロジャーズの『カウンセリングとサイコセラピー』（*Counseling and Psychotherapy*）ほど，アメリカのカウンセリングとサイコセラピーの実践に大きな影響を与えた本はない。この著作の重要性にかんがみ，ここにはこの本から，三つの章を載せることにした。

　皮肉なことだが，この本が紹介したものは，セラピーの新しい方法ではなかった。他の人びとも，カウンセリングの分野において，もっと指示性の低い，もっと解釈の少ないアプローチを唱えていたし，ロジャーズもこうした人びとの貢献を認めているのである。ロジャーズがやったことといえば，それはまず，多くのこうした実践者たちが発見しつつあったことを統合することであり，それから，この統合したものを，セラピー過程の新しい記述に変えていく，ということであった。この過程を彼は，「より新しいサイコセラピー」（A Newer Psychotherapy）と名付けたのである（第5章）。

　次に彼は，「指示的 対 非指示的アプローチ」（The Directive Versus the Nondirective Approach）に戦線を設定した（第6章）。（この「対」〈versus〉という言葉は学問的な著作のなかでは，いささか強すぎる言葉である）。この論説でロジャーズは，「指示的」カウンセラーと「非指示的」カウンセラーの具体的な行動を対照させながら，これまでに見られなかったほど詳細にわたって論じたのである。それは，セラピストの行動に関する彼の研究の始まりにすぎなかったけれども，カウンセラーやセラピストが，その相談室のドアを閉じてから実際に何をするのかということに，この専門職全体の注意を呼び起こすことになったのである。「指示的なカウンセラーは，平均して，非指示的カウンセラーのほぼ6倍も多くしゃべっている」ということを読んだセラピストは，自分が面接のなかでどれだけ多くしゃべっているか，ということを気にしないわけにはいかなくなったのである。

　なおまた，ロジャーズがもっと非指示的なアプローチのために用いている事例を別にして，もしこの『カウンセリングとサイコセラピー』のなかに「ハー

バート・ブライアンのケース」(The Case of Herbert Bryan) が含まれていなかったならば，この本はそれほど重要な本にはならなかったかもしれない。その事例は，録音され，完全に逐語記録され，公表されたサイコセラピーの事例として史上初めてのものなのである。8回の面接事例の第1回面接が本書に転載収録された（第7章）。それは，ロジャーズが提示したままのものであり，クライエントとカウンセラーの話したすべての言葉が記録されており（「対象者」〈subject〉は略語〈S〉であらわされ，カウンセラー〈C〉はロジャーズ自身である），その面接についてロジャーズは，つづけざまにたくさんのコメントをつけている。

　この本はまた，患者（*patient*）という用語（その前までは，カウンセリングやセラピーにやってくる人を指す代表的な用語であった）に代わって，クライエント（*client*）という用語の使用を普及させることになった。この新しい用語は，援助を求めてやってくる人についての新しい見方を示唆しているのだが，それゆえにまた，セラピスト・クライエント関係についても新しい視点を提供するものであった。ロジャーズは，カウンセリングやセラピーの過程は，医学的な訓練を受けた精神科医や精神分析者だけに限らず，もっと多くの専門職における援助者にも用いられるものだ，ということを示唆していた。この本とともにロジャーズは，全国の数千人のカウンセラーやセラピストの良心となったのである。その「新しいカウンセリングの観点」の提示の仕方は，きわめて明確であり，極端であり，生き生きとしていたので，この専門職はかつてなかったほどに，自らの仕事を綿密に検討しなければならなくなった。ロジャーズに賛同するかどうかにかかわりなく，彼と同じ仕事をしている人びとは，自分の行動をロジャーズの標準に当てはめて検討するようになったのである。

　しかしまもなくロジャーズは，自分のやり方にいくつかの限界があることを認めるようになった。彼が考えるようになったのは，非指示的アプローチは，カウンセラーの特定の技術（techniques）を強調しすぎて，カウンセラーのクライエントに対する態度（attitudes）や，あるいはクライエントがその関係をどのように知覚しているか，などに十分な注意を払わなかった，ということであった。だんだんと彼は，カウンセリング関係の質——具体的には，セラピストの一致性（congruence）（純粋性〈genuineness〉），無条件の肯定的配慮

(unconditional positive regard)（尊重〈prizing〉，受容〈acceptance〉，信頼〈trust〉），および共感（empathy）（クライエントの観点から理解すること）——の方が，セラピストの用いる特定の技術よりも，セラピー的変化（therapeutic change）にとってより重要な要因である，と考えるようになった。彼の有名なひとつの論文をここに紹介するが，そのなかで彼は，「援助関係の特質」（The Characteristics of a Helping Relationship）を列挙する（第8章）。

さらになお30年間にわたり，セラピーとすべての人間関係に対する「クライエント・センタードあるいはパーソン・センタード・アプローチ」の研究をつづけ，その微細な点にまで磨きをかけ，それを唱導することになった。とうとう，1986年の論文，「クライエント・センタード／パーソン・センタード・アプローチ」（A Client-centered/Person-centered Approach to Therapy）（第10章）のなかで彼は，クライエント・センタードの基本的観点を要約したばかりではなく，関係のなかにある新しい要素を提案するに至った。それは直観（intuitive）あるいは，霊的な次元（spiritual dimension）なのだが，彼は自分の死期が近づくなかでさらにそれを十分に探究することになったものである。その論文には，ロジャーズが南アフリカの一女性とカウンセリング面接をしているところが示される。彼の共感の度合いは，数年の間にその深さを増しており，この面接のなかにも強くそれがあらわれているが，この面接における彼のアプローチと，半世紀前のハーバート・ブライアンとの面接における彼のアプローチとの類似は，疑いなくはっきりしているのである。彼にとっては，セラピーに対する比較的非指示的なアプローチは，いつまでたっても，セラピーのなかの成長にとって肝要である現実性，尊重および理解を伝えるための，彼の知るかぎり最も純粋な，最も効果的な道であったのである。

本書では，晩年の二つの短い論文を継ぎ合わせて，一つの章としてまとめた（第9章）。それは，セラピー関係の解明に対する，彼の生涯におよぶ関心を説明するものであろう。「気持ちのリフレクション（反映）」（Reflection of Feelings）と「転移」（Transference）は，セラピーの重要な局面についてさらに光明を投ずるものであるばかりではない。それは，カール・ロジャーズが晩年になってもなお鋭い目つきで，クライエント・センタードの理論と実践の微細な本質の知的な解明を試みようとしている姿を見せてくれるものである。

5　より新しいサイコセラピー

A Newer Psychotherapy

セラピーの過程における特徴的なステップ

　ある観点を言葉にしてあらわすことほど,むずかしいものはない。セラピーの過程に目を向けてみよう。何が起こっているのだろうか。接触をつづけている期間に何が進行しているのであろうか。カウンセラーは何をするのか？　クライエントは？　以下につづく項目のなかで,簡単に,しかもいくぶんか単純化しすぎた形で,セラピーの過程のなかでそれぞれのステップが起こるのを,著者が幾度となく見てきたままに記述し,臨床記録から抜粋しながら説明しようとするものである。セラピーにおけるさまざまに異なった局面が,それぞれ別々に記述され,特定の順序に並べられているが,それらは決して切り離された出来事ではないということを強調しておかなければならない。この過程は,相互に混じり合い,ひとつのステップが形を変えて他のステップに入りこんでいく。ただ,それらはおおよそ,以下に述べるような順序で生起するということである。

　1.　個人が援助を求めてやって来る。正しく認識されるならば,これはセラピーの最も重要なステップのひとつである。その個人はいわば,自分自身にとりかかったのであり,第1に重要な責任ある行為をとったのである。彼は,こ

〔出典〕　*Counseling and Psychotherapy*. Boston: Houghton Mifflin, 1942, 30-45.

5 より新しいサイコセラピー

れが自律的な行為であることを否認したいかもしれない。しかし，もしこの自律的行為が育っていくならば，それはそのままセラピーへと進展していくことができる。それ自体としては重要でない出来事も，セラピーにおいてはしばしば，もっと重要な機会と同じように，自己理解や責任ある行為に向かう基盤を提供することが多い，ということをここで言っておいた方がよいであろう。このことは，アーサーの記録を例示することで明らかになるだろう。彼はセラピーの講座（講義番号・心理学411）に送られてきた男子学生であるが，そこから自動的にカウンセリングにまわされることになったのである。1回目の面接のはじめの3分間に，次のようなやりとりが行われた（録音記録より）。

C 私はどうして君がここに来るようになったのかあまりよく知らないんだけど——つまり，誰かに言われてやって来たのか，それとも何か悩みがあって自分から助けを求めて来ているのか，よくわからないんだが。

S ぼくは教養課のミスGさんと話し合ったんですが，彼女がこの講座を取るように言ったんです。それから，ぼくの指導教官が，先生に会うように言って，それで来たんです。

C それはこの講座を取りに来た経過ですね，そうするように言われたので。

S ええ，まあ。

C ということは，それがなぜ私を訪ねてきたかという理由だということなんだね。

S そうです。

C ええと，私がね，はじめから率直であってもらいたいと思うのは，この点なんだけど，もしも君を悩ませていることに君が取り組んでいくのに何か援助できることがあれば，喜んでそうさせてもらいます。でもそうではなくて，私に会いに来なくてはいけないんだとか，この講座を取るためにそうしなければならないんだとか，そんなふうには考えてもらいたくないんです。ときには学校の勉強がうまくいかないこともあるし，ときには他のことで困ることもあるでしょう。それをすっかり誰か他の人に打ち明けて，トコトンまで取り組もうとすればうまく解決できるんだろうけど，で

もそれはその人自身の決めることだと思うから，私はまず最初に，この点をはっきりさせておきたいんです。もし君が私に会いたいのなら，たぶん私は週に1回この時間を取っておくことができるし，君はここに来ていろんなことを話すことができます——でも君は，そうしなければならないのではありません。ところで，よくわからないのですが——どのようにして君はこの411のコースを取ることになったのですか。もう少し話してくれませんか——Gさんが君に言ってくれたからなのですね。
S　そうです，Gさんが言ってくれたんです。彼女はぼくの学習習慣がよくないと思ったんです。仮によかったとしても，成績とかいろんなことにあまりいい影響を与えていないようなんです。だから彼女は，たぶんぼくがこの講座を取れば，上手な学習習慣を身につけ，時間を有効に使い，集中力などもできるだろうって考えたんでしょう。
C　ということは——この講座を取る目的はGさんを満足させるためだということですね。
S　そうなんです。いや，そうじゃないんです。それはぼく自身がよくなるためです。
C　なるほど。
S　勉強の方法や習慣をすっかり変えて，有効に時間を使い，集中できるようにしたいんです。
C　うんうん。
S　ぼくが取るんです——Gさんがぼくに提案して，ぼくが自分のためになるから取ってるんです。
C　なるほど。ということは，君がこの講座に入るのは，ひとつはGさんが言ったからだけど，もうひとつには君自身がこの講座のようなものを取りたかったからだ，というわけなんですね。
S　ぼくが必要だと思って，それでサインしたんです。〔笑う〕
C　そう，ではね，私は，なぜGさんが君にそれが必要だと考えたかということよりも，なぜ君がそれを必要だと考えたのかっていうことに関心があるんです。なぜ君は必要だと思ったのですか。

この1回目の面接の冒頭での，学生の最初の発言に見られる完全な依存性に注目したい。彼は，この講座を取ることに対して，あるいはカウンセラーのところにやって来ることに対してなんの責任も取っていない。この態度が認識され明確化されると，彼は次第に責任が共有されている発言（「Gさんがぼくに提案して，ぼくが自分のためになるから取ってるんです」）へと変化していき，だんだんと自分の行為に対して十分な責任を取るようになる（「ぼくが必要だと思って，それでサインしたんです」）。この責任を取るということがカウンセリングをまったく違うものにすることについては，どんなに強調しても強調しすぎることはない。もしカウンセラーやある第三者が，カウンセリング場面にその学生がやって来ることについて責任を負っているような感じがあるならば，そのときは，示唆や助言を与えることが，そこにひらかれているほとんど唯一の手段となるであろう。もしクライエント自身が来談した責任を受容しているならば，彼はまた，自分の問題に取り組む責任をも受容しているのである。

　2. 援助の場面であることが説明されるのが普通である。面接の当初から，クライエントは，カウンセラーが答えをもっているのではなく，カウンセリング場面とは，クライエントが援助を得て問題に対する自分なりの解決を見いだせる場面を提供するものだ，という事実を知らされる。これはときには，どちらかといえば一般的な言葉で述べられるが，またときには，その場面は，たとえば約束に対する責任とか，あるいは次のステップにすすむ責任とか，決定をする責任などというような，具体的な問題に即して非常にはっきりと述べられる。
　先に引用したアーサーとの面接においては，カウンセラーによって場面が設定されるやり方の一例が見られる。このときアーサーは，決して強制されてはいないが，もし希望するならばその場面を利用してもよいのだということを説明される。明らかに，このタイプの知的な説明では不十分である。クライエントが，ここは自分が必要とする解決を自由に見いだしていく場面であるということがわかるように，面接の行為全体がこの考え方を証明するものでなければならない。

もうひとつ別の例を，ある母親，つまりL夫人との最初の面接からとってみよう（この記録は後でまた引用される）。この母親と10歳になる息子がクリニックにやって来た。母親が息子のことについて激しい不満をもっていたからである。2回にわたる診断的な話し合いの後，問題は2人の関係にあるということが母親に突きつけられ，母親とその少年が，この問題を解決する気があるのかどうか，母親に尋ねられた。彼女は，ためらいながら，しかもいくぶんかおそるおそる同意し，セラピストとして関わることになっていたそのサイコロジストと1回目の話し合いに入った。次にあげるのは，この1回目の処遇面接の一部分についてのカウンセラーの記録である（録音記録ではない）。

　　　時間が終わりに近づいていたので，私はその時間をしめくくりたいと思って，こう言った。「あなたがここに来て私たちと一緒に問題に取り組んでいることについて，ご主人はどう思っておられるのですか」。すると彼女は少し笑って，「そうですねえ，あの人はそんなことには無頓着なんです。でも，実験みたいなことはされたくないという意味のことを何か言ってました——その白ネズミみたいには扱われたくないとか」と言った。
　　　そこで私は「そしてあなたもたぶんそんなことになるだろうって思っているのですね」と言った。「さあ，どんなことになるのか，私にはわかりません」。それで私は，私たちが何かめずらしいことや特別なことをやろうとしているのだと思わないで下さい，と言った。つまり，あなたはここで私と，ジムはA氏と，いろいろ話し合ってもらって，もし一緒にいろんなことを考えることができれば，あなたとジムがこの場面をどのように感じているかがわかるし，また，2人の関係や家族の他の人たちとの関係についても考えてみられるし，そうすれば家族内での相互関係についてひとつの見方が得られるだろう，というように話した。
　　　そこで，彼女は言った。「そうすると，おそらくマージョリーも——あの子も何かちょっとおかしいところがあるんです。たぶんあの子もこのことで困っているのです」。

　カウンセラーは，問題が探求され，いろいろな関係がよりはっきりと認識されうるような場面と雰囲気を提供することが，自分の仕事だということを，明

5 より新しいサイコセラピー

らかにしようとしている。そのことに注目していただきたい。このカウンセラーは，いずれにせよ，答えを与えることが自分の責任であるようなことを，まったくほのめかしてもいない。このことが母親によって理解されているということは，彼女がそのとき問題についての新しい側面——妹のこと——を持ち出し，そのことについてもやってみたい，と言い出せる気持ちになっている，という事実によって示される。

さらにもうひとつの例は，どんなに小さな責任であろうとも，実際に責任を取ることによって，その場面が規定されることが多いことを例証するものである。ある学生との1回目のカウンセリング面接において，その場面について言葉による説明が，話し合いの初期になされているが，面接の終わりごろになって，次のようなやりとりが行われた（録音記録より）。

S たぶんこの次にお伺いするときには，少し違うと思うんです。その時までにはたぶん，何について話せばよいかをもう少しちゃんと考えておきます。
C 来週の金曜日のこの時間に来たいと思いますか。
S はい，ぼくの方は構いません。
C あなたが決めることですよ。
S 私が決めることですって？
C 私はここにいます。あなたのためにできることがあれば，喜んで何でもしますよ。
S わかりました，先生。きっとお伺いします。
C わかりました。

この短い抜粋のなかで，たくさんのことが起こっている。この学生は，いくらか自律的な発言をしており，少なくとも次の時間を利用することについて責任を共有しようとしていることが示されている。カウンセラーは，予約についての決定を学生に委ねることによって，このことを励ましている。学生は，それをありきたりの意味のないジェスチャーだと感じ，「はい，ぼくの方は構いません」と言って責任をカウンセラーにあずけようとしている。カウンセラー

が，カウンセリング場面は本当にクライエントのものであることを示したとき，学生の驚きは，「私が決めることですって？」という録音記録にはっきりと示されている。彼の全体的な口調が変わった。次に，確固とした決定的な態度で「わかりました，先生。きっとお伺いします」と応えている。——はじめて本当に，責任を受け容れているのである。

このように，言葉や行為，あるいはその両方をとおして，クライエントはカウンセリングの時間が自分のものであることを感じ——自由に自分自身になる機会を利用し，そのことに責任をもつように援助される。子どもの場合には，言葉はあまり用いられず，場面は自由と責任によってほとんど全面的に規定されなければならない。しかし，基底にあるダイナミックスはほとんど同じである。

3．カウンセラーは，問題に関する感情を自由に表現するように促す。ある程度まで，このことは，カウンセラーの親しげな，関心のある，受容的な態度によってもたらされる。ある程度まで，それは，処遇面接における熟達した技能にかかっている。少しずつ，私たちは，敵意や不安の感情の流れ，ひっかかりの気持ちや罪悪感，両価的な感情や決断できない感じ，を阻止しないでいることを学ぶのだが，こうした感情は，もし私たちが，その時間が本当にクライエントのものであり，その人の望むように用いることのできる時間であることを，クライエントに感じさせることができるならば，それは自由に流れ出てくるものである。カウンセラーたちが最も想像力を駆使し，カタルシスの技術をきわめて迅速に発達させてきたのは，この点においてであると私は思う。このことは，二つの話し合いからの短い抜粋によって例証することができる。ひとつは母親であるL夫人と，もうひとつは彼女の10歳になる息子ジムとの例である。これらはいずれも，母親および子どもとの1回目のセラピー面接からのものである。

この最初の時間において母親は，たっぷり30分かけて，ジムの悪い行動の例を次から次へと感情をこめて話している。彼が妹とけんかをすること，服を着るのを嫌がること，食事中に何やかやと言ってイライラさせること，学校で悪いことをすること，家で手伝いをしないこと，などについて話した。彼女の

5 より新しいサイコセラピー

発言はいずれも，息子について非常に批判的なものであった。この長い攻撃演説の終わりごろの短い断片は，次のとおりである（録音記録ではない）。

　　私は言った。「お子さんをもっとあなたの望まれるようにするために，どんなことをおやりになったんですか」。「そうですねえ，去年のことですが」と彼女は言った。「私たち，あの子を特殊学校に入れたんです。そしていろんなものを褒美に与えてみたり，してはいけないことをするときには小遣いを削ってみたり，でもその日が終わるときには，小遣いは全部使い果たしてしまいます。私が取り乱してほとんど金切り声を上げんばかりになるまで，あの子を一人で部屋に閉じ込めて構ってやらないんです」。そこで私は言った。「たぶんときどきあなたは実際にそういうことをなさる……」。すると彼女は（とても早口で）言った。「ええ，ときどき私が，それで実際に金切り声を上げるんです。あの子についてはずいぶん辛抱したつもりですが，もうこれ以上はできません。先日，兄嫁が食事に来たんですけど，ジムったら食事中に口笛を吹いているんです。やめなさいって言ったんですけど，やめないんです。最後にはやめましたけど。後で兄嫁が，自分なら，やめるように言ってもやめなかったら，椅子から叩き落としてやるわって言っていました。でも，そんなふうにして従わせても何にもいいことはないってことに気づいたんです」。私は言った。「お姉さんがおっしゃったような強い手段を取っても，何もいいことはないと思うのですね」。

　　彼女は答えた。「ありませんね。それとあの子のテーブル・マナーのことなんですが，それがまたすごいんです。たいていは手づかみで食べるんです。立派な純銀のナイフとフォークとスプーンをあの子用に持たせているんですがね。そしていつもパン切れを手でつまんで頬張ったり，真ん中だけ食べて穴をあけたり，さもなければ，皿に盛ってある全部のパンに指を突き立てたりするんです。先生は，あの子の年頃だったらもうそんなことするほど馬鹿ではないと思われませんか」そこで私は言った。「そのことを，あなたがたはとてもひどいことだと思っているのですね。あなたもご主人もですね」。

　　彼女は答えた。「もちろんです。それでも，ときにはあの子，とても良い子になるんです。たとえば昨日は，一日中良い子でした。それで夜になったらあの子，父親に言ったんですよ，ぼくは良い子だよねって」。

　カウンセラーの唯一の目的は，この敵意と批判の感情の流れを妨げないこと

である，という事実に注目していただきたい。たとえそれらがすべて本当であっても，その子は頭がよく，基本的には正常であり，哀れにも愛情に飢えているだけなのだということを，母親に説得しようなどとはしていない。この段階におけるカウンセラーの全体的機能は，自由な表現を促すことである。

　このことが子どもの観点からすれば，どういう意味をもっているのかということは，その同じ時間にもう一人のサイコロジストがジムと話し合っていたことの一部に耳を傾けると，最も良く理解される。これは，ジムの第1回のプレイセラピーでの話し合いである。彼は，ある導入的な遊びに夢中になり，その後で，父親に見立てた粘土の像を作る。この人形を使ってたくさんのごっこ遊び（dramatic play）が繰り広げられるが，その大部分は，父親をベッドから起こそうとし，父親がこれに抵抗してジムと争っている場面（これは家庭の状況を反対にしたものであると推察される）に集中していた。ジムは声色を変えて両方の役割を演じた。次にあげるのは録音記録からとったものであり，どちらの声が使われているのかを示すためにF（父親）とJ（ジム）を挿入した。

　　　F.「おまえはここでお父さんの手伝いをしてくれないか」J.「いやなこったい。思い知らせてやるんだ」F.「おお，どうしてもやるつもりか」J.「そうさ。思い知らせてやるんだ。」F.「よし，いいだろう。来い，やってみろ！」J.「よし行くぞ！〔父親を打って，その頭を叩き落とす〕おまえはもう，すぐには立ち上がれないんだぞ。よーし，おまえの一部をもぎとってやる。それがお似合いなんだ。そら，おまえをダメにしてやる。それがお似合いなんだ。さあ，もう一度よく考えてみろ！〔非常に短い沈黙〕おい，こら，どうしたんだ，眠るのか？　はっはっはっ！」F.「眠ってなんかいるもんか」J.「よーし，思い知らせてやらなきゃあな！　おまえのずうずうしいのに嫌気がさしてるんだ。起きろ，起きろ，起きろ〔叫びながら〕さあ来い，おやじ，起きろ」

　そのすぐ後に，ジムは，誰かが父親を空中につまみ上げていじめていると想定する。次のような遊びがつづく。

　　　J.「おまえの子どもが一日中安心していられるように，こいつをやっつけてやろう。〔短い沈黙〕やっつけたぞ」F.「おーい，おろしてくれー」J.「おまえ

の子どもを一日中好きにさせると約束するまではダメだ」F.「それはできん」J.「よしわかった。じゃあおまえは高いところにぶらさがっていればいいんだ。いいか、おまえはこうしていたいんだろう。そうだろう」F.「助けてくれえ、おーい、落っこっちゃうじゃないか、助けてくれー!!」〔短い沈黙、彼は粘土を落としてめちゃめちゃにする〕J.「それまでだ、馬鹿者め。〔沈黙〕あいつはいないんだ。あいつは崖から車ごと落っこったんだ」

これらの二つの抜粋は、もしカウンセラーが妨げないならば、自発的に表現される感情というものが、いかに深刻でかつ激しいものであるかをよく物語っている。カウンセラーは、この過程において消極的な機能以上のものを果たしており、それはおそらく、セラピーの別の局面であるというべきであろう。

4. カウンセラーは、これらの否定的感情を受容し、認識し、明確化する。これは、学生たちにとって非常に把握しにくい微妙な点である。カウンセラーがこれらの感情を受容しようとするならば、カウンセラーは、その人が話していることの知的な内容にではなく、その基盤にある感情に応答する準備がなくてはならない。ときとしてその感情はひどく両価的なもの（ambivalences）であったり、ときには敵対感であったり、またときには不全感であったりする。それがどのようなものであっても、カウンセラーはその言葉と行動によって、ある雰囲気を創り出すように努める。そのなかでクライエントが、これらの否定的感情を他人に投影したり、防衛機制によって隠蔽したりせずに、そうした否定的な感情を自分がもっていることを認識できるようにし、またそれが自分自身の一部であることを受容できるようにするのである。しばしばカウンセラーは、これらの感情を言葉で明確化するが、それはそれらの原因を解釈したり、あるいはそれらの効用について論議しようとするのではない——それがあるのだということ、また、自分がそれを受容していること、を承認するだけなのである。このようにして、「あなたはこのことについてひどく苦しんでいるのですね」「あなたはこの欠点を直したいんだけれども、まだそうしたくはないのですね」「あなたはとても悪いことをしたような気がする、とおっしゃっているように聞こえます」というような言葉が、このタイプのセラピー

ではむしろ頻繁にあらわれてくるが、しかもほとんどいつも、それがその感情を正確に描写しているならば、クライエントは、もっと自由に前進していくことができるのである。

　このタイプの例は、すでに十分に提示されている。アーサーのケースからの抜粋では（pp. 75-76参照）、カウンセラーのほとんどすべての発言は、長い説明は例外として、来談に関してその学生が表現している感情を言語化し明確化しようとしているものである。L夫人のケースの最初の断片では（p. 78参照）、カウンセラーは、母親によってほのめかされた「白ネズミのように」扱われるのではないかという恐怖について論じ合おうとはしていない。カウンセラーは、その恐怖をただ認識し受容しているだけである。この事例の2度目の抜粋では（p. 81参照）、セラピーのこの局面に関する例がもっと示されている。カウンセラーは、母親の気も狂わんばかりの感情、絶望的な状態、いらだたしさ、落胆などを、批判することなく、議論することもせず、不当に同情することもなく、受容する。つまり、これらの感情をただひとつの事実として受容し、母親が述べたよりもいくらか明瞭な形で言語化しているのである。カウンセラーが母親の不満の内容にでになく、その感情に対して敏感であることがわかるであろう。このようにして、ジムのテーブル・マナーについて母親が嘆いているときは、食事のエチケットについて応答することはしないで、そのことについての母親のはっきりした感情に即して応答しようとしているのである。しかし、カウンセラーが、母親がすでに表明していることを越えていこうとしてはいないことに注目していただきたい。これはきわめて重要なことである。というのは、先に行き過ぎたり、急ぎ過ぎたり、クライエントがまだ意識していない態度を言語化することによって大きな損害が生まれてくるからである。目的は、クライエントが表明することのできたその感情を完全に受容し認識することなのである。

　5．その人の否定的な感情が本当に十分に表明されたとき、それにつづいて、成長へ向かおうとする肯定的な衝動が、かすかに、しかも試験的に表明される。このタイプのセラピーをはじめて学ぶ人にとって、この肯定的な表明が全体の過程における最も確かで予測可能な局面のひとつであることに気づくこ

とほど，驚きを与えるものはない。否定的な表明が激しく，しかも深ければそれだけ（それらが受容され認識されるならば），愛，社会的な衝動，基本的な自己尊重，成熟への欲求などの肯定的な表現はそれだけ確かに起こってくる。

　このことは，今引用したばかりのL夫人との面接（p. 81参照）のなかにはっきりと示されている。敵対感のいっさいが十分に受容された後，彼女にはゆっくりと肯定的な感情が頭をもたげてくる。それは「それでも，ときにはあの子，とても良い子になるんです」というきわめて突然の発言としてあらわれてくる。

　彼女の息子ジムの場合には，肯定的な感情が出てくるまでにもっと長い時間を要している。3回にわたる（週に1回の）話し合いの間，彼は父親のイメージやサタンのイメージ（ときおり「おやじ」と呼んでいる）を拷問にかけたり，叩いたり，殺したりして，攻撃的な遊びをつづけている。3回目の時間の後半まで，彼のごっこ遊びはつづけられ，それが夢となり，それから夢ではなくなってくる。

　　「いや，夢なんかじゃなかったんだ。夢じゃないんだ。いいか，よーく覚えておけよ〔粘土の像を打ちながら〕。いいか，これでよくわかるだろう，子どもたちに変なことするんじゃないんだ！　そこでおまえは目を覚まし，みんな夢だったことに気がついて，こう言うんだ。『おれもそろそろ夢から覚めるころだ』って」。それからジムは粘土で遊ぶのをやめ，部屋のなかを少しだけ歩きまわった。彼はポケットから新聞の切り抜きを取り出し，1枚の写真をサイコロジストに見せながら言った。「チェンバレンってとても素敵な男なんだ。だから，写真を切り取って持ち歩いてるんだ」。

　これは，彼が他の人に対して話した初めての肯定的感情の表現であった。その後は，敵意をおだやかに表明するぐらいのものであり，しかも，セラピー場面でのこの変化は，家庭での変化とほぼ平行していた。

　6.　カウンセラーは，否定的な感情を受容し認識したのと同じように，表明された肯定的な感情を受容し認識する。こうした肯定的な感情は，賛同したり賞賛したりして受容されるのではない。道徳的な価値は，このタイプのセラ

ピーには入ってこない。肯定的な感情は，否定的な感情とまったく同じように，パーソナリティの一部としてそのまま受容される。成熟の衝動と未熟な衝動，攻撃的な態度と社会的な態度，罪悪感と肯定的な表明，この両方を受容することこそが，その人に，ありのままの自分自身を理解する，生まれてはじめての機会を与えるのである。その人は，自分の否定的な感情について防衛的になる必要がない。その人は，自分の肯定的な感情を過大評価する機会を与えられているわけでもない。しかもこのタイプの場面においては，洞察と自己理解が自発的に湧き出してくる。このように洞察が発展するのを実際に観察することがなければ，人が自分自身と自分のパターンを非常に効果的に認識できるものだ，ということを信じることは困難であろう。

7．この洞察，この自己理解，この自己受容は，プロセス全体のなかで2番目に重要な局面である。それは，人が新しいレベルの統合へと前進できる基盤を提供する。ある大学院の学生は，正直な気持ちを込めて次のように語る。「ぼくは本当にダダッ子のガキなんです。でも，確かに普通でありたいと思うんです。誰かに自分のことをそんなふうに言わせたくない。でも，事実はそのとおりなんです」と。ある夫は言う。「私は今，なぜ妻が病気のとき妻に対していい気がしないのかがわかるんです。いくらそんなふうに感じたくないと思ってもそう感じてしまうのです。それは，結婚するときに，ずっと病弱な妻をかかえて重荷に感じるだろうって，母が予告したからなんです」と。ある学生は言う。「ぼくは今，なぜあの教授が嫌いだったかわかります——彼はおやじと同じようにぼくを批判したからなんです」と。母親のL夫人は——すでにその発言は引用したが——彼女は，何回かのセラピーの話し合いのなかで自分の敵対感と多少の肯定的な感情を表現した後，自分の息子との関係について，次のような驚くべき発言をしている。これはカウンセラーの記録である。

　　彼女が持ち出した事柄のひとつは，子どもが注目してもらいたがっているらしいということ，しかし，そのやり方は，いつも否定的な注目を起こさせるだけだということであった。それについて少し話し合ってから，彼女は次のように言った。「たぶんあの子にとって一番よいことは，叱ったり正したりすること

をまったくされないで，好意や愛や配慮を受けることなんでしょうね。そう，確かに私たちは，あの子を叱ったり正したりすることに追われていて，他のことをする時間がなかったんです」。そのように言う彼女の言い方は，彼女が本当に，計画を変更するのはよいことなのだと思っていることを示していた。そこで私は言った。「それはあなたにとってとてもよい観察ですね。もう誰も言う必要などないんでしょうけど，それがあなたのなかで起こったと本当に思っていることなんですね」。彼女は言った。「いや。そういう気持ちが起こっているのがわかるんです」。

8. この洞察の過程と混じり合って——略述したこれらのステップは，互いに排他的なものではなく，また決まった順序ですすんでいくものでもない，ということを再び強調しなければならないのだが——可能な決定，可能な行為の方向を明確にしていく過程が起こるのである。このとき，いくぶんか失望的な態度が起こることも多い。基本的には，その人は次のように言っているように思われる。「これが私なのです。そのことがとてもはっきりとわかります。でもどうすれば私は，何か違ったやり方で，自分自身を変えられるのでしょうか」と。ここでのカウンセラーの仕事は，さまざまな選択の可能性を明確にするように援助し，その人が経験している恐怖の感情や，前進する勇気の欠如を認識することである。ある行為の方向を強制したり，助言を与えることがカウンセラーの仕事なのではない。

9. それにつづいて，このセラピーの魅力的な局面のひとつがやってくる。つまり，かすかにではあるがきわめて重要な，肯定的行為が始まるのである。ある非常に内気な男子高校生は，他人への恐れと嫌悪について述べながら，また友だちが欲しいという隠された深い願望をも認識するようになったのだが，自分の受ける社交的招待への誘いをとても恐くて受け入れることができない理由について，1時間いっぱい話している。彼は，相談室を去るときには，きっと行かないだろうと言っている。彼は，強制されているのではないと言う。こうした行為が，たいへんな勇気を必要とするだろうということ，また，そのような不屈の精神をもちたいのだが，その一歩を踏み出すことができない，ということが共感的に認識される。彼はパーティに行った。しかもそれは，自信を

つけるのに大きな助けになったのである。

　L夫人の記録からもうひとつの説明をすると，次のような積極的な前進のステップが，先に引用した洞察のはっきりとした発言のすぐ後につづいて起こっている。これもまた，サイコロジストの記録である。

　　　私はこう言った。「お子さんがまったく要求していないときでも，どんな形であれ注意を向け愛情を示すことは，たぶんお子さんにはとてもいいことなんでしょうね」。すると彼女は言った。「そうですね，こんなこと信じていただけないかもしれませんが，あの年になってもあの子，まだサンタクロースを信じてるんです。少なくとも去年まではそうでした。もちろん，私には隠そうとしているのかもしれませんけど，でも私には隠しているとは思われません。去年あの子，お店でサンタと話をするんだといって，他の子どもたちより背が高いのに，出かけて行きました。それで今年は，私，あの子に本当のことを話してやることにしたんです。でもあの子，マージョリーに言わないかしら。それをあの子に話して，それは自分たちの間の秘密だって言ったらどうかなって思ったんです。あの子はもう大きいし，マージョリーに言ってはいけないと教えようかと思うんです。それは2人の秘密なんで，あの子は大きいんだし，私のやることに手助けができるんです。それからまた，マージョリーを早く寝かしつけることができるんなら――とても寝つきのわるい子だけど，でも寝かしつけることができたら――たぶんあの子，クリスマスの準備を手伝うことができます。それから，クリスマス・イブには――そのときが私たちのクリスマスなんですけど――他の子どもたちは準備ができるまでおばあちゃんの家にやって，ジムは家に残って，私を手伝っていろいろと準備することができます」。彼女の話しぶりは，ジムに手伝ってもらうのをとても楽しみにしているように見うけられた（事実，これまでのどんなことよりも熱中しているようであった）。それで私は言った。「それは本当に楽しみなんですね。10歳の坊やがクリスマスのことを手伝ってくれると考えるのは」。彼女は目を輝かせながら，自分に手助けできるのはあの子にとっても楽しみだろうし，それはまた，あの子にとてもよいことだと思う，と答えた。私は，私もそう思うし，確かにやってみる値打ちのあることだと思う，と答えた。

　ここでこれだけは言えると思うのだが，いったん洞察が達成されれば，なさ

れる行為は新しい洞察に驚くほど見合ったものになってくるのである。このように，彼女自身とジムの間の関係が情動的によりよく理解されると，L夫人は，その洞察を行為に移すのだが，その行為は彼女の大きな進歩をあらわすものである。彼女の計画は，とても細やかなやり方で，自分の特別な愛情をジムに与えるものであり，ジムがもっと成熟するようにし，しかも幼い妹を嫉妬させないようにしている。――要するに，彼女はいまや，自分の問題を解決するようなタイプの行動を純粋な動機にもとづいて実行できることを示している。このような行動が，この事例の診断の後で彼女に提案されたならば，彼女は，ほとんど確実にその提案を拒否するか，あるいは，失敗におわるようなやり方ですすめたであろう。それが，よりよくありたい，より成熟した母親でありたいという彼女自身の洞察に満ちた動機から生まれたときには，成功に導かれるのである。

10． 残されたステップは，もう長いものではない。その人がひとたびかなりの洞察を達成し，おそるおそる試験的にでも，肯定的な行為を試みるようになると，残された局面はもっと成長するという要素だけである。何よりもまず，そこにはより深い洞察の発達が見られる――すなわち，個人が自分自身の行為をより深く見つめる勇気を獲得するにつれて，より完全で正確な自己理解が展開してくるのである。

11． クライエントの側の肯定的な行動はますます統合されたものになる。選択することについての恐怖が減少し，自己指示的な行為への信頼が増大する。カウンセラーとクライエントは，いまや新しい意味のもとで共同作業をする。2人の間の人間的な関係は，最も強い局面に達する。クライエントは非常にしばしば，はじめて，ひとりの人間としての臨床家について何かを知りたくなり，非常にはっきりと，友好的で純粋な関心を表現する。じっくり考えるためにさまざまな行為が話し合われるが，最初のころに目立っていた依存や恐怖はもはや存在しない。その一例として次の抜粋は，成功裡に洞察を得たある母親との最終面接の記録からとられたものである。

J夫人は言う。「先生は私たちに何をして下さったのかわかりませんけど，パティと私にですね。でも万事うまくいってます。こんなによい娘は探したっていませんよね，ここ3週間のことですけど。ああ，昨日あの娘，調子がわるいようでした。私が呼んでも来たがりませんでしたし，つまり，すぐにはですね。少し沈んでいて，でも気難しくはなかったんですよ。私が言いたいこと，おわかりいただけるかどうかわかりませんけど，でも手に負えないと言っても以前とは違っていました。まあ，あの娘，その一，気難しくはないみたいで，とくに私に対してですね」。カウンセラーは答えた。「おっしゃりたいこと，わかります。パティはあなたを傷つけるように拒否しているのではないのですね」。J夫人はうなずいて言った。「そうなんです。もっと自然なことなんですね」。

　このタイプのセラピーにおいてしばしば見られるのだが，ある行動の徴候は残っているけれども，母親はその徴候についても，その徴候を取り扱う自分の能力についても，まったく違った気持ちをもっているのである。

12． 援助を求める気持ちが減少し，その関係が終わらなければならないことをクライエントの側が認識する。しばしば，カウンセラーにあまり多くの時間を使わせたことについて申し訳ないと言う。カウンセラーは，クライエントがいまや自分の状況を確かな自信をもって処理しており，これ以上接触をつづけるのを望んでいないという事実を受容し認識し，以前と同じように，この感情を明確化するよう援助する。初期と同じように，終了することをクライエントに強制もしなければ，カウンセラーがクライエントを引き止めようとすることもない。

　セラピーのこの局面においては，個人的な感情が表明されるようである。しばしばクライエントは，「もう来られなくなるのはさびしい気がします。お話をするのはとても楽しみでした」というような言葉を口にすることが多い。カウンセラーも，同じ気持ちを表明するかもしれない。個人的な成長が目の前で起こるとき，私たちが，ある健全な範囲内で，情緒的に巻き込まれるのは仕方のないことである。話し合いには時間の制限が設けられており，彼らはしぶしぶとではあるが健全な終結をむかえる。ときとして，最終面接において，クラ

イエントはその関係を維持したいかのように,古い問題や新しい問題を持ち出してくることがあるが,その雰囲気は,その問題が本物だった最初の面接のときとは非常に違っている。

　これらのことは,種々さまざまな組織において,種々さまざまな問題と取り組むときのセラピーの基本的な過程であるように思われる——例えば,両親やその子どもたちと,そしてとても幼い子どもたちとの場合でも,また夫婦カウンセリングが必要とされている状況においても,学生たちの不適応や神経症的な行動の場面においても,むずかしい職業選択の場面においても——要するに,個人が適応上の深刻な問題に直面しているほとんどの場合において。

　これまで述べてきた分析が,もっと別の形で説明されるだろうことは,容易に認められるであろう。多くの微妙さを伴う過程においては,どんな形であれそれをいくつかのステップや要素に還元しようとすることは,客観的で正確であるよりも,むしろ主観的で近似的なものを多く含んでいる。しかし,全体としては,上述したセラピーは,秩序のある首尾一貫した過程であり——その主要な道筋においては,予測可能な過程なのである。それは,一般に流布されている,日和見的な「あらゆる事例は異なるものなのだ」という考え方を強調するようなアプローチとは,非常に違うものなのである。それは,実験的な検証にふさわしい仮説を提供するのに十分な統一性をもった過程なのである。

6 The Directive Versus the Nondirective Approach

指示的アプローチ対非指示的アプローチ

指示的および非指示的観点の特徴

　カウンセリングにおける指示的な（directive）観点と，非指示的な（nondirective）観点の違いは，決して理論的なものではない。ポーター（Porter, E. H.）（文献1）は，「カウンセリング面接の手続きに関する測定尺度の展開とその評価」（The Development and Evaluation of a Measure of Counseling Interview Procedures）という未公刊論文のなかで，指示的な観点をとるカウンセラーと非指示的な観点をとるカウンセラーに関して，いくつかの示唆に富んだ資料を提供している。彼の多岐にわたる比較に用いられた面接の数は少ないものであったが，その結果に一貫性が認められたことは印象的であった。ポーターは熟練した評定者に，録音された面接19例のなかでのカウンセラーの応答と，そこで行われたやりとりを，後述するさまざまな範疇に分類し，さらにそれぞれの面接がどれほど指示的であるかという観点から評定するよう依頼した。その際，評定者には次のような教示が与えられた。「この尺度上の11点は，カウンセラーによって完全な指示がなされている面接に対して与えられます。1点は，カウンセラーが直接的あるいは間接的に，指示する責任をとることを拒否しており，その結果クライエントが，面接の方向を決定する責任を引き受けざるをえなくなった面接に対して与えられます。カウンセラーが指示

〔出典〕　*Counseling and Psychotherapy*. Boston : Houghton Mifflin, 1942, 118-128.

6 指示的アプローチ対非指示的アプローチ　　93

したり，もしくは指示しなかったりすることで，上手なカウンセリングをしているかどうかを評定するのではありません。その面接がどれほど指示的であったか，あるいはどれほど非指示的であったか，ということだけを相対的に評価していただきたいのです」と。

　この評定によって分類された，比較的指示的な面接と指示的でない面接とを比較したところ，ある種のパターンの違いが明瞭な形で示唆された。ポーターの研究データを取り上げて，そこに示された事実を整理しなおしてみると，これらの違いを，一部修正を加えた一覧表の形で示すことができる。ポーターが用いた19例の面接のうち，9例では指示性が比較的低く，11段階評定尺度における評定値は1.5から5.6の間を示し，指示性の平均値は3.3であった。残りの10例では9.3から10.8，平均で10.2の評定値が与えられ，かなりはっきりと指示的であったことが示された*。5人のカウンセラーが指示性の低いグループに入り，6人のカウンセラーが指示性の高いグループに分類された。したがってある1人のカウンセラーの特定の動きに影響されて，このような結果が出たということではない。どちらのグループにも，経験の豊かなカウンセラーによる面接と経験の少ないカウンセラーによる面接の両者が含まれており，またそれぞれ継続面接の初期，中期，末期の面接が含まれていたので，これらの点では，二つのグループはおおむね均質であったといえる。次にこれらのデータから，カウンセラーのあるタイプの応答ややりとりが，どちらかのグループの特徴となっているかどうかを検討してみると，鮮明な違いが見いだされた。11の応答範疇が，指示的なグループではるかに多く用いられていた。また，3の応答範疇が，非指示的なグループでより多く用いられており，4の応答範疇が，両方のグループで同じ程度に用いられていた。

　この結果を表1～表3に示した。なお，この研究はすべて，面接のなかのカウンセラーの部分だけを取り扱っているものであることを，心に留めておいていただきたい。クライエントの応答に関する分類は行われていない。表の中には，ポーターが定義づけ，評定者が用いた記述的な範疇があらわれてくる。ま

＊　このようにはっきりと二分してしまうことは，カウンセリングの全体からみれば，おそらく普通のことではないであろう。指示性が一つの連続線の上に，どのように分散するかを明らかにするためには，さらなる研究が必要であろう。

表 1 指示的グループのカウンセラー技術の特徴

項　　目	1面接あたりの発言回数	
	指示的グループ	非指示的グループ
1a* カウンセラーは，面接場面を診断的もしくは治療的意味をもつものとして規定する。 （例）「私にはあなたが何で困っているのかわからないけれど，一部はテストの結果により，一部はこの面接によってわかってくるでしょう」	1.7	0.5
2b カウンセラーは話題を指示するが，その展開はクライエントに任せる。 （例）「そのことについて，もう少し話していただけませんか？」	13.3	6.3
2c カウンセラーは話題を指示するが，その展開は是認，否認，あるいはある特定の情報供給に限定される。 （例）「その科目をとったのは，いつごろからですか？」 「この大学ですか，それとも郷里の大学ですか？」 「その科目の，どこにあったのですか？」	34.1	4.6
3d カウンセラーは問題や，問題の原因や，訂正を要する状態などを，テスト結果の解釈や，評価的発言によって確認する。 （例）「あなたの問題は，自分を他人と比較するチャンスがなかったということなんです」	3.7	0.3
3e テストの結果を解釈するが，問題や困難の原因などにはふれない。 （例）「ここからわかることは，大学新入生の32％がこのテスト内容をあなたよりも速く読む，ということです」	1.2	0.1
3f クライエントに関して，賛成，反対，ショック，その他の個人的な反応を表現する。 （例）「そう！　本当にいい！　いい立ち上がりです！」	2.6	0.6
4 カウンセラーは，問題や処置に関する情報を説明したり，話したり，与えたりする。 （例）「しかしそれが唯一の理由だとは思いませんね。よくわかっている人でも，知らない人と同じくらいに気にしますから」	20.3	3.9
5a, b カウンセラーはクライエントに直接的に，あるいは質問することによって，あるいはどうしたらいいかという質問に応答することによって，クライエントに行動を提案する。 （例）「仕事をやめて，できるだけ学業に時間をかけるべきだと思うんですが」	10.0	1.3
5c カウンセラーは根拠を整理，評価したり，個人的な意見を表明したり，是非を説得したりして，意思決定を促す。 （例）「もちろんそれはあなたが決めることです。だけど私なら少なくともトライくらいはしてみますね」	5.2	0.3
5f カウンセラーがクライエントを安心させる。 （例）「また大変なことに出くわすかもしれません。でもくじけないで下さい。必ずうまくいきますから」	0.9	0.2

＊　各項目の頭につけられた数字は，ポーターによるものであり，評定表に記載された順序をあらわしている。全体としては，範疇1は面接場面を規定することに関する技術，範疇2は問題状況を持ち込み，発展させる技術，範疇3はクライエントの洞察と理解を発展させる技術，範疇4は情報や説明を与える技術，範疇5はクライエントの動きを刺激したり，決心を促進する技術を示している。

表 2 非指示的グループのカウンセラー技術の特徴

項　　目	1面接あたりの発言回数	
	指示的グループ	非指示的グループ
1b　面接場面を、クライエント側の責任のもとで方向づけたり、何らかの決定をめざしたりする場として規定する。 （例）「自分の問題を誰かに話すことで、もっとはっきりとわかってきたりする人もいます」	0.5	1.9
3b　カウンセラーは、クライエントが直前の発言に表現した感情や態度を認めたことを示すように応答する。 （例）「それであなたは大変落ち込んでいるわけですね」	1.2	10.3
3c　カウンセラーは、直前の発言とは別に、なんらかの形で表現した感情や態度を解釈したり、認めたりするような形で応答する。 （例）「おそらく今朝はあまり来たくなかったんでしょうね」	0.7	9.3

表 3 両方のグループに共通して用いられていた技術

項　　目	1面接あたりの発言回数	
	指示的グループ	非指示的グループ
2a　カウンセラーは、クライエントに話題を選ばせ、展開させるようにリードする。 （例）「今朝はどんなことを考えています？」	0.6	0.6
3a　カウンセラーは主題の内容を認めるような形で応答する。 （例）「それで、そのテストが火曜日なんですね」 「ふーん、どちらの方法もうまくいかなかった」	6.1	6.0
5d　カウンセラーは、決定するのはクライエント自身であることを示す。 （例）「それはあなたが決めることです」	0.4	0.6
5e　カウンセラーは、意思決定の受容や、是認を示す。 （例）「あなたのやり方は正しいと思いますよ」	0.8	0.6

た評定者が用いた，短い範例が各項目ごとにそえられており，定義の意味がいっそう具体的なものになっている。それぞれの項目に対して，指示的グループ，非指示的グループごとのカウンセラーの1面接あたりの発言回数が，表の右欄に示されている。

指示的/非指示的グループに関する比較検討

この三つの表を検討すると，これら二つのセラピー・アプローチの間に，いくつかの重要な違いがあることが，明らかになるであろう。まず第1に，指示的なカウンセラーほど，カウンセリング場面で能動的である。つまり，指示的なカウンセラーは，話し合いのなかではるかに多くを話している。表中の項目に分類されたカウンセラーの応答数を，1回の面接あたりの平均回数で比較すると，指示的な面接では107回，非指示的な面接では49回であった。立場を換えればクライエントの発言数は，（指示的な面接の方が）当然少なくなるわけである。ポーターは，これらの面接で発言された単語数の分析を行っているが，それによるとカウンセリーの語数に対するカウンセラーの語数の比率は，最低で0.15，最高で4.02であることがわかった。言い換えると，一方の極ではクライエントがカウンセラーの7倍近くも話す面接があり，もう一方の極ではカウンセラーがクライエントの4倍も話す面接があったということである。これは「すぐに言葉をさしはさもう」とすればどういうことになるかを統計的に示したものである――。これら両極の面接におけるカウンセラーを比較すると，後者は前者の実に25倍以上も多く話していたことになる。

カウンセラーとカウンセリーの話す語数の比率と指示性との間には，顕著な関連性が認められた。指示的な面接10例における比率の平均値は2.77であり，カウンセラーはクライエントの3倍近く話している。非指示的な面接9例における比率の平均値は0.47であり，カウンセラーの発言数はクライエントの半分以下になっている。二つの平均値を比較すると，指示的なカウンセラーは平均して，非指示的なカウンセラーの6倍近くにも上る語数を用いていたことになり，これはこの研究全体を通して最もはっきりとした違いのひとつであった。非指示的なカウンセリングにおいては，クライエントが「自分の問題

をとことん話す」ために来談しているという事実が，はっきりと示されているのである。一方指示的なカウンセリングのなかでは，カウンセラーがクライエントに話してきかせているのである。

　表を見ると，観点の違いが実際の技術に，端的に反映されていることがわかる。すなわちクライエントを説得するとか，訂正されなければならない問題を指摘するとか，テストの結果を解釈するとか，ある特殊な質問をするといった技術のすべては，非指示的アプローチよりも指示的アプローチの特徴であった。またクライエントが言葉にあらわした感情や行動で表現した感情を認め，それを解釈するといった技術は，非指示的アプローチの特徴であった。ここでもまた，両者の根本的な対照が強くあらわれている。すなわち，指示的なグループでは，面接をコントロールし，クライエントをカウンセラーの選んだ目標に向かわせるような技術が強調されているのに対して，非指示的なグループでは，クライエントが自分自身の態度や感情をよりいっそう自覚し，その結果，洞察や自己理解がよりいっそう増大するように働きかける技術が強調されているのである。

　指示的なカウンセラーが，面接のなかであまりにも能動的であるために，表1～表3で比較したことが，はっきりしないかもしれない。そこで同じデータを別の方法で比較してみることにしよう。表4では，それぞれのグループで頻繁に用いられた技術が，頻度の高い順に並べられている。ここでは各グループともに，最も多く用いられた技術が七つずつしか表示されていないが，これはその他の技術があまり用いられていなかったためである。この表4では，前の表で使用された公式的な規定が，別の言葉で表現されている。各項目のあとにつけられている（　）内の数字は，1面接あたりの頻度の平均である。

　表4から，ある仮説的な結論を引き出すことができるであろう。もちろんこの結論が，きわめて少数の面接にもとづいたものであることを忘れてはならない。しかし，これらは実際に電気録音機を使用して完全に記録されたものであって，その点において高い価値をもっているといえよう。指示的なカウンセリングの特徴は，ある特定の解答を予期しながらきわめて特殊な質問をしたり，またカウンセラーの方から情報を与えたり，説明したりする技術にあるといえよう。これら二つの技術によって，指示的タイプの治療面接でカウンセ

表 4 最も多く用いられた技術（頻度順に示す）

指示的カウンセラーのグループ	非指示的カウンセラーのグループ
1 きわめて特定の質問を行い，回答をはい/いいえ，もしくは特定の情報に限定するようにする。(34.1)	1 クライエントがいま表現した感情や態度を，何らかの方法で認める。(10.3)
2 問題や処置に関する情報を説明したり，話し合ったり，与えたりする。(20.3)	2 全般的な態度，特別な行動，あるいは以前の発言のなかで表現された感情や態度を解釈したり，認めたりする。(9.3)
3 会話の話題は指示するが，その展開はクライエントに任せる。(13.3)	3 会話の話題は指示するが，その展開はクライエントに任せる。(6.3)
4 クライエントの行動を提案する。(9.4)	4 クライエントがいま話したことの主題の内容を認める。(6.0)
5 クライエントがいま話したことの主題の内容を認める。(6.1)	5 きわめて特定の質問を行い，回答をはい/いいえ，もしくは特定の情報に限定するようにする。(4.6)
6 提案した行動を引き受けるよう，根拠を整理して，クライエントを説得する。(5.3)	6 問題や処置に関する情報を説明したり，話し合ったり，与えたりする。(3.9)
7 訂正すべき問題や条件を指摘する。(3.7)	7 面接場面はクライエントが自らの責任で利用する場であるということを示す。(1.9)

ラーが半数以上の発言をしている事実が説明できる。カウンセラーはさらに，クライエントがある特定の話題について何らかの態度を表明するような機会を与え，カウンセラーが矯正の必要があると観察した問題や状態を，クライエントに指摘する。またカウンセラーにクライエントが語ったことの主題の内容を明確にしたり，反復したり，認めたりする。カウンセラーは変化をもたらそうと努めるが，そのためにクライエントがとるべき行動を提示したり，そしてそのような行動を保証するために，その根拠を持ち出したり，自分の個人的影響力を行使したりするのである。

これに対して，非指示的なカウンセリングの特徴は，クライエント側の動き（activity）が優先され，会話の大部分が，クライエントが自分の問題を話すことで占められることである。ここでのカウンセラーの主な技術は，クライエントが自分の感情や，態度や，反応パターンをよりいっそう明瞭に認識し理解できるよう援助すること，そしてそれらをクライエントが話せるように力づけることである。カウンセラーの発言項目の半数が，これらの範疇に入っている。カウンセラーはさらに，クライエントの話した主題の内容を反復したり，明確にしたりすることによって，上述の目的を達成しようとする。特定の話題

について自分の感情を表明する機会をクライエントに与えることは多いが，それに比べると，情報収集のたぐいの特定の質問をすることは少ない。場合に応じては，クライエントのおかれている状況に関する情報や説明を与えることもある。なお，あまり頻繁に用いられる技術ではないが，面接場面は本来，クライエント自身が自分の成長のために用いる場面であることを，もう一度伝えることもある。

実際的な諸問題への示唆

カウンセラーやセラピストの指示性には，現実に基本的な差異があることを示すのに，筆者が不必要なまでにこだわっていると思われる向きもあるかもしれない。このような違いをできるかぎりはっきりさせる努力をしたのは，ほとんどすべてのカウンセラーが，自分の態度は非強制的であり，非指示的であると思おうとするはっきりとした傾向があるからである。この研究で指示性が高いと評定されたカウンセラーの大多数は，自分が面接の主導権を握っているとか，目標を選択しているとか，クライエントが行うべきことを示唆しているとか，そうするように説得しているなどとは思っていなかった。その結果，すべてのカウンセリングが基本的には同じようなものであって，技術の違いなどたいしたことではないと考えられがちである。しかし事実はそうではなく，サイコセラピーをいっそう深く理解するためには，どんなセラピーでも考え方は同じである——実際には何の根拠もないのに——などと曖昧に考えるよりは，セラピーの観点の明確な対照を認識する方がよいのである。——ポーターの研究は，このことを例証してみせたという点で重要な意義をもっている。

読者が，ここで述べられた事実を，いくらかでも実際に検証してみたいと思われるならば，どんな面接の逐語記録にでも，大ざっぱな方法を用いることができる。カウンセラーとクライエントの発言を交互に読んでいけば，次のどれかに該当することがわかるであろう。① カウンセラーの側の発言だけを読んで，面接の要旨や全体の流れがわかるかもしれない。その場合は，その面接は明らかに指示的である。② クライエントの側の発言だけを読んで，面接の全体像をかなり十分に把握できるかもしれない。その場合は，その面接は明らかに非指示的である。③ カウンセラーとクライエント双方の発言を交互に読む

と混乱するばかりで，どちらか一方だけを読んでも，面接の要旨がほとんどわからないかもしれない。その場合は，その面接は指示的でも非指示的でもない，中間的な性質をもつものであろう。

指示的／非指示的アプローチの根底にある目標

　指示的アプローチと非指示的アプローチの間にあるこうした違いの背景には，カウンセリングの哲学や価値観における深い違いがあり，それは重要なものと考えられる。応用科学の分野では，技術の選択を決定するのに，価値判断がひとつの役割をもっているが，それはしばしば重要な役割を果たしている。したがって，指示的カウンセリングおよび非指示的カウンセリングが暗黙のうちに目指している目標を理解していた方がよいであろう。

　目標における第1の基本的な違いは，誰がクライエントの目標を選択するのか，という問題に関するものである。指示的なグループは，クライエントが到達すべき，望ましい，社会的に是認されるような目標をカウンセラーが選択し，クライエントがそこに到達するのを援助するよう努力する。ここでは，クライエントは自分自身の目標を選択する十分な責任をとる能力がないと考えられており，したがってカウンセラーは，クライエントよりも優れているのだということが言外に述べられているのである。非指示的なカウンセリングでは，たとえその人生目標が，カウンセラーがその人であれば選ぶような目標とは食い違っていたとしても，クライエントには自分の人生の目標を選択する権利があると考えられている。またそこには，人間が自分自身や問題についてわずかにでも洞察していれば，この選択を賢明にするであろうという信念もある。面白いことに，このような観点がロバート・ウェルダーによって，きわめてうまく表現されている。彼は自分の考えを，その背景の故に，フロイト派の用語を使って表現している。「フロイトの精神分析の基本的理念は……患者の内面のもろもろの葛藤に偏りのない態度を向けること（impartiality）である。……決してやむことのない葛藤間の闘争に加担することなく，精神分析はもっぱら，その葛藤の無意識的な要素を意識させることを通して，この戦場に，光明と新鮮な空気を吹き込むことだけを目指している。大人の成熟した自我であれ

ば，そこに含まれている一切の勢力に十分に接近すれば，適切で我慢のできる，少なくとも病的ではない解決を見いだすことができるはずであり，また欲求を充足させることと，欲求を効果的に統制していくこととの間に現実的な調和を保っていくこともできるはずである――精神分析はこう考えているのである」*。

　非指示的な観点では，すべての人間が心理的に独立した存在である権利，自らの心理的な統合性を維持する権利に高い価値が与えられている。指示的な観点では，社会的同調性と，より能力のある者がより能力の乏しい者を指示する権利に高い価値が与えられている。これらの観点は，セラピーの技術のみならず，社会哲学，政治哲学とも重大な関係をもっているのである。

　このような価値判断の違いの帰結として，指示的なグループには，クライエントが提示する問題に努力の焦点を合わせようとする傾向があることがわかる。問題がカウンセラーに是認されるような方法で解決されれば，また症状が除去されれば，そのカウンセリングは成功したものとみなされる。これに対して，非指示的なグループで重視されるのはクライエント自身であり，提示された問題ではない。クライエントがカウンセリング経験を通して自分と現実状況の関係を理解するのに十分な洞察が得られれば，そのクライエントは現実に適応する方法――自分にとって最も高い価値をもつ――を選択することができるのである。またクライエントは将来起こる問題にも十分対処できるであろう。なぜならその人は自分の問題を自分で解決していくなかで，洞察と経験を重ねていくからである。

　非指示的グループのアプローチが，自分の問題をかなり適切に解決する能力

---

*　Waelder, Robert, in "Areas of Agreement in Psychotherapy," *American Journal of Orthopsychiatry*, vol. 10, No. 4 (October 1940), p. 705. ウェルダー博士がこのように述べたのは，フロイト派の精神分析に特有であると思った観点を強調するためであったということは，興味深いことである。しかし，これがあらゆる効果的なサイコセラピーに共通する基本的な原理のひとつであることが，シンポジウムに参加した他の学派の代表者たちによって明らかにされた。そして座長のグッドウィン・ワトソン博士は，討論をまとめるにあたって，次のように述べている。「どうやら私たちは次のように結論することができると思われる。――すなわち精神分析はセラピストが，自分の価値観が患者に影響を与えることのない関係を作ることを重視したさきがけであり，さらにこの20年間，他のすべてのサイコセラピーがこれと同じような理想に向かって動くようになってきたのである，と」。(同掲書，p. 708)

をもった，圧倒的多数のクライエントに適用できることは明らかであろう。この観点に立つと，カウンセリングは，たとえ援助されても自分自身の困難を解決するだけの能力をもたない人びと——精神病者，障害者その他の少数の人びと——に対処する唯一の方法であるはずがない。同じように非指示的アプローチは，環境からの不可能な要求に直面している子どもや成人にも適用されない。しかし大多数の不適応の人びと——子ども，青年，成人のいずれであっても——にとっては，その人と社会的環境との間で，何かしらの適応をすることは不可能ではない。このような人びとに対しては，成長と自らの責任のもとでの成熟を奨励するようなセラピー的アプローチが多くのことを提供できるのである。

文　献

1. Porter, E. H. The development and evaluation of a measure of counseling interview procedures. Unpublished Ph.D. dissertation, Ohio State University, Columbus, Ohio, 1941.

7　ハーバート・ブライアンのケース

The Case of Herbert Bryan

第1回面接

1日，土曜日

C₁*　そうですね。昨日は一緒にやっていくかどうかについて，かなり話し合いましたが，あなたがどんなことを考えているのか，私にはまだはっきりしていません。どうぞ，話をすすめて下さい。

S₁　できるだけ正確にこれを伝えようとすると，いくつかの方面にあらわれてくる抑止（blocking）だと言えますね。

C₂　うんうん。

S₂　あの——幼児期のころ，抑止の症状として最も意識のうえで目立っていたのは言葉を話すときでした。小学校6年のころには言語障害がありました。そして成熟すると，性的な場面で抑止があるのに気づきました。で

C₁　このような，とても幅のある初めの質問によってカウンセラーはクライエントの好きなように問題を話すことを容易にしている。S₁,₂,₃ はすべてこの一つの質問に対する応答であることに留意されたい。

---

*　面接を通して，簡単に参照できるように，カウンセラー（C）と対象者（S）の応答にそれぞれ通し番号を付けた。面接記録に付けられた脚注には，それぞれ番号を付けた。

〔出典〕　*Counseling and Psychotherapy.* Boston：Houghton Mifflin, 1942, 265-287.

も——のぞきの場面（voyeuristic situation）ではそれがないんですが，性交の場面だけでした。しばしば，そのときは困難がありました。それと下腹部に不快な緊張感があって，それは例えていいますと，冷たい固い斧のようなものがリビドーを抑止するかのように圧迫してくるんです。

C₃ うんうん。

S₃ それでもう一つの興味深い視点があるんですが，この否定的な気持ちは最初は胸のところにあったんです。そこには鈍い，冷たい痛みがありました。ときには抑止が起こっているときに，心拍数が増え，手が冷たくなるんです。そしてその気持ちは下の方に降りていくようなんです。それが一番よいあらわし方だと思います。つまり，たぶん実際に——つまり下の方に動いていく，というようにその気持ちを捉えているんです。

C₄ うん。それで以前よりももっと苦痛になったんですか，それとも前と変わらないんですか？

S₄ どう言ったらいいのかなぁ。言葉を話すことについてはとっても苦しかったんです，今はそれほどでもありませんが。以前は——とってもひどい——とってもひどい言語障害があったんです——ええ——そしてなんと

S₁,₂,₃,₄,₅,₆ この一連のクライエントの発言は，神経症者の問題描写の典型的な例である。奇妙な身体症状や緊張感は典型的である。ケースが進展するにつれ，読者は最初に提示された問題と，困難の原因である本当の問題を比較してみることができる。理知的な人は問題を非常に理知的に描写することに留意されたい。素朴な人は問題を素朴に描写する。どちらにしても，最初に提示された問題がその基本的な構造であることはほとんどない。

C₄ これは多少指示的な質問で，それによってクライエントの発言を特定の領域に限定している。しかし，この質問は明らかに，知的な内容に対してではなく，ブライアン氏が表明していた苦痛の気持ちに対する応答である。カウンセラーにとっては，単に表明される素材を認識するだけの応答，例えば「このような症状が本当に変わってきたことに気づいているんですね？」の方がよかったであろう。

S₄ 言語障害の問題を口にしたとたん，ブライアン氏は吃音を生じ始め，これはS₅まで続いている。

いうか——何か——何かそのことを考えないようにして，どちらかという
と無理にそれを無視しようとしました，ある場面に入るにはたいへん緊張
しましたけどね。
C_5　うんうん。
S_5　だけど——うん，数年後にはその気持ち自体が——その気持ちが——
動いただけではなくて圧縮されたというか，つまり，それが強烈になって
いって，下の方に動いていくことで圧縮された感じがするんです。なんか
そんな感触を受けます。
C_6　うんうん。
S_6　ただ胸のあたりに冷たい鈍い気持ちがあるんですが，下の方に降りて
いくとき，だんだん強くなっていくんです。それがときどき，がまんでき
ないくらいになるんです。私は抑え込まれて，ちょうど生活のすべての面
で抑止されているように思うんです。
C_7　本当に痛みを感じる，という意味ですね？
S_7　はい，そうです。
C_8　うんうん。
S_8　そしてときどき，短い期間ですが，それは不思議と消えるんです。つ
まり，なぜ消えるのか，まったくわからないんです。私は解放され，この
短い期間，私はとても行動的で幸福なんです——それがどれくらい続くか
というと——ええ，月に1日か2日はそれから解放されますが，わからな
いんですね，いつまたやってくるのか，いつ悪い時期に——。

C_7　このカウンセラーの応答は進展をもたらすのに明らかに役立っている。カウンセ
ラーにとって，これらは器質的なものではなく，心理的なものであることはすでに
明らかであったろう。通常の反応では，なんらかの方法でそれが本当であるかどう
かを問うことになるであろう。このような含みをもつどんな応答でも，クライエン
トを防衛的にさせ，痛みが本物であることを証明することにこだわらせてしまうで
あろう。本当の痛みを述べているとカウンセラーが認識すれば，ブライアン氏は純
粋に理解されている感じをもつようになり，苦しんでいないときのことを話し出す
（S_8）のを可能にしている。

C₉ そのことがあなたの生活を多くの面で抑止する、ということですね？
S₉ 実際にあらゆる場面で、どんな場面でも。人と会いたくもないし――写真の仕事のために営業する気にもなりませんし、どんなことをするのも、ひどく嫌になるんです、ダンスもです。普段はダンスはとても好きなんです。しかし私の抑制 (inhibition)、と呼んでおきましょうか、それが強力にのしかかってくるときにはダンスをするのも苦業なんです。私の音楽的才能にも差が出るのを感じます。いいときには他の人が歌ってるのに合せてハーモニーで歌えるんです。
C₁₀ うんうん。
S₁₀ そういうときはよくハーモニーを聞き取れるんです。だけど抑止されていると、それを失い、ダンスの才能もなくなります。ぎこちなく、こちこちになった感じがするんです。
C₁₁ うんうん。それで、仕事でもレクリエーションでも、あなたは抑止されている感じがするんですね。
S₁₁ 何もしたくなくなるんです。ただゴロゴロするだけです。どんなことでも、まったくやる気が起こらないんです。
C₁₂ 何もすることができないと感じる、そういうことですか。

C₉ ここではカウンセラーが、クライエントのS₆発言の後半部分を受け入れたことは明らかで、それに対して応答している。私たちの録音記録を聞くと、このことは頻繁に起こることで、応答はすぐ前の発言に対してではなく、もっと前の発言に対してのものである。これは必ずしも批判すべきことではない。このように言語にして認識された感情は、本当のものであり、その認識によってブライアン氏は、もっと十分にそれを拡大し、それを完全に明らかにするようになる。感情が承認されれば、通常こうした結果が起こる。

S₉ ここで私たちは初めて、ブライアン氏の症状がどのような目的に役立てられているのか、ということについて診断的推察をすることができる。症状は、仕事における活動や社会的接触から彼を遠ざけることに役立っているのであろう。

C₁₁,₁₂ 表現された感情をただ認識し、話し合いを容易にし、クライエントが自分の態度の探索をつづけるようにする、まったく非指示的な応答のいい例である。

S₁₂ ええ，実際にはちょうどこんなふうに圧迫を感じるんです〔腹部を指して〕，できるだけ正確に言うと，ええ——それは私の原動力を真上から押さえ付けてくるんです。

C₁₃ うん，うん。それであなたは——それがあなたを苦しめているとしても，それは身体的なものではない，ということをかなり確かに感じているんですね？

S₁₃ ええ，身体的なものではないことはわかっています。まあ，いくつかの理由で——ひとつには精密な身体検査を受けました。もうひとつはそれがなくなるんです。まったく突然に，なくなるんです。30秒もたたないうちに，完全に変わってしまうんです。

C₁₄ そうですか？〔沈黙〕そういうときのこと，話していただけますか。

S₁₄ まあ，重苦しい感じがなくなるんです。なくなるときは，決まった同じ理由で説明できないんです。つまり何か別のことを考えてみたり，効果があると思って自己‐精神分析の技法を使ってみたりするんです。そしてときどき，ある特定の考えが解放に役立つんです。だけどまったく同じ考えも——同じ自己分析技法も，まったく役に立たないときもあるんです。

C₁₅ うんうん。あなたとしては，それがあらわれたり去ったりするのは，自分では統制できないと感じているんですね。

C₁₃ この質問とその答えは全体の接触のなかで，唯一厳密に診断的な部分である。ここにいるクライエントは，明らかにカウンセリングによる援助に適していると思われる。彼は大人であり，仕事をつづけるために環境を十分にコントロールしている。話し合いに見られるように，彼は心理的ストレスを受けている。彼が使う言葉から見て，彼の知能は平均以上である。このひとつの疑問点はここで解決される。意識的にその目的のためにしたのかどうかはわからないが，カウンセラーはうまく診断的知識が必要な，ひとつの点に手をつけたのである。

C₁₄ たったひとつの診断的な質問（C₁₃）は，クライエントを質問に答える，といった枠組みに追い込んでしまい，そのために沈黙が生じた。今度は，より指示的でない質問によってそれを破らなければならない。

S₁₅　はい。私の印象としてはこれは全体として——まったく意識的な思考とは無関係なのか，あるいは意識的には統制できないんです。ですから，さきほど言ったのぞきの状況以外では——気分がわるいようなときには，外を見て，女性が服を脱いでいるのを見ると，そうすると嬉しくなるんです。

C₁₆　そんなときにはあなたはこの圧迫感や苦痛はまったくないんですね。

S₁₆　ないです。それが不思議なことに，ある基準のように——。

C₁₇　それが何かの手がかりのように思えるんですね。

S₁₇　ああ，はい，そう思います。ときどき楽しいセックスをすることができるんです。——楽しくないときもあります——ほとんど機械的な過程のようで——あまり感じないんです。

C₁₈　それで，そんな状態のとき，この気持ちや困難から解放されるかどうかはまったくわからないんですね。

S₁₈　まあ，わるい日ですと，いいことはないって，あらかじめわかってますよ。でも困難が私から去って，それもかなり突然に去って，なんとかやっていけることもあったんです。

C₁₉　だけど，つまり，そうなるかどうかはわからないんですね。だけど私が理解しているところでは，あなたがのぞきの状況と表現しているようなところでは，あなたはかなり確実に——。

S₁₉　そういうときはいつも幸福感があります，はい。

C₂₀　そうですね，あなた自身それが手がかりだと考えた。あなたはそれが何とつながっていくのか，あるいは何がその根源なのか，思い当たることがありますか——。

C₁₅　これはクライエントが表現している情動化された態度（emotionalized attitude）についてカウンセラーが深く考えていることを示すタイプの応答である。カウンセラーは確実に，その感情に対して応答しており，決して発言内容に応答しているのではない。

C₁₈,₁₉　ブライアン氏の「のぞきの状況」においてのみ満足を感じるという発言に対する，カウンセラー側の明らかに不器用な応答の試みである。

S₂₀　そうですね，その根源をたどれると思います。とても若いとき，小学校1年生のころ，2人の女の子の下宿人がいて，その子たちは私にからだをみせてくるんです。つまり，その子たちは本当にわざとやってたのだと思いますが，私はすっかり性的刺激を受けたんです。

C₂₁　それはいつごろだったとおっしゃいました？　何年生？　何年生のころか，おっしゃってましたね。

S₂₁　1年生です。

C₂₂　なるほど。

S₂₂　私は5歳ぐらいでした。それは私の最も早期の性的快楽で，それは空想のようなものと関連していました。それで私はもう少し分析できたと思います――実際の気持ちは代償的な露出症（vicarious exhibitionism）です。つまり偶然にではなく，その女の子が私に向かって露出しているとわかったときには，もっと強烈なんです。

C₁～S₁₉まで　本当の問題がなんであるのかをある程度正確に発見するためには，カウンセラーがクライエントの感情のパターンについていくことが必要であるという点に留意されたい。ここまでは，腹部の身体症状，少々強迫的に聞こえるのぞきの満足感，性的不適応，社会状況に適応するさいの困難――最善の意図をもって，カウンセラーはこれらのいずれの問題についてもよく捉えてみようと試みたかもしれない。しかし，これらのそれぞれの領域を質問によって聞き出していくことによって，そのなかのどれが最も大事なのかがわかるであろうが，それらの根底にある，もっと深い問題は発見されないであろう。それは成功の保証がない，非常に時間がかかる過程となるであろう。明らかに，もっと速やかで，もっと現実的な方法は，クライエントが徐々にカウンセラーを問題の核心に連れていってくれるだろうと完全に信じながら，表現を励ますことである。

C₂₀　明らかにカウンセラーは，話し合いを継続させるために，再びいくぶん指示的な質問をする必要性を感じている。この質問はクライエントがS₁₆で示したリードに従うものであるが，もっと簡単な感情の認識「それはあなたが，満足を得ることが確かな，唯一の状況なんですね」の方が，おそらくもっとよかったであろう。

C₂₃　うん。あなたはこのことのさまざまな面をかなり分析されたのですね。それについて，あなたの考えをもっと話してくれませんか。あなたはこれが，ひょっとしたらその根源だと思うとおっしゃっていましたが——。

S₂₃　ええ，もちろんこれで肯定的な気持ちを説明できるでしょう。では否定的な気持ちを説明すればですね，私はとてもヴィクトリア風で清教徒風に育てられました。母は私が友だちと話しただけで，私を打ったこともありました。恐ろしいことだと思ったんでしょう。私たちは，いろんな動物などのことに気がついたことがありましたけど，母はぞっとしたんです。母はそれでドラマチックな結末にまで私を追い込んでいったことを覚えてます。「イナゴのことを話したの？」それから「動物って言った？」そして「人間って言った？」それをクライマックスにまで発展させて私を打ったんです，事実を話しただけなのに。おそらく私は，そういうことを話しただけでもひどいのなら，やってみるともっとひどいことだろうと思ったんでしょう。それから父ははっきりとした禁欲的な考え——中世の考え方でしょう——「肉体の苦行」——そんなのをもっていました。父が若いときには断食をしたりして自分の魂を磨こうとしたんです。今ではそういうのは卒業したようですけど，若いときはそういう面ではかなり激しかったんです。それは父の母親の影響だと思います。彼女は，それはそれはカルヴァン派の絶対主義者でした——トランプで遊ぶことやダンスなどには絶対反対でした。父は母親にはすっかり固着していたんです。きっと彼女は父の人生を支配してたんでしょう。

C₂₄　それであなたは，ご家族があなたの困難のなんなりかの基盤だと感じておられるのですね？

C₂₃　とても広い，非指示的なリードであるが，これは通常，生産的なものである。

S₂₀,₂₂,₂₃　ブライアン氏が自分の問題についての全責任を他の人に負わせていることに留意されたい。カウンセラーは底に流れるこのような感情に気づき，少なくとも部分的には C₂₄ で応答している。

S₂₄ まあ、心理学的には、そしてもちろん哲学的にも、そこまでたどれるでしょうね、きっと。でも、そう、これはまったく条件づけの問題だといえるでしょう。でも、わからないのですが、条件づけに気づくことにセラピー効果があるのでしょうか、あるいは、さらに何かが必要なのでしょうか。幼児期の出来事を全部意識的に思い出し、意識下から意識にもってこれると解放されるだろうと思っていましたが、私がまだ何かを思い出していないのか、つまり何かまだ考えついていないものがあるのか、あるいはそれに気づいてもなんの役にも立たないのでしょうか。

C₂₅ あなたがやってきたことのどれもが、問題から解放してくれなかった、そういうことですか。

S₂₅ ええ、不快な幼児期の出来事を思い出すと、よくなるよりも、かえってわるくなるんで、私は——。

C₂₆ あなたは何年もの間、この問題とともに過ごしてこられた。それで今どうして、それがわるくなってきてるんでしょうね。どうしてそのようなことばかりされるのですか。

S₂₆ あの、耐えられないところまできてしまったんです。今のように生きていくなら、死んだ方がましだと思うんです。

S₂₄ 知的には、このクライエントは「答えをすべて知っている」ようである。カウンセリングが知的内容以上のものを提供しないかぎり、失敗することは明らかである。

C₂₅ ここはカウンセラーがセラピーに関する知的な話し合いに入り込みやすいところである。彼が感情にだけ応答していることを評価したい。

C₂₆ どうしてカウンセラーはここで割り込んだのだろうか。これは感情の流れを阻止する不必要な指示的質問のように思われる。これはクライエントの短い、沈黙で終わる応答（S₂₈）を引き出しており、カウンセラーは再びかなり指示的な質問でそれを破らなければならないことになる。今度はそれが初め述べた症状の繰り返しを呼び起こし（S₂₉）、それについていくことによって、やっと感情の認識が新しくスタートすることになる。これは、カウンセラーの不器用な取り扱いが進展を遅らせることを示すささやかな一例である。

C₂₇　今のように生きるのなら，死んだほうがましなのですか。そのことをもう少し話していただけますか。

S₂₇　あの，希望はもっています。もちろん，人はいつも希望で生きているんでしょうね。

C₂₈　はい。

S₂₈　でも——いや私は意識の上では自殺しようと思ったり，そんな考えはないんです。ただ，理性的にみたら——今の私の人生は，赤字を出して生きているようなもので，赤字を出し続けたいとは思わないんです〔沈黙〕。

C₂₉　あの，もっと詳しく，どんなふうに，死んだ方がましだと本当にときどき思うほど抑止されているのか，話していただけますか。

S₂₉　あの，その感じをもっと正確に話せるかどうかわかりません。それはただ——とてもひどくて痛い重さで，ちょうど斧が腹部を押さえ，押さえつけるかのようで，私は，ほとんど——その位置さえ感じられます。そしてそれは私を根本的に抑制し，つまり，それはダイナミックなエネルギーの根底にまで達し，そのためにどんな努力をしても，抑止されていることがわかるんです。

C₃₀　どんなことに対しても，それはあなたを無能にしてしまう。

S₃₀　はい。うん。しかも，それには身体的な部分さえあるんです。歩くときに，気分が悪いときは，お腹が痛いときのように前かがみになります，もっとも心理的にはそんな痛みが実際にあるんです。

C₃₁　うん。それであなたは，多かれ少なかれ半人前の男にしてしまうんですね？　仕事も半分こなすのがやっと——。

S₃₁　はい。文字通り私のなかに斧があると言いましょうか。私のエネルギーの中核に感じるんです——あんな痛みを伴って抑止され，抑制されています。根深いものなんです，逆に言えば解放されたときには深いエネルギーの流れが感じられますから。

C₃₂　気分がいいときはとても調子がいい感じがするんですね。

C₃₀,₃₁,₃₂,₃₃　これらの応答はクライエントの情動化された態度のパターンについてであり，生産的なものである。

S32 そうです，はい，はい。とてもダイナミックです——私の頭はとても早く回転し万事うまくいくんです。何をやってもうまくいくんです。

C33 あなたが欲しいのは，もっと多くの時間そういうダイナミックな自己でいたい，そのための方法なんですね？

S33 ああ，そうです。ずっとそんなふうでありたい。そうなれないわけがないんです。これはすべて心理的なもので，それをなんとかしたいんです。

C34 あの，それをするには，どんなふうにそれがあなたを抑止しているのか，つまりたとえば仕事だとか，他のことではどうなのかとか，もっとそんな話をすることがひとつの方法だと思います。

S34 抑止はあまりにも全般にわたっていて，どんなことにもあるんです。どんなふうになのか，という話を進めた方がいいのですか。

C35 いや，そうじゃなくて。でも，あなたが何かしたいと思っても，いつでも本当にできなくしてしまうと感じるんですね。

S35 調子がわるい日は何にもできないんです，決して，だるいわけではないんです，第三者から見るとそう見えるでしょうけど。本当に縛られていくようで，つまり，私のなかに葛藤がある感じなんです。私は強烈な内面の感情をもっていまして，衝動と抑制があまりにも的確に抑止され，無力的になることによって均衡が保たれているのです。

C36 エネルギーはたくさんあるけど，バランスがとれないで失われていく。

S36 そうです。それには気づいています。

C34 これはカウンセラーがカウンセリング関係を言葉で規定しようとした最初の試みで，その方向に向けてのとてもささやかな動きである。しかし，カウンセラーのどんな応答でも，なんらかのかたちで関係を構造化（structure）する傾向があり，この時点でもクライエントは普通とはちがう関係の自由さとか，強い指示的な側面のなさなどをいくぶん認識したであろう。この短い説明のあとは，通常のように，クライエントが再び話し合いをリードし，自由に，そして制約なく話すようにするためには，少々の困難がある（S34とC35）。しかしこれ以降クライエントは，初めて自分の困難は葛藤であると描写し始める。

C₃₇　そんな気持ちがかなりの葛藤を生み出している，というのですね。それについてもっと話していただけますか。

S₃₇　あの，私はその調子のことを言ったんです，エネルギーの調子，そして抑制がエネルギーを抑えつける調子です，どんなところでエネルギッシュになろうとしても。つまり——そういう気持ちがあるときには，誰かがパーティをしたいと言ったとしても，仕事があったとしても，読みたいものがあったとしても，知的な問題について考えようとしても，なぜかそれらができないんです。でもいい日には，とても多くのことをやりとげることができるんです。だからわるい日はとってもがっかりするんですね。だって解放されているときはどんなにやれるかわかっているんですから。

C₃₈　あなたの調子が一番よいときは，あなたの能力や業績は一流だと感じるのですね。

S₃₈　私はものを書いたことがあるんですが，それがM大学の教授に気に入られたことがあります。しかし今ではそれも抑止されてしまいました——ところで，ものを書く，ということは最後まで抑止されずにすんだんですがね。大学3年までは書けたんですが，それからそれも抑止されてしまいました。

C₃₉　うんうん。それさえできなくなった時期があったんですね？

S₃₉　はい。それからは書けなくなりました，ときどき散発的に書く以外にはね。だけど書くのは好きなんです，そして，おそらく私の最大の野望は——小説を書くことです。M大学で小説の書き方の授業にでたんですが，とっても好きでした。Aをとりましたよ。

C₄₀　では，どんなことであなたは書けなくなったのでしょうか，つまり——ある時点までは書けたんでしょう。

C₄₀　この直接的な質問はクライエントの感情に沿ったものであり，面接の早いやり取りのなかでは完璧なものは望めない。しかしながら，カウンセラーとしては「あなたは書くのは好きなんだけど，この抑止のために書くことができなくなるんですね」という方がよりよい応答であったに違いない。両向的な衝動を捉えて，それを話させるのは困難なことが多いように思われる。

S₄₀ 私を止めたのはある感情なのです。つまり，私の印象としてはこの病は気持ちなんです——論理的なパターンなんてないんです。盲目的な感情なのです。

C₄₁ そしてだんだんとこの気持ちが大きくなり，書けなくなったということですね？

S₄₁ 書けなくなるところまでその感情が大きくなったのか，あるいはその量的な増加とは関係なく，書くことがその支配下に入ってしまったのか，それはわかりません。

C₄₂ なるほど。では，書くことにそれが焦点化されたのかもしれませんね。

S₄₂ 書くこともそのなかに折り込まれて，それをも抑止してしまったのです。

C₄₃ つまりだんだんその輪が大きくなって，あなたがしたいことがすべて抑止された活動の輪のなかに入ってしまったんですね。

S₄₃ のぞき以外はね。

C₄₄ つまり，のぞきから得られる満足感が，今ではたった一つ，確かに満足を得られるものになったのですね？

S₄₄ まあ，そうですね，それと食べ物でしょう。

C₄₅ 食欲はいいんですね。うんうん。

S₄₅ うんうん。でもとてもひどい状態になると，相当食欲も落ちますけどね。それはあまりよくあることじゃありません。

C₄₆ あの，一緒に話し合っていきながら，このことをかなり十分に探究し

C₄₃, S₄₃, C₄₄ 態度の適切な認識によって，C₁₈, C₁₉ ではうまく認識されなかった点に感情の流れが向けもどされている。音声録音ではこのようなことが頻繁に起こっていることが示されている。クライエントが自分にとって意味のある態度を表現し，それがカウンセラーによって誤解されたり，十分に認識されないと，同じ態度が後で再び表現されることが多い。逆に適切に認識されれば，さらに深く，進んだ表現が導かれる傾向がある。

C₄₆ ここではカウンセラーは，クライエントがカウンセリングにおいてどんな援助を期待できるかを，もっと完全で満足のいく規定を試みている。

てみたいと思うんです——えー，あなたにとってこれがどんな意味をもっているのか，どうしていろいろな状況であなたを抑止するのか，そしてだんだんとどうやって取り扱っていくかという方法が見つかればいい，と思うんです。私はこんなことを考えて——。

S$_{46}$ 自分を分析してみると，それにしがみついていたいというなんらかの衝動が確かにあるんです——それは——。

C$_{47}$ なんらかの何があるんですって？

S$_{47}$ 抑制を保持していたいという衝動です——矛盾していますけど。明らかに私はそれによってなんらかの内的満足を得ているのです。

C$_{48}$ あなたは自分ではそれが好きではない，だけどそれにしがみついていたいという傾向があると感じているのですね。

S$_{48}$ もちろんそれはいつも証明されるんです——心理的な変化についてこんなふうに思っているのですが——人が本心で変化したいと思うなら，変化は自動的に起こるでしょう。もちろん，これはちょっと同義語反復かもしれませんが。わかりませんね。こういう類のことに対する私の印象は，いや直観といった方が正確でしょうが，本当に人が変化したかったら，変

S$_{46}$, S$_{47}$ ブライアン氏がこのとても意義深い気持ちをあらわすことができているのは，カウンセラーの発言が面接を終わろうとしているかのように聞こえるせいであろうか。それとも単純に表面的な症状を表現してしまったので，自分の症状はある程度，自分が望んでいるものだということを認識する用意があるのだろうか。とにかく，このひとつの面接で彼の問題の表現は三つのレベルを通ってきた。最初はそれは痛み，苦痛，不適応というように描写された。それから（S$_{35}$）それは自分のなかの葛藤している力であるように描写された。今ではそれは彼が変わろうとする望みとは裏腹に，自分がしがみついている症状であると認識されている。これは実際には洞察の始まりであり，よりはっきりした自己理解の度合いである。

C$_{48}$ 幸いにもカウンセラーは表現されている両向的な感情を認識し，それについてはっきりと述べている。これによってクライエントは，この第１回面接のなかでは最も意義ある内容について，さらに自分の感情を述べる。それらは表面的なレベル以上の探究が確実にすすんだことを示している。。

化は起こるのです。だからそこには何か理由があるはずなんです，何か理由が——で私は感情的な何かがあって神経症にしがみついていると感じられるんです——手放したくないという。

C₄₉　もしも本心で抜け出そう，と思ったら，抜け出せる，そう感じるんですね。

S₄₉　そうです，そのときは抜け出せると思いますよ。でも，もちろん，そこでは抜け出すことを，本心で抜け出すことと定義しているので，どうも同義語反復になりますね。

C₅₀　はい。うんうん。でもあなたはときにはそれにしがみつきたいという，一定の傾向を感じているとおっしゃいましたね。それについてもっと話していただけますか，あるいはそれを感じるときのことを？

S₅₀　それと戦ってるんです，だけど十分な力で戦っていないことがわかるんです。私のパーソナリティの他の側面が現状維持をしたがっているんです。まあ，要するにこれはすべて私のなかで起こっていることで，私の家庭内戦争とでも言いましょうか。

C₅₁　あなたの問題のひとつはあなた自身のお家のなかで，誰が，何が敵なのかを見つけることなんですね。

S₅₁　そうです。なんだか隠された基盤があって，それが抑制の原動力となっているような気がするんです——それは盲目的な衝動で，論理に対しては免疫があるようですが，必ずしも変化に対して免疫があるわけではないと思います。つまり，論理以外の方法があるような気がしますが，もちろん——。

C₅₂　つまりあなたは論理でそこから抜け出すことはできなかったし——誰もそんなことはできない，そういう意味ですか。

S₅₂　そうです。違う言い方をすれば，私は認知的にはこの困難を十分把握しているという印象さえ受けるんです，そして私がたとえ——もしもそこからなんの新しい考えも出てこなかったとしても，それは変化することと

C₅₁　ここでカウンセラーはこの機会に再びカウンセリングの意義を規定し，しかもそれをクライエントの表現を用いて行っている。それは常に健全な方法である。

はまったく関係がないと思うんです。つまり，もちろん私は独自の説得論をもっているんです。もちろんそれは哲学の分野での話ですけど。論理や論述では誰も説得されないと信じているんです。変化を引き起こすのは底に流れている情動，そして論理は，それは正当化だけですよ。コートをかけるハンガーのようなものですよ。

C_{53} つまり，あなたは誰もこの状況からあなたを説得によって抜け出させることはできないと感じてるんですね。

S_{53} そうです。私はこれについての論理はすでに知っていると感じています，でもそれで治るわけではありません。最終的には——精神分析はきっと威信の問題だと思うんです——威信による説得です。私があなたを信頼しているのは，あなたがこのことについて私以上に知っているからなんですが——論理は別として——つまり，論理ではあなたとは対等でしょうが，情動の変化の技術についてはあなたの方が優れていると思うんです。

C_{54} つまり，だんだん私に対して信頼とかそういうものを感じるようになったら，私があなたのなかに変化をもたらすことができるかもしれない，でもそういうことは自分だけではうまくできないと思うんですね。

S_{54} そうですね，こんなふうに言ってみましょう。今では私のパーソナリ

S_{52} この知的で学識のあるクライエントは，多くのクライエントが感じていること——つまり話し合いによっても，議論によっても，説得によっても問題から抜け出すことができないということを言語化している。

C_{53} ここもまた，カウンセラーは賛成か反対かを表明したくなるところだが，しかしカウンセラーは賢くそれをせず，単にクライエントが表明している態度を明確化する。

S_{53} ここでクライエントは精神分析の過程について言及している。S_{48} では神経症について言及した。専門用語を使っているのはカウンセラーではなく，クライエントなのである。古典的な精神分析とこのカウンセリングの過程の違いについてカウンセラーが説明したり，彼の考えを訂正しようとすべきかどうかは，疑わしいところである。それはほとんど確実に知的な回り道となり，本当の進展を遅らせるであろう。

ティのなかで変化を望む部分は少数派になっています。その力のバランスを変えないといけない。さて，どうやって変えるのか——どうやって多数派になるのか——私にはわからないんです。自分自身いろいろ試してみましたし，Ｍ大学のある人とも話してみました。そしてこんなふうに思うんです——哲学的なことにたどり着きますが，どう言ったらいいのかなぁ——どうにもならないようなもの，つまり，否定的なものが強すぎるような状況におかれたとき，どうやってその状況を変えるような動機づけをするのでしょうか。

C_{55} このことをかなり十分に分析できたと感じるんですね。自分のなかの力のバランスだと気づいておられる——。

S_{55} でも自分の力でやりとげることができないんです。

C_{56} そうですね。あなたは知的にはこの状況を非常によく分析されていると思いますし，そして自分の力ではどうにもならないと感じるのはもっともでしょう。でも，このことを一緒にさらに探っていけば，少なくとも，今と同じような多数派工作をするのか，あるいは他の考え方でいくのか——。

S_{56} まあ，別のたとえをするなら，私はすごくエネルギーをもっているという感じがあるんですね，エネルギーの大きな貯えを——それで，今したいことは，否定的なものを肯定的な方向に転向させたいんです。それは一

C_{54} これは興味深い点である。カウンセラーはこの機会にこの種のセラピーにおける自分の役割を規定することもできたであろう。しかし，彼はクライエントの依存的な気持ちを認めただけである。この方がよかったのだろう。もしもそれを認識していなかったならば，後でまた取り上げなければならなくなったであろう。

S_{54}, C_{55}, S_{55}, C_{56} このやり取りでは，クライエントは，明らかに自分が必要とする動機を与えてほしいとカウンセラーに要求している。カウンセラーは賛同もせず，拒否もしていない。カウンセラーははっきりした選択ができる状況というようにその関係を再び規定している。C_{56} の終わりの「今と同じような多数派工作をするのか」では，まだ表現されていないクライエントのなかの統一性を暗示している。これは解釈の微妙な始まりであり，やりすぎてしまうことになりやすい。

挙両得だと思うんです，そしていったんボールが転がり出すと，どんどん転がっていくと思うんです。でも，もちろん否定的なものが権力を握っているのなら，どうやったらボールが転がり出すんでしょうか。

C₅₇　あの——今日ではなくても，いつか，その否定的な傾向とは何かと，考えてみませんか。

S₅₇　まあ，私が今のところ分析した範囲では，それはこういうすべての活動にかぶさっている，毛布といった感じです。その気持ちをうまく言いあらわすことができるか，という意味ですか，観念的な側面があるという意味ですか。

C₅₈　もっと話を具体的にした方が進みやすいと思いますよ。例えば，あなたはダンスがお好きだとおっしゃいましたね。そこでも，またいつかこれがあらわれてきて，ダンスを楽しむことを抑止する。そうですね，それについてもっと話していただけますか——つまりダンスをしているときのあなたの気持ちとか，どんなふうに——。

C₅₇　これはこのセッションでの二つ目のミスである。カウンセラーは健全な感情の認識から遠ざかる。「あなたは誰か他の人がボールを転がしてくれなければ，と感じているんですね」というような応答ではなく，クライエントの状況に深く入り込むような直接的な質問をしている。もしもブライアン氏が「否定的な」側面がどうして権力を握っているのかわかっているならば，援助を求める必要はないのである。これによってカウンセラーが得たのは混乱した，多少防衛的な答え（S₅₇）だけであり，次にカウンセラーはダンスという特定の状況にクライエントを縛りつけておこうとする直接的な質問をするのである（C₅₈）。クライエントは部分的な応答をし，それから彼の問題とは関係がなく，具体性からできるだけ離れた哲学的な発言にはっきりと退却してしまうのである（S₅₉）。カウンセラーはクライエントが哲学的であることから得られる快感を認識することによって（C₆₀），かろうじて彼をそこから引き出した。しかし，C₅₇ から C₆₇ というこの面接の部分は，二つの指示的質問のために，かなり無益なものになった。これは建設的なセラピーが，そのときはエラーと気づいていないエラーによって，いかに簡単にその道からそれてしまうかをよく示すものである。

S₅₈ うんうん。そうですね，私は音楽が大好きで，とくに創造的な音楽，つまり即興の音楽——ミュージシャンが楽譜を読んでいるようなものではなくて——目を閉じて感じるままに演奏するような音楽です。そういった創造性が好きなんです，それから強力なリズムも。そして，ダンスをしているとき，そういう表現の方法が私に満足感を与えてくれるんです，抑止されていないときは。私は——。

C₅₉ うんうん。あなたはリズムのある表現が好きなんですね，音楽的な部分が好きなんですね。

S₅₉ 世界中をダンス好きにしようとは思っていませんよ——必ずしもそれは優れた活動ではないですから——つまり，私は，ええ，それが優れているとは全然思っていないんです。人の価値観はプライベートで，絶対的ですからね。つまり，何かが好きか嫌いかのどちらかですから——宇宙的な物差しで私たちの価値観を測ることなんて，できませんよね。好き嫌いを道徳の問題としてもしょうがないですからね。楽しみのある形が他の形よりも優れているわけでも，劣っているわけでもないんです。つまり，私は価値観を哲学的に評価しないようにしているんです。もちろん，心理的にはみんなやっているんですけどね。ラテン人が昔いった"De gustibus nondisputandum"（味わうことは議論できない）ってそういう意味だと思うんです。感情に関しては——理屈は言えないし——評価すべきでもないんです。方法を評価することはできるでしょうが，どうやって——。

C₆₀ あなたは，自分の考えなどなんでも，哲学的な意味を考えるのが好きなんですね。

S₆₀ そうです。私は哲学することがすごく楽しいんです。友だちが何人かいますが——何時間でも座って哲学論争をするんです。

C₆₁ 本当にそれが好きなんですね。

S₆₁ ええ，とくに〔彼はある学派の名前を挙げる〕です。それにはとても興味をもっています。

C₆₂ うんうん。それで哲学的なことを議論しているときは，抑止の問題はどうなっているんですか——解放されているのでしょうか。

S₆₂ いいえ。それがいささか悲しいんです。哲学に熱中すると，よく言葉

を話すのにかなり抑止が起こるんです――私がためらうのにお気づきでしょう。私がためらうのは言葉を探しているわけではないんです、それはなんというか――そういうふうに見えるようにしたいんです、保護色というのでしょうか。

C$_{63}$　そういうふうにして少し自分を防護する？

S$_{63}$　そうです。人には私が正確な言葉を探しているように見せかけたいんです――注意深い思想家のようにね、でも実際には最初から言いたいことはわかってるんです、それで流暢に話せるときは、言葉を探さなくても、とても正確な言葉がはぎれよく出てくるんです。

C$_{64}$　それで、そんな場合に、抑止のために、最上の流暢なあなたになれない。そんな場合には、それは言葉の抑止であって、主として――。

S$_{64}$　そうですね。それはちょうど――他の抑止はないようですね。話すこと以外の活動がないのですから、私が気がつくのはもちろん――つまりもちろん、思考もですね――私の思考もある程度抑止されるのです――つまり両者は手に手を取り合っているのです。流暢に話せるときには、流暢に考えられるので。

C$_{65}$　うんうん。

S$_{65}$　でも、明快に考えられるときでも、話すことはときどき抑止されます。この抑止は最後まで変わらないのです。哲学的な議論では、私は他の人ほど流暢に話せないことで怒りを感じます、だって私は知的には、その人たちに負けないんですよ。私だって言いたいことを主張できるのに、ただ実際の言葉の表現ができないんです。

C$_{66}$　もしもあなたが他の人のように表現できたら、他の人と同じように、あるいは他の人よりも、もっとうまく議論ができると思うんですね〔沈黙〕。では、このこと全体について、他にどんなことが心に浮かんできますか。

S$_{66}$　そうですね――音楽、仕事、セックスについて話しましたね。繰り返しになりますけど、全面的に作動しているように感じます。

C$_{67}$　そして、そのことで、とてもがっかりしている感じがあるように見えますが。

S₆₇ こんな感じです——それは私を自分の能力よりもかなり低いところに追いやるので，それが本質的な問題だと思うんです。もしも——まあ，もちろん私が想像力がなく，知的でないとすれば，たぶん——まあ，わかりません。表現しにくいんですが，人は皆，自分の能力を，実際よりもずっと高いところに考えているのかもしれませんね。でも比較は別として，私は——私は他の人と自分を比べることはあまりしたくないんです。私は自分のパーソナリティをできるだけ満たしたいだけなんです。

C₆₈ あなたはかなり自信をもっていますね，つまり——。

S₆₈ 少しも疑っていません。私にはこれまでに達成されたよりも，ずっと大きな可能性があります。芸術的な面でも，知的な面でも——。

C₆₉ これまでのあなたの人生の状況全体はただ，もしも抑止さえされていなければ，本当にずばぬけているのに，ということですね。それからまた，あなたが言うように，あなたはなんらかのかたちで，そこに抑止をある程度もちつづけている，と感じるんですね。

S₆₉ 何かの衝動があります——否定的なものが権力を握っているのには，わけがあるんです。否定的なものと戦っても，戦っている戦士が少数派であることはわかっているし，否定的なものの方が強いのです。

C₇₀ 戦う前から負けることがわかってる？

S₇₀ だけど私はこの抑制を解放してくれる何かに出くわすだろうと信じているんです。いや，私は希望をもちやすい人間です——ときどき思うんです——私は比較していえば，とても不幸だと思うんです，でもどうしてこんなに快活なのか——というか私は希望にみちた，快活な気質をもっていて，友だちは皆，私のことを幸福な人だと思っています，でも私は何年

C₆₉ カウンセラーは表明された二つの重要な態度を要約している。この発言は典型的な神経症パターンの描写ともいえよう。「私の人生はすばらしかっただろう」「神経症がそれを生きるのを妨げ，それを生きない口実を与えさえしなかったら」と神経症者は言うのである。

S₇₀ クライエントは本当の進展をとげ，一時的に当初の症状の発言にもどっている。この態度の受容（C₇₂）はさらに多くの肯定的な見解を引き出している。

も，何年も耐えてきたんです——ときどき恐ろしくなるほど，単調なみじめさが続くんです——来る日も，来る日も同じ気持ちがつづいて，夜もそうなんです。よく悪夢を見ます，そういうときは睡眠はまったく休養にならないんです。

C_{71}　うん。うん。

S_{71}　だから私には睡眠界の悪霊がついてるんじゃないか，みたいに感じるんです。年がら年中。ときどき恐ろしくなります。

C_{72}　うんうん。ずっといじめられている。でも，ずっといじめられていても，あなたは——あなたは出口を見つけられる，あるいは戦い抜いていける，そう感じているんですね。

S_{72}　空想のなかではいつも治っているところや目的を達成しているところを想像します。悲観的な空想はしないんです。私が作っている代理自我は治っている自分なんです，それによって可能性が実現するんです。

C_{73}　はい。どういうことを達成していると空想しますか。

S_{73}　そうですね。書きたいですね——それに音楽的であって，ダンスをしたいし，美しい女性を味わえる人になりたいし，そしてまあまあ裕福な生活水準をもちたいですね——まあ，年収2万5千から5万ドルぐらいかなぁ。

C_{74}　そうですね，あなたは一般的に高い——。

S_{74}　できると思うんです。できるということがよくわかっているんです，だってこのことから解放されたときには，どんなに自由になれるのか，ちらっとわかるんです。そしてそれは短い瞬間ですが，その短い瞬間の間に達成していることを換算して，数式にあてはめてみれば，常に完全に解放されていると，どんなことができるかわかるんです。

C_{75}　だからあなたからこの抑止を引き算すると，本当に成功するだろうと。

S_{75}　ロータリ・クラブみたいに聞こえるでしょうね。ちょっと立場を明確にしますね。私は名誉だけを欲しいようなブルジョア的な野心なんてないんです。私は欲しいものさえ得られたら，世界が賞賛しようと非難しようと構わない，そんなやつなんです——私が私自身の最高裁なんですから。

C_{76}　うんうん。

S₇₆ でも——それはあまり意味がないことでしょうね——わかりませんが。
C₇₇ そうですね，意味がありますよ——あなたはあなた自身の——あなたは自分の物差しをもっていて，それによってあなたがすることを計っている——。
S₇₇ もし小説を書いたら，お金になればいいんですが，そうでなくても，自分で満足できればそれでいいんです。お金の方はそれほど大事じゃないんです。
C₇₈ そうですね，あなたの状況の全体像をよく話していただきましたね。1回のセッションではこれでいっぱいでしょう。
S₇₈ たぶん，まとめてみると，その起源は性的なものだと思うんです，でも性的抑止は，あまりにも基本的な抑止なので，すべてを抑止してしまいます。これはあなたにとってはあまりにもフロイト的に聞こえるかもしれませんが，セックスは発電機のようなものなので，他の活動のエネルギー源にもなるんです。
C₇₉ まあ，私なら，それをどう考えていくか，こんなふうに言ってみたいですね。この問題にあなたが最もうまく取り組むには，今度きたときですが，あなたにとって最も関心がある側面とか，最も今のあなたに苦痛となる側面を取り上げるといいと思います。性的な側面になるかもしれませんし，かなり違うことになるかもしれません。今最も関心がある部分を，それがなんであろうとも，それと取り組み，探索してみましょう。あの否定

C₇₈ カウンセラーは面接を終える方向に動きはじめる。彼は一時的にその関係を医師・患者的に描写しているが，これが害をもたらした形跡はない。カウンセラーはもっと楽に「あなたは問題の多くの側面を探索されましたね。で，今日はこれで十分でしょう」と言ってもよかった。

C₇₉ この話し合いの最初の部分は，カウンセリング面接の方向性に対するクライエントの責任を明示するという点で援助的である。最後の部分ではカウンセラーはまたもや以前セラピーを遅らせる結果となった直接的質問（C₅₇）に戻ってしまい，この問題に対して「宿題」を与えようとしたのは賢明ではない。これはこの面接の第3のミスであろう。

的な力が何なのかわかってくるかもしれません。つまり，その力の均衡に何が含まれているのか——どうしてあなたはこの苦痛な問題をもちつづけていたいのか，という気持ちがもっとはっきりしてきたら——一緒に先に進めると思います。

S$_{79}$　どうしてもちつづけたいのかわかっていると思います。のぞきの快楽のために，それをもっていたいんです。それをもっていないと，のぞきが楽しみになりませんからね。逆に，それがないときは性交が楽しめるんですが，それが戻ってくると，性交を思い出しても楽しくないんです。

C$_{80}$　うんうん。

S$_{80}$　つまり，思い起こす，ということについては，人は過去を起点に置くのではなく，現在に起点を置くので，神経症的なときには，たまたま解放されていたときに楽しかった体験でも，楽しく思い出すことなんてできないんです。

C$_{81}$　うんうん。わかりました，それは参考になります。あなたにとって，そういう価値がある——それによってあなたは——問題があるときに，それが悪いときでも，ある種の満足感が得られる。それは——。

S$_{81}$　うんうん。それからもう一つの角度から見ると，のぞきはいつでもやれますが，性交はそういうわけにはいきませんからね。それがひょっとすると，私が神経症にしがみつく一つの理由かもしれませんね，のぞき的な空想はいつでもできますからね。

C$_{82}$　うんうん。

S$_{82}$　確かにこの——抑制はひとつの恐怖なんです。そして私は性行為に対してヴィクトリア風の恐怖をもっていることを認めます，そしてヴィクトリア風の概念では，のぞきは性交ほどはひどくないでしょうからね。

C$_{83}$　だからあなたはそれについてはそれほどの罪悪感を感じない——。

S$_{79}$，S$_{80}$，S$_{81}$，S$_{82}$　クライエントはカウンセラーの質問にいっぺんに答えようとしている。ある意味ではこれはさらなる洞察をあらわしている。またある意味ではこれは明らかに面接を延長させようとする試みである。カウンセラーははっきりと終結を告げるべきであった（C$_{85}$）。

S₈₃　うん。それはもっと強力で——。
C₈₄　——そして処罰の恐怖も少ない——。
S₈₄　——それと罪悪感も。こんなふうに図示してみることができるかもしれませんね。ここ〔頭を指して〕とここ〔胸を指して〕では私のバランスは結構保たれています。何が欲しいのか，正確に知っていて，どうやったらそれを手に入れるかもわかっています。でも，ここでは〔下腹部を指して〕抑止があります。かつて，ここ〔胸〕での不調はここ〔頭〕を混乱させてたんですが，否定的な気持ちがここ〔腹部〕に降りていってからは，どうなるかというと——知的に，そして心（heart）では無宗教であっても，腹の底（guts）では完璧な清教徒なんです。
C₈₅　はい。それは最高の説明ですね。さて，それのさまざまな角度は今度来たときに検討しましょう。こうしましょう——あなたが来る前にカレンダーを見ていたんです。来週の火曜日の4時にお会いできますが，あなたのご都合はどうですか。来週は2回お会いしたいと思っていたんです——もっとあとではそんなに頻繁にお会いできないかもしれません。
S₈₅　あの，最初のうちは回数が多い方がいいと思いますが，いかがでしょうか。
C₈₆　そうできれば，そうですね，うん。
S₈₆　あの，あなたの時間に合わせるようにします。つまり，これは私にとってはすごく大事なんで，あなたが日を指定して下されば，それに合わせます。
C₈₇　そうですね，火曜日の4時と金曜日の4時にしておきましょう。
S₈₇　火曜日と金曜日の4時ですね。
C₈₈　よろしいですか。
S₈₈　歯科医の予約が火曜日の1時45分にありますが，はい——4時までには終っているでしょう。
C₈₉　いいでしょう，それではカレンダーに書き込んでおきます。
S₈₉　火曜日と金曜日，どちらも4時ですね。
C₉₀　どちらも4時です。
S₉₀　わかりました。

C_{91}　オーケー，できるだけのことをやりましょう。
S_{91}　わかりました。

8 援助関係の特質

The Characteristics of a Helping Relationship

　サイコセラピーに関心を抱いているうちに，私はあらゆる種類の援助関係 (helping relationships) にも関心をもつようになった。この「援助関係」という言葉は，その関係の当事者の少なくとも一方の人が，相手が成長するよう，発展していくよう，成熟した人間になるよう，よりよく機能するよう，また生活によりよく対処できるように促進することを目指している関係をあらわす言葉である。この場合相手は，個人であることも集団であることもある。言い換えれば，援助関係とは，当事者の片方が，もう一方の，あるいは自分と相手の双方のなかに潜在している資質を一層尊重し，よりよく表現し，よりよく機能させることを指向した関係であると規定することができるであろう。

　このように規定すると，そこには明らかに，成長を促進することを目指している非常に広範囲な通常の人間関係が含まれることになる。このなかにはもちろん，母親と子ども，父親と子どもの関係も含まれる。医師と患者の関係も含まれる。教師と生徒の関係もこの規定に当てはまるであろう。もっとも教師のなかには，生徒の成長を促進することなど目指していない人もいるかもしれないが。そして教育カウンセリング (educational counseling)，職業カウンセリング (vocational counseling)，人格カウンセリング (personal counseling) のいずれであろうと，カウンセラーとクライエントの関係のほとんどすべてが含まれることになる。ところで最後にあげた人格カウンセリングのなかには，

〔出典〕 *Personnel and Guidance Journal*, Vol. 37, 1958, 6-16.

サイコセラピストと入院患者の関係，セラピストと不適応あるいは神経症の人との関係，そしてセラピストといわゆる正常な人との関係といった，広範囲の関係が含まれている。ここでの正常な人とは，自分自身がよりよく機能するために，人格的な成長を促進するためにセラピーに入ってくる人のことであり，こういう人は最近ますます増えてきている。

　これらの大部分は，一対一の関係である。しかし同時に援助関係を意図している膨大な数にのぼる個人対グループの相互作用も考慮に入れなければならない。スタッフ集団との関係が成長を促進するようなものでありたいと願う管理者もいれば，そのような目標などもっていない管理者もいる。グループ・セラピーのリーダーとそのグループのメンバーの相互作用も，この援助関係である。同様に，地域社会のコンサルタントと地域住民集団の関係もここに含まれる。経営コンサルタントと経営者のグループの間の相互作用も近年ますます援助関係を目指すものになってきた。おそらくこのように挙げていくと，私たちと他の人びととのかかわっている人間関係の大多数が，この相互作用のカテゴリー——発達することや，より成熟したより適切な機能の促進を目指す——に入るという事実が明らかになるであろう。

問　題

　それではまさしく援助する関係，成長を促進する関係には，どのような特質があるのであろうか。またその尺度の反対の極において，成長や発達を促進しようと誠実に意図しておりながら，実際にはその関係を非援助的なものにしてしまうような特質を見分けることはできるのであろうか。このような問題について，とくに第1の問題について，私がこれまでに探求してきた道すじを紹介し，現時点においてこれらの問題について私がどのように考えているかを述べたいと思う。

研究から得られた結果

　これらの問題について，客観的な答えを与えてくれる実験的研究があるかどうかを，最初に尋ねてみるのが自然なことである。この分野に関する研究は現

在のところそれほど多くは行われていないが、これまでに行われた研究は刺激的であり、多くの示唆を与えてくれる。ここでそのすべてを報告することはできないが、これまでに行われた研究をかなり広範囲に選び出し、その結果をごく手短に述べてみたいと思う。そのためには、どうしても大幅に単純化する必要があった。ここでとりあげた研究を正当に取扱っていないことは十分承知しているが、しかしそうすることによって、読者の皆さんには研究が実際に進歩しつつあることが感じられるであろうし、これらの研究をまだ見ていない人の好奇心を刺激して、自分でも調べてみようという気になっていただけるのではないかと思う。

態度に関する研究

　大部分の研究が援助する側の人間の態度——この態度がある関係を成長促進的なものにしたり、成長抑制的なものにしたりする——に光を当てている。この研究のいくつかを見てみよう。

　親子関係に関する慎重な研究が、フェルズ研究所（Fels Institute）でボールドウィン（Baldwin, A. L.）らによって、数年前に行われたが、この研究は興味深い事実を明らかにした（文献1）。子どもに対する親の態度がいくつかの群に分類され、そのなかでも「受容的-民主的」（acceptant-democratic）な態度が最も成長を促進するものであるように思われた。温かく平等主義的な態度をとる親の子どもは、他のタイプの態度を示した親の子どもに比べて、知的発達が速く（知能指数が高くなり）、独創性に富んでおり、情緒的な安定と統制力がすぐれ、興奮性は低かったという結果が示された。このような子どもたちの社会性は初めはやや遅れて発達したが、就学年齢に達するまでには、人望と親しみを感じさせる、攻撃的なところのないリーダーになっていた。

　「積極的拒否」（actively rejectant）型の態度をとる親の子どもは、知的発達にわずかな遅れがみられ、実際にもっている能力を使いこなすことが十分にできず、独創性にいくぶん欠けるということが示された。またこのような子どもは情緒的に不安定で、反抗的・攻撃的であり、怒りっぽかった。それ以外の態度に分類された親の子どもたちは、さまざまな点で、これら二つの極の中間に位置づけられるという傾向がみられた。

子どもの発達に関する限り，このような結果は確かにそれほど驚くべきことではない。しかし私がここで示唆しておきたいのは，これらの結果がおそらく他の人間関係にも同じように適用されるであろうということであり，そしてまたカウンセラーであれ，医師であれ，管理者であれ，温かく感情を表現することができ，自分自身と他人の個別性を尊重し，非所有的配慮（nonposessive caring）を示す人であれば，おそらくこうした態度をもった親と同じ程度に，相手の自己実現（self-realization）を促進できるであろうということである。

次にまったく別の分野で行われた慎重な研究に目を向けてみよう。ホワイトホーンとベッツ（Whitehorn, J. C. & Betz, B. J.）は，精神科病棟で精神分裂病の患者を担当している若い研修医の治療成功度を研究した（文献 2，18）。彼らは著しい治療効果をあげた医師 7 名と，患者の治癒の度合いが低かった医師 7 名を選び，特別な検討を行った。いずれのグループも約 50 名の患者を受け持っていた。A グループ（成功群）が B グループとどんな点で異なっているかを調べるために，入手できるすべてのデータが検討された。その結果，重要な違いがいくつか見いだされた。まず A グループの医師は，分裂病患者を事例史や記述的な診断結果としてみるよりも，患者の示すさまざまな行動のなかにどのような個人的な意味（personal meaning）が含まれているかという観点からみる傾向があった。また症状を減少させるとか病気を治癒するとかいうことに目標をおくよりも，むしろ患者のパーソナリティに向けられた目標を目指そうとする傾向もみられた。A グループの医師は，患者との日々のやりとりのなかで，まず第 1 に積極的な人格関与，すなわち人間対人間の関係（person-to-person relationship）を活用していた。また「受動的で寛容な」（passive permissive）と分類されるような方法もあまりとられなかった。さらに，解釈（interpretation）とか，教示（instruction）あるいは助言（advice）とか，または患者を実際に世話する（practical care）といった方法をとることも少なかった。最後に，A グループの医師は B グループに比べてはるかに多く，患者が医師を信頼し，信用するような人間関係を発展させていたようである。

研究者たちは，これらの結果が精神分裂病の治療にのみ関係するものであると慎重に述べているが，私にはそうは思えない。同じような事実が，ほぼあら

ゆる援助関係の研究から指摘されると考えている。

　もうひとつの興味深い研究では，援助を受ける人がその関係をどのように知覚しているかという問題に焦点が当てられている。ハイン（Heine, R. W.）は，精神分析学派，クライエント・センタード学派，アドラー学派のセラピストのもとへサイコセラピーを受けに来た人びとを対象にした研究を行っている（文献11）。セラピーの学派にかかわらず，クライエントたちは，同じような内面の変化を報告している。しかしここで特に興味深いのは，彼らがその関係をどのように知覚していたかという問題である。どうして変化が生じたのかを説明するように問われたときのクライエントたちの答えは，セラピストの学派の違いによって，異なるものであった。しかし彼らが援助的であったと認めた主要な要素は，学派の違いにかかわらず一致していたという事実には，一層深い意味があるのである。その関係のなかでセラピストの次のような態度によって，自分のなかに変化が引き起こされたのだとクライエントたちは指摘している。すなわち，セラピストに対して彼らが抱いた信頼感，セラピストに理解されているという感じ，何かの選択や決定を行うにあたって自分は自立しているのだという感じ，などである。また彼らが最も援助的であったと認めた方法は，セラピストが，クライエントがぼんやりと，またためらいがちにとらえようとしていた感情を明確化し，それをはっきりと述べるということであった。

　さらに，その関係のなかのどのような要素が非援助的（unhelpful）であったかについても，クライエントたちの意見は，学派とは関係なく高い一致度を示していた。すなわち，関心をもっていない，2人の間に距離があり隔てられた感じがある，行きすぎた同情，などといったセラピストの態度が非援助的なものと知覚されていた。方法に関していえば，クライエントが何かを決定するときに，直接的で具体的な助言を与えたり，いまの問題よりも過去の生活史に力点をおいたりすると，援助的にはならないことも認められた。控え目になされた誘導的な暗示（guiding suggestion）は，その中間の領域にあるものと知覚された。つまり，誘導的な暗示は，はっきりと援助的であるとも援助的でないともいえないものであった。

　フィードラー（Fiedler, F. E.）は，そのよく引用される研究（文献7）のなかで，熟練したセラピストであれば，学派が異なっていても，クライエントと

似通った関係を作り上げることを発見した。これらの熟練したセラピストの作る関係が，あまり熟練していないセラピストの作る関係とどのような点で異なっているかについてはあまり知られていない。クライエントの意味づけと感情を理解する能力，クライエントの態度に対する感受性，感情的に巻き込まれすぎないようにしながらもクライエントに温かい関心をもつこと，などの点で両者は異なっていたのである。

　クィン（Quinn, R. D.）の研究は，クライエントの意味づけと感情を理解するとはどういうことなのかという問題に光を当てている（文献 14）。この研究によって，クライエントの意味づけを「理解する」（understanding）ということは，本質的には理解「しようとする」（*desiring* to understand）態度に他ならないということが示された。これは驚くべき発見である。彼は面接記録から抜粋したセラピストの発言だけを評定者に提示した。評定者は，セラピストがクライエントのどんなことに応答しているのか，クライエントがセラピストのその発言にどのように応答したのか，については何も知らされていなかった。にもかかわらず，全体的な応答の流れを聴いた場合と同じくらいに，これらのデータだけで，セラピストがどの程度理解していたかを評定できることがわかった。このことから，関係のなかで伝わっているのは，理解しようとする態度であると結論してもよいであろうと思われる。

　関係の情動的性質に関しては，シーマン（Seeman, J.）の研究（文献 16）がある。それによると，クライエントとセラピストが互いに好意をもつようになること，そして互いに尊重し合うようになることが，サイコセラピーの成功と密接な関係があることが示されている。

　ディッツ（Dittes, J. E.）（文献 4）の研究は，この関係がいかにデリケートなものであるかが示されていて興味深い。生理学的指標として彼は皮膚電気反射（psychogalvanic reflex : GSR）を用い，不安，脅威，警戒などといったクライエントの反応を測定した。そしてこの測定値上の偏差と，セラピストの受容や許容の評定値との相関関係が検討された。その結果，GSR の振幅は，セラピストの態度がほんのわずかでも受容的でない方向に変化したとき，急激にかつ有意に増大したことがわかった。つまり，この関係は受容的でないと経験されたとき，有機体は生理学的レベルにおいても脅威に対して身構えること

が明らかにされたのである。

　これらのさまざまな研究結果を十分に統合することを試みるまでもなく，少なくともいくつかの事実が明白であることに気づかれるであろう。第1に，重要なのはセラピストの態度や感情であり，理論的な立場はそれほど重要ではないということである。セラピストの方法とか技術とかは，その態度や感情に比べると重大なことではない。次に，クライエントに変化を起こさせるのは，セラピストの態度や方法がどのように知覚されているかということなのであり，この知覚こそが決定的な意味をもつということも注目に値することである。

「作られた」関係

　次に，これまで紹介してきた研究とは非常に異なった実験研究に目を向けることにしよう。読者はこれらの研究に嫌な感じをもつかもしれないが，そうであっても，これらも成長促進的関係の本質と何らかのつながりをもっているのである。これらの研究は，いわば作られた関係（manufactured relationship）とでも考えられるものを扱ったものである。

　フェアプランク（Verplanck, W. S.）（文献17），グリーンスプーン（Greenspoon, J.）（文献8）らは，言語行動のオペラント条件づけが，ある関係のなかで可能であることを示している。ごく簡単にいえば，もし実験者が，ある種の言葉や発言の後に「うんうん」とか「いいね」と言ったり，うなずいたりすると，その種の言葉が強化され，その発言数が増加していく傾向があるということである。またこのような方法を使うことによって，複数からなる言葉，敵意のこもった言葉，意見を表明する言葉など，多様なカテゴリーの発言を増加させることができる。当の本人は，このような強化子の影響を受けていることにはまったく気づいていない。したがって，その関係のなかで選択的な強化を行えば，どんな種類の言葉でも，どんな種類の発言でも，強化しようとしたものを生み出すことができるということになる。

　スキナー（Skinner, B. F.）らのグループが開発したオペラント条件づけの原理をさらにすすめて，リンズレイ（Lindsley, O. R.）は，慢性の精神分裂病患者と機械との間に「援助関係」を成立させることができることを報告した（文献12）。その機械とは，いわば自動販売機のようなものであり，多様なタ

イプの行動に報酬が与えられるようにセットされる。初めのうちは，患者がレバーを押すとキャンディやタバコが出てきたり，絵が提示されるといった形の単純な報酬が与えられる。しかしレバーを何度も引くと，向う側の囲いの中に腹を空かせた子猫がおり，ミルクが与えられるのが見えるように機械をセットすることもできる。この場合，患者が感じる満足は利他的（altruistic）なものである。同様にして，別室にいる他の患者に向けられた社会的もしくは利他的な行動に報酬を与えるように実験計画はすすめられる。報酬を与えられる行動の種類は，実験者が機械をどの程度精巧なものに準備できるかということにかかっている。

　リンズレイは，何人かの患者が臨床的に目覚ましくよくなったことを報告している。荒廃した慢性状態にあったひとりの患者は，自由に外出することが許されるまでに回復したが，これはまさに機械と相互作用を行った成果であった。このような記述に，私個人としては感動を覚えずにはいられなかった。さて，研究者は次に実験的な消去を研究することにした。より直接的に表現すれば，たとえ何千回レバーを押そうと一切の報酬が与えられないようにするということである。患者は徐々に退行していき，無精になり，コミュニケーションが失われていって，自由外出の特権も取り上げられてしまったのである。この（私には）哀れな出来事からわかることは，たとえ機械を相手にした関係であっても，その関係が援助的であるためには，信頼できるということが重要であるように思われる。

　作られた関係に関連してさらにもうひとつの興味深い研究が，ハーロウ（Harlow, H. F.）とその同僚（文献10）によって現在進められているが，この研究ではサルが対象とされている。ほとんど生まれたばかりのサルの赤ん坊が母ザルから引き離され，実験のなかのある段階で，二つの対象が提示された。ひとつは「硬いお母さん」（hard mother）とでも言えるものであり，斜めに取りつけられた金網の円筒に乳首がついていて，そこでサルの赤ん坊は乳を飲めるように作られている。もうひとつは「やわらかいお母さん」（soft mother）で，これも同じような円筒であるが，発砲ゴムとビロード地でできたものである。サルの赤ん坊は必要な乳はすべて「硬いお母さん」から飲んでいたが，だんだんと「やわらかいお母さん」の方を好きになることが，はっき

りしてきた。この様子を記録した映画からわかるのだが、赤ん坊は明らかにこの対象と「関係をもちたがって」おり、それと一緒に遊び、それを楽しんでいる。そして見知らぬ対象が近くにあると、それにしがみついては安心しており、そしてこの安心感を、恐ろしい未知の世界に足を踏み入れるための基地にしているのである。この研究が、多くの興味ある挑戦的な示唆を与えていることが、かなりはっきりとわかるであろう。すなわち、どんなに多くの食べ物が直接的な報酬として与えられても、サルの赤ん坊に必要であり、それが欲しがっている特質の代わりになることはできないということである。

最近の二つの研究

最後に、ごく最近行われた二つの研究を取り上げて、この広範囲にわたった——きっと困惑するような——研究の紹介を締めくくりたいと思う。まず第1の研究は、エンズとペイジ (Ends, E. J. & Page, C. W.) が行った実験（文献5）である。彼らは60日もの間州立病院に収容されていた常習的な慢性アルコール依存症者に対して、3種類の異なった方法でグループ・セラピーを試みた。彼らの考えでは、最も効果的な方法は、学習の二要因説 (two-factor theory of learning) にもとづいたセラピーであり、次に効果的なのはクライエント・センタード・アプローチであり、そして最も効果のないのは精神分析的アプローチであろうとされていた。ところが実験結果によると、学習理論にもとづいたセラピーは、援助的であるどころか、むしろいくらか有害ですらあるという事実が示された。この結果は、まったくセラピーを受けていない統制群よりも悪かったのである。精神分析的セラピーでは、いくらかの肯定的な結果が得られ、そしてクライエント・センタードのグループ・セラピーで、肯定的な変化が最も大きかったのである。1年半にわたる追跡調査の結果からも入院中に見いだされた結果が確証され、継続的な効果は、クライエント・センタード・セラピーによるセラピーを受けたグループが最も良く、次いで精神分析療法のグループ、その次に統制群、そして学習理論による方法で扱われたグループが最低であった。

当の研究者たちが支持している立場の方法が最も効果を上げなかったという点で、この研究はめずらしいものである。そのため私は困惑してしまったので

あるが，そのうちに学習理論にもとづくセラピーの記述のなかにひとつの手がかりを見いだした（文献13）。このセラピーは，本質的に次のようなことから成り立っている。すなわち，①不満足になっている行動を指摘して，それにレッテルをはること，②これらの行動の背後にある原因を，クライエントとともに客観的に探求すること，③再教育を通して，もっと効果的な問題解決の習慣をうち立てることである。ところがこの相互作用の全体的な目的は，彼らが公式化するところでは，人格的にならない（impersonal）ということであった。セラピストが「自分の人格を介入させることは，人間としてできる限り最小限にしか許されない」のである。そして「セラピストは，その活動のなかで人格的匿名性を強調しなければならない。言い換えると，自分自身の個人的な人格特性を患者に印象づけることを極力避けなければならない」のである。他の研究結果に照らし合わせて考えると，私にはまさにこのことが，彼らの方法の失敗を最もよく説明するものであるように思われる。一人の人間としての自己をさし控えること，他人を客体として扱うこと，これらが援助的である可能性は高くないのである。

最後にハルキデス（Halkides, G.）がつい最近完成した研究（文献9）を報告したい。彼女は，セラピー的変化の必要にして十分な条件に関する私の理論公式（文献15）から出発した。彼女は，クライエントの建設的なパーソナリティ変化の度合いとカウンセラーの側の四つの変数との間に有意な関係があると仮定した。その四つの変数とは，①カウンセラーがクライエントに表現した共感的理解（empathic understanding）の程度，②カウンセラーがクライエントに表現した，肯定的な愛情の態度（無条件の肯定的配慮：unconditional positive regard）の程度，③カウンセラーの純粋さ（genuine）の程度，言い換えればカウンセラーの言葉が自分の内面の感情と一致している程度，④カウンセラーの応答がクライエントの感情表現の強さと一致している程度，である。

これらの仮説を検討するために，彼女はまず複合的な客観的規準にもとづいて「非常に成功的」と分類される事例と「非常に不成功的な」事例とをそれぞれ10事例ずつ選び出した。次に，それぞれの事例の初期と末期の面接録音記録を取り出した。それからそれぞれの面接記録から無作為に，クライエントと

カウンセラーの相互作用，すなわちクライエントの言葉とそれに対するカウンセラーの応答を9単位ずつ抽出した。このような手続きを通して，各事例について初期の相互作用9単位と末期の相互作用9単位を取り出した。全体では数百単位の相互作用になるわけであるが，今度はそれらが無作為な順番に並べられた。その結果例えば，不成功事例の初期の単位の後に，成功事例の末期の単位がくることになる。

次に，事例それ自体も，その事例の成功の程度についても，またその単位がどこから取られたかについても知らされていない3人の評定者に，4回にわたって聴いてもらった。1回目は共感の度合いについて，2回目はカウンセラーのクライエントに向けられた肯定的態度について，3回目はカウンセラーの一致性（congruence）あるいは純粋さについて，4回目はカウンセラーの応答がクライエントの感情表現の強さとどの程度一致しているかについて，各単位を7段階で評定してもらった。

この研究のことを知った私たちは皆，それをあまりにも大胆な試みであるとみていたと思う。たったひとつの相互作用の単位を聴いただけで，今私が述べたようなきわめて微妙な性質について信頼性のある評定を与えることが，本当にできるのであろうか。また，たとえ適度の信頼性が認められたとしても，ひとつの事例について18組しかないカウンセラーとクライエントの相互作用——ひとつの事例のなかで起こる何百何千という相互作用からすると，きわめてわずかな標本である——が，果たしてセラピーの成果と関係があるのだろうか。それにはほとんど期待はできそうにないと思われたのである。

ところが結果は驚くべきものであった。各評定者が行った評定値間の相関係数は，④を除いて，0.80から0.90台を示し，評定の信頼性は非常に高いものであることが証明された。高い共感的理解の度合いと，成功事例との間には，.001の水準で有意な関係があることが認められた。同様に無条件の肯定的配慮も，.001の水準で成功事例と有意な関係が認められた。カウンセラーの純粋さ，あるいは一致性——カウンセラーが自分自身の感情と一致している程度——も同様に，成功事例と.001の水準で有意な関係があることがわかった。ただひとつ，応答がクライエントの感情表現の強さと一致している度合いに関する項目だけが，どちらともいえないという結果を示していた。

さらに，これらの変数の評定が，面接の初期の単位よりも末期の単位でより有意に高くなるわけではなかった，ということも興味深い事実である。このことは，カウンセラーの態度が面接全体を通して，まったく一定であったことを意味している。非常に共感的なカウンセラーであれば，始めから終わりまで共感的である傾向があった。また，純粋さに欠けるカウンセラーであれば，初期の面接，末期の面接のいずれにおいても，純粋さを欠く傾向にあったのである。

どんな研究にも当てはまることであるが，この研究にももちろん限界はある。ここで扱われているのは，サイコセラピーという特定のタイプの援助関係である。さらに重要であると考えられたわずか四つの変数しか検討されていない。重要な変数は他にもたくさんあるであろう。にもかかわらず，この研究は援助関係の研究において，重要な前進を示すものである。この研究で見いだされたことを，できるだけ簡潔に述べてみよう。まず，カウンセラーとクライエントの相互作用の性質は，その行動のきわめて小さな標本によっても十分に評定できることが示された。次に，カウンセラーが一致した，あるいは透明な (transparent) 状態であり，その言葉と感情が調和した状態にあって矛盾がなければ，また，カウンセラーがクライエントに無条件に好意をもっていれば，そしてカウンセラーがクライエントの基本的な感情を，クライエントが感じるままに理解すれば，そのセラピーが効果的な援助関係となる可能性がきわめて大きいということを，この研究は物語っているのである。

考　察

これらは，援助関係の本質について少なくともある程度の光を投ずる研究である。これらは，その問題のさまざまな局面を研究した。それをさまざまに異なった理論的背景から検討した。いろいろの違った方法を用いた。これらを直接比較することはできないが，いくつかのことをかなり確実に指摘することができると思われる。援助的である関係には，援助的ではない関係とは異なったいくつかの特徴があるということは明らかであろう。このさまざまに違っている特徴は，主として，一方では援助しようとする人 (helping person) の態度に，また一方では「援助を受ける人」(helpee) がその関係をどのように知覚

するかということに関連している。けれどもこれまでの研究が，援助関係とは何かということについて，それがどのように作られるかということについて，なんら最終的な回答を与えてくれるものではないということも，また同じように明らかである。

いかにして援助関係を創造するか？

　人間関係の分野で仕事をする人であれば誰でも，このような研究結果の活用の仕方について，同じ問題をもっていると思う。これらの研究結果にただ機械的に追随することはできない。まさにこれらの研究がその価値を証明した人格的な特質（personal qualities）を殺してしまうことになるからである。私たちは，これらの研究を用いて自分自身の経験を検証し，私たち自身が作っていく人間関係のなかに適用し，検証できるような新しい，さらに進んだ自分なりの仮説を作り上げていかなければならないと思う。

　したがってここでは，これまで提示してきた研究結果をどのように使えばよいかを説明するよりも，これらの諸研究や私自身の臨床経験から導き出された疑問と，試験的な，変化をつづけているいくつかの仮説を提示することにしたい。これらの仮説は私が援助的関係であってほしいと思っている関係——相手が学生，スタッフ，家族，クライエントのいずれであれ——に入っていくとき，私の指標となるものである。このような疑問と考察のいくつかを列挙することにしよう。

　1．私は他人から，信頼に値し，頼りになる，すなわち深い意味で一貫していると知覚される存在であり得るであろうか。このことの重要性は，研究と経験のいずれによっても示されている。そして私は長年にわたって，この疑問に答えるためのより深い，より良い方法と思われるものを見いだしてきた。もし信頼されるための外的な条件のすべて——約束を守るとか，面接の守秘性を尊重する，など——を満足させれば，そしてもし面接の全体を通して一貫して同じ人間として振る舞えば，この条件は満たされていると感じていた。ところが経験を重ねるにつれて，例えば実際にはいやな感じを感じていたり，疑いを抱

いていたり，あるいはその他の受容的でない感情を経験しているときにも，一貫して受容的に振る舞うことは，結局は矛盾していて，信頼できないとみられてしまうことを思い知らされたのである。つまり信頼されるためには，頑なに一貫した態度をとるのではなく，信頼に足るほどにリアルである（dependably real）ことが必要であることを認めるようになったのである。「一致している」という言葉は，私がそうありたいあり方を表現するものである。この言葉は，私がどのような感情や態度を経験していても，そのことに私自身が気づいていること（awareness）を意味している。これが実現しているとき，私は統一のとれた，統合された人間であり，そしてそれゆえに，私は深い意味でどんな自分であっても，自分自身であることができるのである。他人が私のことを信頼できると経験するということの真相とは，このようなものである。

2. 次の問題は，このことと深く関連している。——私はひとりの人間として，今の私のありのままが，相手にはっきりと伝わるほど十分に自分を表現することができるであろうか。これは前述の問題と緊密にかかわった疑問である。振り返ってみると，私が援助関係の達成に失敗した場合の大部分は，この二つの疑問に満足に答えられなかったからであったと思う。相手をわずらわしいという態度を経験しておりながら，しかもそのことに気づいていないとき，私は矛盾したメッセージを相手に伝えている。ことばの上ではあるひとつのメッセージを伝えながら，しかし同時に，ある微妙なかたちで自分のなかの困惑をも伝えているのである。そのため，相手にしてもなぜ問題が生じているのかわからないままに混乱し，私に対して不信の感じを抱いてしまうのである。親として，セラピストとして，あるいは教師や管理者として，自分のなかに起こっていることに耳を傾けることができなかったとき，私自身の防衛のために自分の感情を感じ取ることができなかったときに，この種の失敗が起こるようである。したがって，どんな種類の援助関係であれ，そのような関係を作り上げたいと望んでいる人が学ばなければならない最も基本的なことは，相手に隠し立てなくリアルである（transparently real）ことこそ安全なのだ，ということであるように思われる。ある関係のなかで，私がある程度一致しているとき，その関係にかかわるいかなる感情も私にも相手にも隠されていないとき，

その関係は援助的なものになるのだと言っても間違いはないであろう。

　少々奇異に感じられるかもしれないが、こんな言い方をすることもできる。——もし私が私自身に対して援助関係をもつことができれば——つまり、もし私が私自身の感情に敏感に気づいており、それを受容していれば——他人に対する援助関係を作り上げる見込みは大きくなるのである。

　さて、このような意味で私があるがままに自分を受容すること、それを相手にすっかり見せてしまうのをよしとすることは、実は私の知るかぎり最も困難な課題であり、私もいまだかつて十分に成し遂げることができない課題なのである。しかし、これこそ私の仕事なのだと思い定めることには、大きな価値があった。もつれてしまった対人関係のどこが悪いかを見つけ出し、それを建設的な軌道に乗せなおすために役立ってきたからである。つまり、私自身とのかかわりのなかで他人の人格的な成長を促進しようとするならば、私自身が成長しなければならないのである。これには苦痛を伴うことが多いけれども、それはまた豊かな実りを、約束してくれるものなのである。

　3．第3の問題はこうである。この相手に対する肯定的な態度——温かさ、配慮、好意、関心、尊敬——をあるがままに経験することが、私にはできるであろうか。これは容易なことではない。このような感情に対するある種の恐れが、私自身のなかにもあり、また他の人びとのなかにもみることが多い。私たちは、他人に対するこうした肯定的な感情を自由に経験していると、その感情の虜(とりこ)になってしまうのではないかと恐れているのである。それは何かを要求してくるかもしれないし、あるいは信頼して失望することになるかもしれない。そんな結果を恐れているのである。その反動として、私たちは自分と他人との間に距離を——超然とした態度（aloofness）を、「専門職的」（professional）な態度を、非人格的な関係（impersonal relationship）を作ろうとする傾向がある。

　すべての分野で専門職化が起こっている重要な理由のひとつが、こうした距離をとるのに役立つからだと、私は痛感している。臨床の分野では、精密な診断の公式が開発され、人間を一つの客体とみなしている。教育や経営管理の分野では、あらゆる種類の評価方法が開発され、そこでもまた、人間がひとつの

客体とみなされる。このようにして，関係が2人の人の間に成り立つものであると認めるときに当然生まれる配慮を経験せずにすまそうとしているのである。ある関係のなかで，あるいはその関係のある時点で，好意をもつことは危険なことではないということ，肯定的な感情を抱いているひとりの人間としてその人にかかわることは危険なことではないということ，そのことを学ぶことができれば，それはすばらしいことなのである。

4．次に，私の経験から重要であるとわかった疑問をあげよう。私はひとりの人間として，相手から独立していられるほどに強くなれるであろうか。私自身の感情や私自身の欲求を，相手の感情や欲求と同じように，しっかりと尊重することができるであろうか。私自身の感情を，相手の感情とは別個の，私に所属するものとして所有し，もし必要ならばそれを表現することができるであろうか。相手が憂うつになるとふさぎこんだり，相手が恐れていることにおびえたり，相手の依存に巻き込まれたりしないだけの独立性を保てるだけ十分に強くなれるであろうか。その人の怒りに破壊されたり，依存したいという欲求に打ち負かされたり，愛情の虜になったりするのではなく，自分自身の感情と権利を保ちながら，その人から独立して存在していることを実感できるほどに，私の内面の自己は強いであろうか。自分がひとりの独立した人間であるというこの力強さを自由に感じることができるならば，私は，自分を失うことを恐れることなく，もっと深く相手を理解し受容していくことができるのである。

5．次の疑問は，前項の疑問と密接な関連がある。相手が自分とは独立した存在であることを許せるほどに，私の内面は安定しているであろうか。相手がたとえ正直であろうと嘘つきであろうと，幼稚であろうと「大人」であろうと，絶望していようとうぬぼれすぎていようと，とにかく相手をあるがままにさせておくことができるであろうか。その人にあるがままの自分である自由を認めることができるであろうか。その人が私の助言に従うべきだとか，多少は私に依存させておくべきだとか，私にならって自分を作り直すべきだとか思っていないであろうか。このことに関して，私はファーソン（Farson, R. E.）が

行った興味深い短い研究（文献6）を思い出す。それによると、適応のよくない、力の足りないカウンセラーほど、クライエントに対して、自分に同調するよう、自分にならわせるようにすすめる傾向があるということである。反対に適応のよい有能なカウンセラーほど、何度面接を重ねても、クライエントが自分のパーソナリティを、カウンセラーのそれとはまったく独立したものとして発展させる自由を妨害せずにかかわることができるのである。親としても、スーパーヴァイザーとしても、カウンセラーとしても、私は後者のようになりたいと思う。

6. 私が自分に問いかけている疑問は、次のことである。私は相手の感情や個人的な意味づけの世界に完全に入り込み、そこでその人が見ているままにその世界を見ることができるであろうか。その人の私的な世界を評価したり、判断したいという欲求をいっさい棄ててしまえるほど完全に、そのなかに入り込むことができるであろうか。相手の世界のなかで自由に動き回っても、その人にとっての貴重な意味づけを踏みつけることのないほど敏感に、そのなかに入っていくことができるであろうか。その人にも明白にわかる経験の意味ばかりでなく、暗黙の、その人にはぼんやりとしか見えていない、あるいは混乱しているようにしかみえない意味までとらえることができるほど正確に、相手の世界を感じることができるであろうか。また、このような理解を際限なく拡大することができるであろうか。私はあるクライエントの言葉を思い出す。「その時に私のある一部分を理解してくれる人に会うとかならず、その人がもう私を理解していないという時点がいつかやってくるのです……私が必死に求めているのは、私を理解してくれる人なんです」。

　私の場合、こういう種類の理解を感じ、それを伝えることは、私が関与しているクラスの学生やスタッフのグループを相手にしたときよりも、ひとりのクライエントが相手であるときの方が伝えやすい。学生に対しては「きちんと」させたいという、スタッフに対しては考えの間違っているところを指摘してやりたいという、強い誘惑が働くからである。しかしこうした状況においても、理解することに自らを委ねておくことができれば、それは互いに報いられるものになる。さらにセラピーのなかのクライエントについては、ほんのわずかな

共感的理解でさえも——それがクライエントの意味づけの混乱した複雑なものをわかろうとする，不器用な，間違った試みであっても——援助的であるという事実に胸を打たれることが多いのである。もちろんクライエントには不明瞭でこんがらがっている経験の意味づけにはっきりと気づき，それをはっきり説明することができれば，それこそ間違いなく援助的であるにちがいないのだが。

7．もうひとつの問題はこうである。この相手が示してくれるすべての局面を，私は受容できるであろうか。私はその人のあるがままを受け取ることができるであろうか。そしてこの態度をその人に伝えることができるであろうか。それとも，その人の感情のある側面は受容するが，他の側面は暗黙のうちに，あるいは公然と否認するといったように，その人を条件つきでしか受け取れないのであろうか。私の経験から言えることは，こちらの態度が条件つきのものであるとき，私が十分に受けとらなかった局面では変化し成長することができないのである。そして，なぜ私がその人のあらゆる局面を受容できなかったのか考えてみる——後になってから，しかもときには遅すぎたのだが——と，実はその人の感情のなかのある局面に驚いたり，脅威を感じたりしていたからだということがわかるのである。もし，もっと援助的でありたいと思うのなら，自分自身が成長し，このような局面で自分自身を受容しなければならないのである。

8．次の疑問は，きわめて実際的な問題を提起する。関係のなかで，私の行動が相手に脅威を感じさせないほどに十分な感受性をもちながら行動することができるであろうか。現在私たちはサイコセラピーに付随して起こる生理学的な変化に関する研究を始めたところであるが，そこでは人間が生理学的レベルで非常に脅威を感じやすいものであることを指摘したディッツの研究が確証されている。GSR（皮膚の電気伝導率を測定する尺度）を用いると，セラピストがクライエントの感情よりもほんの少しでも強い言葉で応答すると，針が大きく振れることがわかる。さらに「まあ，本当にすっかり動揺しているみたいね」などといった言葉に対しては，針が記録用紙の外へ飛び出すほど大きく振

れるのである。私はこんなわずかの脅威でさえも与えたくないと願っているのであるが，それは私がクライエントに対して敏感すぎるからではない。ただ経験から次のように確信しているからなのである。すなわち，外部的な脅威からできる限り完全に解放してやることができれば，クライエントは自分の内部で脅威になっていた感情や葛藤をそのまま経験し，それとつき合い始めるようになる，ということである。

9.　次は，前述の疑問の具体的な局面であるが，しかし重要な疑問である。私は，外部的な評価の脅威からクライエントを解放することができるであろうか。生活のほとんどすべての局面で——家庭で，学校で，仕事場で——私たちは賞罰という外部的評価にさらされている。「いいよ」「つまらない」「Ａをあげよう」「落第だ」「うまいカウンセリングだ」「下手なカウンセリングだ」。このような判断は，赤ん坊の時代から老年期にいたるまで私たちの人生につきまとっている。学校や職場といった制度や組織にあっては，ある社会的な効用をもっていると思う。もちろん私も他の人と同じように，このような評価をしすぎているように思う。けれども私の経験では，そうすることが人格的な成長に役立つことはないように思う。したがってそれが援助関係の一部であるとは思わない。奇妙なことだが，肯定的な評価も，長い目で見れば否定的な評価と同様に脅威となるのである。というのは，誰かに「よろしい」と言うことは，同時に自分が「いけない」と言う権利ももっているということを，伝えているからである。そこで私は，判定とか評価とかを抜きにした関係をつづけることができるにつれて，相手は，評価の主体（locus of evaluation），責任の中心が自分自身のなかにあることを認めるようになる，と思うようになってきた。その人の経験の意味や価値は，つまるところその人に任された何ものかなのであり，どんなに外部から判断しても，これを変えることはできない。だから私は，自分自身の感じとしても，その人を評価していないような関係を目指していきたいのである。そうすることで相手を解放し，自分で自分の責任をとれる人間（a self-responsible person）に向かわせることができると思う。

10.　最後の疑問である。私はこの他者と，生成の（*becoming*）過程にある

人間として出会うことができるであろうか。それともその人の過去や私自身の過去にとらわれてしまうであろうか。その人と出会うとき，その人を未熟な子どもとして，無知な学生として，神経症パーソナリティとして，あるいは精神病質者として扱うならば，私のなかにあるそうした概念が，関係のなかでその人がなり得る可能性を限定してしまうであろう。エルサレム大学の実存主義哲学者マルチン・ブーバー（Martin Buber）は，「他者を確かめる」（confirming the other）という言い方をしているが，これは私にとって大きな意味をもつ言葉であった。「確かめるとは……その人の潜在的な可能性（potentiality）の全体を受容することである……私は生成するように創造されてきた人間をその人のなかに認め，その人のなかに知ることができる……私はいま発展し，展開することのできるこの可能性とかかわりながら，私自身のなかで，そしてその人のなかで，その人を確かめるのである」（文献3）。もし私が他者を何か固定したもの，すでに診断され分類されたもの，すでに過去によって形成されてしまったものとして受け入れるならば，この限定された仮説を確かめる役割をすることになる。だがもし私がその人を生成の過程として受容するならば，私はその人の可能性を確かめ，それを現実化するように，自分にできることをしていくことになるであろう。

　この点で，フェアプランク，リンズレイ，スキナーといったオペラント条件づけの研究者たちと，哲学者・神秘主義者であるブーバーとは，同列に並べられるように思われる。少なくとも原理の上では，奇妙なかたちで一致しているのである。もしある関係を，ある種の言葉や意見を他者のなかに強化するひとつの機会としてのみとらえるとすれば，その人を物体として——基本的に機械と同じ，操作可能な対象として——確かめていることになるであろう。さらに，もしその関係をその人の可能性としてとらえるならば，その人はこの仮説を支持するように行動するであろう。これに対して，もしある関係を，その人の存在のすべて——人間のなかのあらゆる存在の可能性——を「強化する」機会としてとらえるならば，その人は他ならぬこの仮説を支持するように行動するであろう。そのとき私は——ブーバーの言葉を拝借すれば——その人を，創造的な，内的な発展をすることができる，生きている人間として確かめたことになるのである。私個人としては，この2番目の仮説を選びたいと思う。

結 論

　この論文のはじめの部分で，私は関係についての知識を豊かなものにしてくれた，いくつかの研究業績を展望した。その知識を心にとどめておくように努めながら，次に，ひとりの人間として関係のなかに入っていくとき，内面の主観的な観点から浮かび上がってきた疑問を取り上げた。自分のなかでこれらの疑問のすべてに肯定的に答えることができるならば，私が入り込んでいるどんな関係でも援助的な関係になり，それは成長を含むものになると思う。しかし私は，これらの疑問の大部分に，肯定的に答えることができないのである。ただ，肯定的な答えができる方向に向かって行くことができるだけである。

　このことが，私の心のなかに強い疑問を生み出した。最適な援助関係とは，心理的に成熟した人によって作り上げられる類の関係ではないか，ということである。言い換えると，私が，独立した人間としての他者の成長を促進するような関係をどの程度作り上げることができたかによって，私が内的にどの程度成長したかを測ることができるということである。ある点では，これは人を不安にさせる考えであるが，しかしまた同時にそれは，有望で挑戦的な考えでもあるであろう。このように考えると，援助関係を創造することに関心を抱く私の前途には，私の可能性を成長の方向に向けて拡大し発展させるような，魅力的な人生が待ちうけていることになるであろう。

　私がこの論文のなかで，自分自身のために取り組んできたことが，読者の皆さんの関心や仕事にあまり関係がなかったかもしれないという，後味の悪さが残っている。もしそうだとすれば，残念なことである。しかし人間関係の分野で仕事をしており，その分野の基本的な秩序性を理解しようとしている私たちすべてが，今日の世界のなかでも最も核心的な企てに従事していることは事実であり，このことが私を少なくともいくらかは慰めてくれる。私たちが管理者として，教師として，教育あるいは職業カウンセラーとして，またセラピストとしての仕事を思慮深く理解しようと努めているとき，私たちはこの地球の未来を決定するような問題に取り組んでいるのである。というのは，地球の未来は自然科学に依存するものではないからである。地球の未来は，人間の間に生まれる相互作用を理解し，それを処理しようと努めている私たち——援助関係

を作り上げようと努力している私たちにかかっているのである。だからこそ私は，皆さんが皆さんなりに関係のなかで成長を促進しようと努力するときに，なんらかの理解と見通しを得る上で，私が私自身に問いかけたこれらの疑問が何がしかのお役に立つことを願っているのである。

文　献

1. Baldwin, A. L., J. Kalhorn, and F. H. Breese. Patterns of parent behavior. *Psychol. Monogr.*, 1945, *58*, No. 268, 1–75.
2. Betz, B. J., and J. C. Whitehorn. The relationship of the therapist to the outcome of therapy in schizophrenia. *Psychiat. Research Reports #5. Research techniques in schizophrenia.* Washington, D.C., American Psychiatric Association, 1956, 89–117.
3. Buber, M., and C. Rogers. Transcription of dialogue held April 18, 1957, Ann Arbor, Mich. Unpublished manuscript.
4. Dittes, J. E. Galvanic skin response as a measure of patient's reaction to therapist's permissiveness. *J. Abnorm. & Soc. Psychol.*, 1957, *55*, 295–303.
5. Ends, E. J., and C. W. Page. A study of three types of group psychotherapy with hospitalized male inebriates. *Quar. J. Stud. Alcohol*, 1957, *18*, 263–277.
6. Farson, R. E. Introjection in the psychotherapeutic relationship. Unpublished doctoral dissertation, University of Chicago, 1955.
7. Fiedler, F. E. Quantitative studies on the role of therapists' feelings toward their patients. In Mowrer, O. H. (Ed.), *Psychotherapy: theory and research.* New York: Ronald Press, 1953, Chap. 12.
8. Greenspoon, J. The reinforcing effect of two spoken sounds on the frequency of two responses. *Amer. J. Psychol.*, 1955, *68*, 409–416.
9. Halkides, G. An experimental study of four conditions necessary for therapeutic change. Unpublished doctoral dissertation, University of Chicago, 1958.
10. Harlow, H. F. The nature of love. *Amer. Psychol.*, 1958, *13*, 673–685.
11. Heine, R. W. A comparison of patients' reports on psychotherapeutic experience with psychoanalytic, nondirective, and Adlerian therapists. Unpublished doctoral dissertation, University of Chicago, 1950.

12. Lindsley, O. R. Operant conditioning methods applied to research in chronic schizophrenia. *Psychiat. Research Reports #5. Research techniques in schizophrenia.* Washington, D.C.: American Psychiatric Association, 1956, 118–153.
13. Page, C. W., and E. J. Ends. A review and synthesis of the literature suggesting a psychotherapeutic technique based on two-factor learning theory. Unpublished manuscript, loaned to the writer.
14. Quinn, R. D. Psychotherapists' expressions as an index to the quality of early therapeutic relationships. Unpublished doctoral dissertation, University of Chicago, 1950.
15. Rogers, C. R. The necessary and sufficient conditions of psychotherapeutic personality change. *J. Consult. Psychol.*, 1957, *21*, 95–103.
16. Seeman, J. Counselor judgments of therapeutic process and outcome. In Rogers, C. R., and R. F. Dymond, (Eds.). *Psychotherapy and personality change.* University of Chicago Press, 1954, Chap. 7.
17. Verplanck, W. S. The control of the content of conversation: reinforcement of statements of opinion. *J. Abnorm. & Soc. Psychol.*, 1955, *51*, 668–676.
18. Whitehorn, J. C., and B. J. Betz. A study of psychotherapeutic relationships between physicians and schizophrenic patients. *Amer. J. Psychiat.*, 1954, *111*, 321–331.

---

15 「パースナリティ変化の必要にして十分な条件」『サイコセラピィの過程』(ロージァズ全集 4) 岩崎学術出版社, 1966 年, 第 6 章。
●以下, ロージァズ全集に関して略記する。
　ロージァズ, C. R. 著『ロージァズ全集』(全 23 巻) 友田不二男・伊東博・堀淑昭・佐治守夫・畠瀬稔・村山正治編訳, 岩崎学術出版社, 1966-1972。
16 「セラピィの過程と所産に関するカウンセラーの判定」『パースナリティの変化』(ロージァズ全集 13) 1967 年, 第 7 章。

9

Reflection of Feelings and Transference

気持ちのリフレクション（反映）と転移

気持ちのリフレクション[†]

　ある種のセラピスト応答を表現するためにこの用語を使うことについては，部分的に私に責任があるのだが，年がたつにつれて私はその用語にとても不満を覚えるようになってきた。その主な理由は「気持ちのリフレクション」(Reflection of Feelings) は頻繁にひとつの技術として，しかも判で押したような固い技術として教えられているからである。記録されたクライエント発言を基に，学習者は「正しい」気持ちのリフレクションを作り上げることや──もっとひどいのは「正しい」応答を複数選択肢から選ぶように要求される。このようなトレーニングは効果的なセラピー関係とはなんの関係もない。このようなわけで，私は，この用語の使用についてはますますアレルギーをもつようになったのである。

　しかしそれと同時に──出版された例からも明らかなように──面接における私の応答の多くは「気持ちのリフレクション」であると思われるようになってきた。私の内面ではそれに反論している。私が「気持ちをリフレクト（反映）」

[†] 訳注：reflection of feeling は「感情の反映」「感情の反射」などとも訳されているが，マイクロカウンセリングの技法と区別，あるいは他の日本語のニュアンスをもちこむことをさけるためにも，本書では「気持ちのリフレクション」という訳語をあてる。

〔出典〕　*Person-Centered Review*, Vol. 1, No. 4, November 1986, 375-377, and Vol. 2, No. 2, May 1987, 182-188. Reprinted by permission of Sage Publications, Inc.

しようと努めてはいないことは確かなのである。
　そういうときに私の友人で，かつての同僚であるハーバード大学のジョン・シュライン博士からお手紙をいただき，それによって私のジレンマはさらに複雑化した。彼はこのように書いてきた。

> 「リフレクション」は不当に非難されています。感受性の乏しい人びとの手によって，それは判子のように絞切型になってしまうという非難は正しいし，あなたはその点について見事に書いておられます。しかしあなたはもう一つの面を無視しています。誠実で，賢明で，共感的な聴き手にかかれば，それは芸術的名作の道具となります。それはその哲学的理論だけではできなかった，クライエント・センタード・セラピーの展開を可能にしました。この技術を不当に非難すれば，「自己一致」(congruence) の名においておろかな側道へと導かれることになります。

　このことを思いわずらっているうちに，私は二つの洞察にたどり着いた。セラピストとしての私の観点では，私は「気持ちのリフレクション」をしようとは努めていないのである。私はクライエントの内的世界についての私の理解が正しいかどうか──私は相手がこの瞬間において体験している (experiencing) がままにそれを見ているのかどうか──見極めようと思っているのである。私の応答はいずれも言葉にはならない次の質問を含んでいる，「あなたのなかではこんなふうになっているんですか。あなたがまさに今体験している個人的意味 (personal meaning) の色合いや手触りや香りを私は正確にわかっていますか。もしそうでなければ，私は自分の知覚をあなたのと合わせたいと思っています」と。
　他方，クライエントの観点から見れば，私たちは相手の今現在の体験過程 (experiencing) を鏡に映し出してみせているのである。気持ちや個人的意味は，他者の目を通して見ると，つまり鏡に反映されると，より鮮明になるのである。
　したがって，私はこのようなセラピスト応答は「気持ちのリフレクション」ではなく，「理解の確認」(Testing Understandings)，または「知覚の確認」(Checking Perceptions) と呼ぶことを提案する。私はこのような用語の方が

正確であると思っている。それはセラピストのトレーニングにも役立つだろう。それらは応答の健全な動機づけ、つまり「リフレクト（反映）する」という意図ではなく、もっと知りたいという願いを与えてくれるであろう。

しかしクライエントの体験を理解するには、このような応答は鏡の役割を果たすものと認めることができる。これについてはシルビア・スラック（Sylvia Slack）（文献3, pp. 41-42）が、大勢の聴衆の前で、ビデオ収録されたセラピー面接における反応を語るなかで、見事に表現している。

> テープを見ることは、カウンセリング過程をもっとはっきり視覚化するのに役立ちました。ロジャーズ博士が魔法の鏡であるように、それは私が光線をその鏡に向けて送っているという過程でした。私のあるがままの現実を見るために鏡をのぞき込みました。もしも受け取った光線によって、鏡が偏っていると私が感じたならば、そこにリフレクト（反映）されているものは歪んで見え、信頼できなかったでしょう。私は光線を送っていることには気づいていましたが、その性質は、鏡によってリフレクト（反映）され明確化されるまでは、はっきりとわかりませんでした。光線とそれが私についてあらわにすることについては、好奇心をもちました。この体験は、外部の観察者の知覚によって色づけされない私自身の姿を見る機会になりました。私についてのこの内なる知識は、私の内に住む人にとって、適した選択を可能にしてくれました。

ここで彼女が暗示しているように、そしてくわしく検討しているように、セラピストの理解が、鏡に映し出される映像が明確で歪みがないほどに、微妙で正確であることが重要なのである。これはクライエントが体験していることの正確な意味を繊細な正確さで捉えるために、私たち自身の判断や価値観を棚にあげておくということにほかならない。

このようなことを考え、文章にすることによって、私のなかではっきりしてきたのであるが、セラピストの観点では、私は相手の内的世界を仮定的に描写したり描いてみることによって、クライエントに対する私の理解を検証し続けていけるのであろう。私のクライエントにとって、このような応答は、それらが最善のものであれば、その瞬間のクライエントの世界を構成する意味や知覚についての鏡に映し出された明瞭な像——明確化を促し洞察を生み出す像——

となることを私は認知することができるのである。

転　移

セラピストに向けられた気持ちや感情は主として二つの種類に分けられる。ひとつは，セラピストの態度と行動に対して了解可能な反応としての感情である。そのなかにはセラピストの専門性からくる優越的な態度に起因する憤りもあるであろう。クライエントは見下された感じを受けて，否定的な反応をする。このような憤りはまた，セラピストの誤った解釈や早すぎる解釈によっても起こり，クライエントは強制されているとか誤解されている感じをもつことになろう。セラピストがクライエントの行動を指示することに対する怒りもあるかもしれない。あるクライエントはフリッツ・パールズとの面接でとても協力的であった。しかし後にその録画を見たとき，彼女はパールズに対しても自分自身に対しても腹を立てた，「どうして彼が指示した通りに，あんなことをやってしまったんだろう!?」と。このような場合セラピストは，クライエントの否定的な態度は単にセラピストの発言や行動に対する自然な反応であることに気づいていることも，そうでないこともあろう。

肯定的な気持ちもまた，セラピストの行動から生まれるかもしれない。クライエントのなかに温かい，愛情の気持ちが生まれるかもしれない。それらはクライエントが予知しなかったセラピストの快い理解の深さによって，あるいはまた，クライエントが安心するように配慮する小さな行動によって，また痛々しい苦闘をしている間クライエントの腕に手を差し伸べることによって，あるいは絶望的なクライエントにハインツ・コフート（Heinz Kohut）の「2本の指」(two fingers) を提供するような行動によって，またクライエントが重いコートを着るのを手伝うことによって，または烈しい嵐のなかで気さくに車で送っていくようなことによって芽生えてくることもあるであろう。このような状況ではクライエントがセラピストに好意をもったり，愛情を感じ，愛情ある応答を求めても，それはまったく理解できることなのである。ここでもセラピストは，自分の発言や行動がクライエントの気持ちの基盤にあることに気づいているかもしれないし，いないかもしれないのである。

クライエントの反応のなかで第2の範疇は、セラピストの行動とはあまり関係がないか、あるいはまったく関係ないものである。これらはもとの本当の根源からすっかりセラピストに「転移」（transference）されたものである。それらは投影（projections）なのである。それらはセラピストのなかの何かが引き金になってあらわれるが——「あなたはお父さんに似ている」、あるいは「あなたは私が軽蔑している人に似ている」——しかし、その感情の強さはクライエントのなかからくるものであって、セラピストの行動によるものではない。

このような投影された感情は愛情、性的欲求、尊敬などの陽性感情であるかもしれない。また憎しみ、軽蔑、恐れ、不信感といった陰性なものであるかもしれない。それらの本当の対象は親であったり、クライエントの人生における重要な他者であろう。あるいは、これはあまり頻繁には見られないが、クライエントにとっては耐えられない、自己に対する否定的な態度であることもあろう。

クライエント・センタードの観点では、それらの感情に応答しそれらに対処するには、それらがセラピストに起因するのか投影なのかを判断する必要はない。こうした判別は理論的な関心事ではあるが、実践的な問題ではない。セラピーのやり取りでは、このような態度はすべて——肯定的でも否定的でも、「転移」でも、セラピストに起因するものであっても——同じように扱うのが最上のことである。セラピストが敏感に理解しており、純粋に受容的で非判断的であるならば、セラピーはこうした感情を通り抜けてすすむのである。セラピストに転移された態度を特別な枠に入れる必要はまったくないし、また、とくに精神分析などの他のサイコセラピーではその一部になっていることが多いのだが、セラピストは依存することを許す必要はないのである。クライエントのためにセラピストの役割を変えるようなことをしなくても、依存的な感情を受容することは、絶対に可能なのである。

このようなことはすべて、すでに公刊されている事例によく例証されているが、さらに注意深く検討する価値がある。

そのクライエントは30代の未婚の女性で、かなりの障害をもった人であった。面接の初期では、彼女は父親との近親相姦からくると思われる痛々しい罪

悪感と闘っていた。彼女は自分が話している出来事が本当に起こったことなのか，あるいは空想の産物なのか確信をもっていなかった。彼女は話し方がゆっくりだったので，セラピストはめずらしく，完全なノートをとることができたので，以下は逐語記録に近いものである。三つの面接からの抜粋をあげるが，それは彼女の「転移」感情の深さとセラピストがそれらにどのように応答したかを示している。またクライエント・センタードの風土のなかで表現されるときは，「転移」は消失することを示している。

第9回面接より

S　私は今朝，相談室にきて，コートをここじゃなくて，あそこにかけました。私はあなたが好きだって言ったでしょう。で，もしもあなたが，私がコートを着るのを手伝ってくれたら，振り返ってあなたにキスしてしまうんじゃないかって心配してたんです。

C　あなたは自分を守っていないと，愛情の気持ちで私に対してキスをしてしまうと思ったんですね。

S　あの，あそこにコートをおいてきたもう一つの理由は，私は依存したいからなんですね。だけど，依存しなくてもいいことを見せたかったんです。

C　そうなりたい，と同時にそうしなくてもいいことを示したい。

面接の末ごろ

S　私は人に対して，あなたはこれまでで一番すばらしい人だなんて言ったことはありませんが，あなたにはそう言いましたね。セックスだけじゃないんです。もっと，それ以上なんです。

C　あなたは私に深い愛着を感じている。

第10回面接より：面接の末ごろ

S　気持ちの面では私はセックスがしたくてしょうがないんですね。だけどそれについては何もしていないんです……私はあなたとセックスがしたいんです。私はあなたに聞く勇気がありません。だってあなたが非指示的になるかもしれないと思って。

C あなたはひどく張りつめた気持ちで，私と関係をすごくもちたがっている。

S 〔この調子で長々と続き，そして最後に〕なんとかできないんですか。この緊張はひどいんです！　あなたは緊張を解きほぐしてくれませんか……直接的な答えを言ってくれませんか。私たち両方に役立つと思いますが。

C 〔優しく〕答えはノーです。あなたがどんなに必死になっているかはわかります，でもそうはしたくありません。

S 〔沈黙，ホッとため息をつく〕助かりました。私がこんなになるのは，混乱しているときだけです。あなたには力強さがありますね，それは私にも力強さを与えてくれます。

第12回面接より

S 〔2分間沈黙。それからいつもの調子とはかなり違う，固い平坦な声で話し出す。セラピストを見ない。繰り返しが多いが，要点は以下の抜粋のようである〕あなたは私がここに来たがっていると思うでしょう，でも違うんです！　ここにはもう来ません。なんの役にも立ちません。あなたが嫌いなんです。〔彼女の声は毒々しくなってくる〕あなたなんか大嫌いです！　あなたなんか生まれてこなかった方がよかったわ。

C 〔声を彼女の感情の深さに合わせて〕あなたは私が大嫌いだ――とてもすごく！

S あなたを池に投げ捨てたい。切り刻んでやりたい！　みんなあなたのことを好きだと思ってるんでしょう，そうじゃないのよ……女性を引きつけられると思ってるんでしょう，でもそうじゃないのよ……あなたなんか，死んじまったら！

C 嫌でたまらない，私なんか，居なきゃいいと思う！

S お父さんが私に悪いことをしたと思ってるんでしょう。でも何もしなかったのよ！　お父さんがいい人じゃなかったと思ってるんでしょう。でもいい人だったのよ。私がセックスをしたがってると思ってるんでしょう。でも違うんです！

C 私があなたの考えを絶対に誤解していると感じている。
S あなたは人がここに来て、全部あなたに打ち明けて、助けられたと感謝していると思っているんでしょう。でも違うのよ！ あなたはその人たちを苦しめたいだけなのよ。催眠をかけられるとでも思ってるんでしょう。でもそんなことはできないのよ！ 自分のこといい人だと思ってるんでしょう。でも違うのよ！ あなたが嫌い、嫌い、大嫌い！
C あなたは私が本当は人を苦しめたいだけで、助けてなんていってないと感じる。
S 私のこと、正気じゃないと思ってるでしょう。でも正気なのよ。あなたが嫌い。苦しみ、苦しみ、苦しみだけよ。あなたは私が自分で生きていけないと思ってるんでしょう。でもできるのよ。よくなれないと思ってるんでしょう。でもできるわ、私に幻覚があったと思ってるんでしょう。でもなかったのよ。あなたが嫌い。〔長い沈黙。疲れ切った姿勢で机にもたれかかる〕あたまがおかしいと思うでしょう。おかしくはないわ。
C あなたはあたまがおかしいと私が思っている。それは確かだと思ってるんですね。
S 〔沈黙〕私は縛られていて、解放されていないんです！〔絶望的な声の調子と涙。沈黙〕私には幻覚があったんです。なんとしても出してしまわないと！……〔深い葛藤について話しつづけ、幻覚体験を話し、声にはひどい緊張があるものの、面接の前半とはまったく違った態度である〕。

面接の末ごろ
S 相談室ではこれをどこかで捨てなきゃいけないって、わかっていました。ここに来てあなたに話せると感じたんです。理解してくれるとわかっていました。私は自分が嫌いだとは言えなかったんです。本当はそうなんですが、言えなかったんです。だからその代わりに、あなたに対して思いつくだけひどいことを言ったんです。
C あなたは自分について感じたことを言えなかったんですね、でも私については言えたんですね。
S 一番深いところまで来ましたね……（文献1, pp. 211-213）。

これらの抜粋についてのいくつかのコメントを記しておく。それは——またもや——セラピーの諸条件が存在しているときには，セラピーが前進することを示している。それはこの仮説が，他のすべての感情の探索と同じように，いわゆる転移感情の探索についてもあてはまることを示している。

　このケースは，セラピストの理解が正確で，受容が純粋であるとき，そして解釈や評価がなされないときには，「転移」の感情は消失し，感情はその真の対象に向けられることを示している。そのような安全な風土のなかでは，気づいている感情を否定する必要性が減少し，その結果，クライエントは自らの体験の意味により正確に気づき，新しい洞察が発展する。

　セラピストが彼女の質問に応答し，（倫理的な理由で）セックスしたくないと述べるとき，彼は自分のためにだけ話し，自分についてのみ話していることを指摘しておきたい。彼女の行動を解釈したりしないし，彼女の要求に判断を加えたりはしていないのである。

　私の考えでは，解釈は過程を早めるのではなく，むしろ遅らせるものである。もしセラピストが「たぶんあなたは，父親との近親相姦の関係を再現することを求めているのだと思いますが」ということ——きっと正しい解釈であろうが——を言ったとすれば，それにほぼ確実に強い抵抗にあっただろう。

　精神分析家は，抵抗とその取り扱いの困難について述べることが多い。これについては，2種類の抵抗があることを知っておいた方がよい。これまで意識から否定されていたものを自分自身に対しても他者に対しても，露にすることは苦痛である。次にはセラピストに対する抵抗である。それはセラピストによって作られたものである。解釈を与えたり，診断やその他の判断をしたり——このようなことは抵抗を呼び起こす普通のやり方である——そしてそれはセラピストが取り扱わなければならない抵抗なのである。

　ここにクライエント・センタード・アプローチのすぐれた点がある。安全である関係を作りあげることによって，クライエントはセラピストに抵抗する必要がなくなり，それによって，このケースのように，自分のなかに見いだす抵抗をもっと自由に取り扱うことができるのである。彼女はこの状況が十分に安全だと感じていたからこそ，セラピストに投影していた思考や気持ちが実は自分自身に向けられた思考や気持ちであったことに気づくのである。

私にとっては，セラピストに向けられたすべての気持ちを最も効果的に扱う方法は，クライエント・センタードの理論のなかで提示された条件を満たすようなセラピー関係を作ることである。私の考えでは，転移感情をセラピーのなかの特別な部分として，その取り扱いをセラピーの中核にすることは，重大な過ちである。そのようなアプローチは依存性を育て，セラピーを長引かせるものである。それはひとつのまったく新しい問題を生み出し，その目的は——自分の専門性の精巧さを見せるための——セラピストの知的満足だけであるように思われる。私はそれを残念に思っているのである。

　もうひとつ追加しておきたい点がある。もしも「転移神経症」の治療がセラピーのなかでそれほど重要なものであるならば，そしてそれがパーソナリティと行動における，より深い変化をもたらすものであるならば，どうしてそれを裏付けるデータがないのであろうか。精神分析の観点がより効果的で，奥行の深い効果があることを示すような，録音面接はどこにあるのであろうか。この精神分析過程の中核におけるセラピストの取り扱いにおいて，実際に何が起こっているのかを知らせようとしないのはなぜであろうか。

　何年も前，完全な精神分析の逐語記録を読み，精神分析療法の短い部分を聴く機会があったが，そのようなデータを公けにすることへのためらいは理解できると思った。そのためにか転移に関する問題は討論され，論議されども，それらはいつもデータから一歩離れてしまうのである。この問題は，精神分析家が彼らの仕事を専門的検討のために公開しない限り，最終的には解決されないであろう。

文　献

1. Rogers, C. R. (1951). *Client-centered therapy.* Boston: Houghton Mifflin.
2. Shlien, J. (1986, April 2). Personal correspondence.
3. Slack, S. (1985, Spring). Reflections on a workshop with Carl Rogers. *Journal of Humanistic Psychology, 25*, 35–42.

　1　『サイコセラピィ』（ロージァズ全集3）1966年。

10 A Client-centered / Person-centered Approach to Therapy

クライエント・センタード／パーソン・センタード・アプローチ

　クライエント・センタード・セラピー，あるいはパーソン・センタード・アプローチとは私にとってどんな意味をもつのだろうか。私にとってそれは，私の専門家としての人生全体の最も重要なテーマをあらわすものであり，そのテーマは経験や人びととの交流や研究を通じて，しだいにはっきりとした輪郭を整えてきた。このテーマは多くの分野で用いられ，その有効性が示されたので，「パーソン・センタード・アプローチ」という包括的な名称が最も適切な表現であろうと思う。

　このアプローチの中心的な仮説は簡潔に述べることができる。それは，個人は自分自身のなかに，自分を理解し，自己概念や態度を変え，自己主導的な行動をひき起こすための巨大な資源をもっており，そしてある心理的に促進的な態度についての規定可能な風土が提供されさえすれば，これらの資源は働き始めるというものである。

　成長を促進するこの風土を構成する条件は三つあり，それはセラピストとクライエントの関係，親子の関係，またリーダーと集団，先生と生徒，管理職と部下の関係においてもあてはまる。実際，これらの条件は，人間の成長を目標とする状況ならばどんな場合にも通用する。これらの条件について私は，すでに別の著作でくわしく述べた（文献2, 3）。ここではサイコセラピーの観点か

─────────

　〔出典〕　In Kutash, I. and Wolf, A. (Eds.), *Psychotherapist's Casebook*. Jossey-Bass, 1986, 197-208.

10 クライエント・センタード/パーソン・センタード・アプローチ

ら簡単な要約を提示するが，その記述は前述のあらゆる関係にも当てはまるものである。

第1の要素は純粋性，真実性（realness），一致性（自己一致）（congruence）である。セラピストが職業上の建前や個人的な仮面をまとわず，その関係のなかで自分自身であればあるほど，それだけクライエントが建設的に変化し，成長する可能性が高くなるのである。純粋性とはセラピストが自身の内面でその瞬間瞬間に流れつつある感情や態度に十分にひらかれており，ありのままであるということである。つまり，セラピストの内臓レベルで体験されていることと，セラピストのなかで意識されていること，および，クライエントに向けて表現されていることとが，密接に符合し，一致しているということである。

変化のための風土を作るために重要な第2の態度は受容（acceptance）であり，心を寄せること（caring），あるいは尊重すること（prizing）といってもよいが，つまり無条件の肯定的配慮（unconditional positive regard）である。クライエントがその瞬間にどういう状態であっても，セラピストがクライエントを肯定的に，非判断的に受容する気持ちを経験しているならば，治療的な動きあるいは変化がより起こりやすくなる。クライエントのなかにいま流れている感情が，混乱であれ，憤慨であれ，恐怖であれ，怒りであれ，勇気であれ，愛であれ，プライドであれ，クライエントがその感じになりきれることにセラピストが寄りそおうとする気持ちが，受容には含まれている。それは非所有的な（nonpossessive）思いやりである。セラピストがクライエントを条件つきでなく全面的に尊重するとき，前進的な動きが起こりやすい。

関係を促進させる第3の局面は共感的理解（empathic understanding）である。これはクライエントが体験しつつある感情やその個人的な意味づけを，セラピストが正確に感じとっており，この受容的な理解をクライエントに伝えるということである。共感的理解が最もよくすすむときにはセラピストは，他者の私的な内面の世界にまで深く入り込んでいるので，クライエントが気づいている意味づけだけでなく，クライエントが気づいていない深いレベルの意味づけまでをも明確化することができる。このきわめて特殊で能動的な傾聴（listening）は，私が知っている限りでは，変化をもたらす力として，最も強

力なものである。

　これらの促進的な条件が存在するときにはパーソナリティや行動の変化が実際に起こるという、ほぼ一貫した結果が、リサーチによって着々と積み重ねられている。こうしたリサーチは、1949年から現代にいたるまで、わが国でも外国でも行われてきた。それは、サイコセラピーにおける態度と行動の変化、学校における学習の程度の変化、分裂病者の行動の変化についてのリサーチであった。それらは概して、私が述べたことを裏付けている（研究の要約については文献4を参照されたい）。

信　頼

　パーソン・センタード・アプローチが人間への基本的信頼にもとづいていることが、実践と理論、それにリサーチを通して明らかになっている。このことはおそらく、現代の文化のなかの大部分の学派と最も大きく異なっている点であろう。ほとんどすべての教育、政治、経営、そして多くの宗教、多くの家族生活、多くのサイコセラピーは、人間に対する不信感にもとづいている。そこでは、人間は適切な目的を選ぶ能力がないと考えられているので、目標は設定してやらなければならないのである。人間はその選択された道から外れないように、この目標に向かって誘導されなければならない。教師も親も管理者も、人びとがその目標に向かって進むことを保証するような手続き――試験や検査、質問など――を設けなければならない。人間は本来、罪深く、破壊的で怠慢であり、あるいはその三つを兼ね備えているとみなされる――常に監視が必要な人のように。

　それとは対照的にパーソン・センタード・アプローチは、あらゆる有機体に備わっている実現傾向、つまり成長し、発展し、その可能性を十分に実現しようとする傾向を基盤にしている。この在り方は、より複雑で完全な発達に向かおうとする、人間の建設的な、方向性のある流れを信頼するものである。私たちが解放しようとしているのは、この方向性を備えた流れなのである。

もうひとつの特徴

　私はここまで、リサーチによって研究され、支持されてきた成長促進的関係

の特徴について述べてきた。しかし最近になって私の視野は，実証研究がまだまだ不可能な新たな領域にまで広がってきた。

　グループのファシリテーターであろうとセラピストであろうと，私が最もよく機能しているとき，私はもう一つの特徴を備えていることを発見するのである。私自身の内面の自己，直観的な自己に私が最も接近しているとき，あるいは自分の内面にある未知の領域に何かしら接触しているとき，あるいはまた，それはおそらくその関係のなかで軽い意識変容状態（altered state of consciousness）にあるということであろうが，そういう状態のときには私が何をしようと，それがそのままで十分に治癒的になっているように思われる。そんなときには，私がそこに・存・在・し・て・い・る（presence）というだけで，クライエントにとって解放的であり，援助的になっているのである。どうすればこうした経験をすることができるのかはわからないが，リラックスして自分の超越的な核心（transcendental core）に接近していられるとき，その関係のなかで私は奇妙で衝動的とも思えるような行動をとっているようである。そして，それについては私自身，合理的な説明がつけられないし，それは私の思考の過程とは関係がないのである。しかしこの奇妙な行動は不思議なことに，後になって・か・ら・正・し・か・ったことがわかってくる。このような瞬間においては，私の内面の魂が相手の内面の魂にまで届き，それに触れているように思われる。私たちの関係がそれ自体を超越し，もっと大きな何かの一部になっていくのである。そこには深い成長と癒しとエネルギーが存在するのである。

　私は確かにこの種の超越的現象を，これまで行ったグループのなかでもときおり，体験している。そしてそれは，参加者のうち，ある人びとの生き方を変えるものであった。ワークショップに参加したある人は次のように雄弁に述べている。「それは深遠な体験でした。そこに集まった人びとの魂が一体となっているのを感じました。私たちは一緒に呼吸し，一緒に感じ，ひとつになって話しさえしました。"生命力"（life force）といおうか，それが何なのかはともかくとして，そのような力がすべての人に浸み込んでいくのを私は感じました。"私は（me-ness）"，"あなたは（you-ness）"というような通常の障壁のない，その生命力の存在を私は感じました。それは私自身が意識の中心にいるという感じの瞑想体験にも似ていました。しかも，この異常ともいえる一体感

とともに、ひとりひとりの個人としての存在は、これまでに体験したことのないほどはっきりと確保されていました」と。

この説明が神秘性を帯びていることを私は承知している。私たちの体験は明らかに超越的で、記述不能な霊的なものを含んでいる。私自身、他の多くの人びとと同じように、この神秘的で霊的な次元の重要性を軽視してきたことを認めざるを得ない。

その点で、私の考えは、一部の物理学や化学のもっと先端的な思想家とそんなには違っていない（例えば、文献1参照）。彼らの理論には物質のない、単にエネルギーの振動にすぎない「真実」（reality）が描かれているのであるが、その理論も先に進むにつれ、やはり超越的で、記述不能で、予測不能なものについて語り始めているのである。そしてそれは、私たちがパーソン・センタード・アプローチにおいて観察し、経験したのと同じ現象なのである。

つまり、パーソン・センタード・アプローチとは存在の様式（a way of being）なのである。これは単なる技術や方法ではなくて、ひとつの基本的な哲学なのである。人がこの哲学を生きるとき、それは、その人自身の可能性の発展をさらに拡大させる。人がこの哲学を生きるとき、それはまた、他者に建設的な変化が起こるように働きかける。この哲学は個人にちからを与えるのである。そしてこれまでの経験の示すところでは、このちからを個人が感じたときには、それは個人の変化のための、また社会の変化のためのちからとして用いられることになるのである。

このパーソン・センタードの存在様式がサイコセラピーの場で生きられるとき、それはクライエントを自己探求と自己発見のプロセスへと導き、最終的にはパーソナリティと行動の建設的変化をもたらすのである。セラピストがクライエントとの関係のなかでこうした諸条件を生きるとき、セラピストはクライエントの自己の核心に向けての旅のよき伴侶になるのである。このプロセスは、次にあげる事例のなかにはっきりとあらわれていると思う。

ジャン：そしてその変化の道程

セラピストとクライエントの間の刻々と変化する関係において起こる、治療

10 クライエント・センタード/パーソン・センタード・アプローチ   167

的プロセスのいくつかの側面が，ひとつの面接事例で明るみに出されることがよくあるものである。私とジャンとの面接はそのような一つの例である。これは南アフリカのヨハネスバーグで，600人のワークショップ参加者を前にしてステージの上で行われた30分間のデモンストレーションの面接であった。

　数人からその面接を受けてみたい旨の申し出があったが，翌朝，私の同僚のルース・サンフォードがジャンをクライエントとして選んだことを彼女に伝えた。

　ジャンと私は，観衆が私たちのやり取りを側面から見ることができるように，お互いに向かい合って椅子に座った。そしてマイクを調節した。それから私は，気持ちを落ち着け集中するための時間を2，3分間もらいたいと言った。また，彼女も落ち着くための時間が欲しいのでは，と私はつけ加えた。彼女は頷き，彼女のほうもそうしたいということを示した。私はその時間を使って，技術的なことは忘れて，気持ちをジャンにだけ向け，彼女の表現するどんなことをも受けとめられるように精神を集中した。

　以下に示すのはこの時点から録音されたものである。この逐語記録の抜粋には，そのときの面接の主要なテーマと重要ないくつかのポイントが含まれている。ここに抜粋した資料には，話題として継続しなかったテーマや，そうした問題を追求した部分などは含まれていない。

　読者はまず最初に，ところどころ途中に入っている私の面接過程についてのコメントはとばして，ジャンと私の面接中の発言だけを全部読んだほうがわかりやすいと思う。次に読むときは，切れ目ごとに私のコメントを参考にしながら読んだほうがよいであろう。

　　カール　準備ができました。あなたが私とどういうことを話したいのか私は知りません。お互いに「今日は」と挨拶をしただけですからね。でも，あなたがどんなことを話しても，しっかりと聞く準備ができています〔沈黙〕。
　　ジャン　私は二つの問題を抱えています。一つ目は結婚と子どもということに対する恐れで，もう一つは年をとるというか，老いることです。将来のことはとてもわかりにくいのですが，とても恐い気がするのです。

カール　それがあなたにとっての二つの大きな問題なんですね。どちらを先に取り上げましょうか。

ジャン　差し迫っているのは年をとるほうの問題です。そちらから始めたいのですが。もし，そのことで何か助けていただけたら非常に有り難いのですが。

カール　あなたのその，年をとることの恐れについてもう少し話していただけますか。

ジャン　私，パニック状態になっている感じがするんです。私は35歳で，40歳まであとたった5年しかなくて——なんと説明したらいいか，とても難しいのですが。何かぐるぐる同じところを廻りつづけていて，そこから逃げ出したいんです。

カール　それがとても恐いんですね。あなたは本当に——。それでパニックになってしまうんですね。

ジャン　ええ，私の個人としての自信が脅かされているんです（カール　フムフム）。ついこの18カ月，2年の間なんです，このことに急に気づき始めたのが。あー，なんてことかしら，何もかも私を追いたててしまって——。なぜこんなふうに感じてしまうのかしら？

カール　おそらく1年半前くらいまではこんな気持ちになったことがなかったんですね〔沈黙〕。そのころ，そのきっかけになったと思われるような何か特別のことがあったのですか。

　私の最初のころの反応には二つの目的がある。私は，彼女が自分のことを話すのに何一つ心配しなくてもいいようにしたかったので，彼女が感じているままに受け入れて，特定の質問や脅威になるような質問はしていない。また特定の方向を指示したり，価値判断を暗示するようなことは一切言わない，というのも私の目的の一部であった。面接がどの方向に進むかは，まったく彼女しだいなのである。

　ジャンは自分の問題を述べるという状態から，しだいに自分の感じているパニックを体験し始めるという状態に移って行った。このときの彼女は明らかに，なんらかの援助が私の方からあるだろう，という態度であった。

ジャン　思い出せるものはとくに何もありません，本当に。そうですねー，私の母が死んだのは53歳のときで（カール　フムフム），まだとても若く——そしていろんな面で才能をもっていました。でも，もしかしたらそのことが私のパニックと関係があるかもしれません。よくわかりませんが。

カール　あなたのお母さんがその若さでなくなったのだから，あなたにもその可能性があると，そんな感じがあるんですね〔沈黙〕。そしたら時間があまりにも短いと感じられ始めたんですね。

ジャン　そうなんです！

　ジャンはすでにこの関係の安全性に包まれながら，自分の体験を探索し始めている。自分ではその重要性に気づいてはいないが，彼女の無意識の知性が，母親の死についての考察へと彼女を動かしている。

　私の反応を見ると，私は彼女の内的世界のなかでくつろぎ始めており，また彼女の表現よりも少し先の方に行っている。彼女の世界についての私の感覚が間違っていないことが，彼女の「そうなんです！」という言葉で確かめられる。もし彼女が「いえ，そうではないんです」と言ったのであれば，私はただちに私が描いた彼女の内的世界の像を取り払って，その発言が彼女にとってどういう意味をもっているのか探索しようとしたであろう。クライエントを理解しようとしているときには，私は，自分の反応の正しさに賭けようとすることはない。

ジャン　母の生涯を考えたとき，——母は多くの才能に恵まれていたのですが，——不幸なことに晩年には，惨めな女性になっていきました。世のなかが彼女にそういう生き方をさせたのです。私はだからそういう状態には絶対になりたくありません。そして今の時点では，そういう状況にはありません。今まではとても豊かな人生でした——非常に楽しく，またときにはとても悲しいこともあり——。多くのことを学んだし，またこれから学ぶべきこともたくさんあります。とはいっても，——やっぱり，私の母に起こったことが私にも起こりつつある，というような感じがするんです。

カール　それが，何か亡霊のようにつきまとっているんですね。あなたの恐

怖の一部には「母に起こったことを考えたら，私も母と同じ道をたどっている（ジャン　そうです）。そしておそらく，私も同じように何もできなかったという思いを抱くのかな？」と思ってしまうんですね。

ジャン　〔長い沈黙〕もう少し私に質問はありませんか。私についての情報がお役に立つと思いますけど。私にはできないんです，いろいろなことが渦巻いていて（カール　フムフム）ぐるぐると廻っているんです。

カール　あなたの内部では物事があまりにも速くぐるぐる廻っていて，どこをつかめば（ジャン　どこから始めたら）いいのか全くわからない。もう少しお母さんの人生との関係について，またそれについての恐れを話してみたいですか，それともほかに何か？

　クライエントの長い沈黙は豊かな実を結ぶことが多い。私は何が出て来るのか興味をもって待つのである。

　初め彼女の心のなかには，私が権威のある人，医者である，という気持ちが明らかにある。彼女は私の希望に合わせようとしている。私のほうは，何でも知っている医者ではないとか，医学モデルではやっていないとか，口に出して言うことはしない。私はただ，権威者としての振舞いをしないだけである。その代わり，彼女の混乱した気持ちを理解し，特定のリードをしないで彼女に任せていることを示すのである。

　面白いのは，私が話している途中で彼女がさえぎって言葉を差しはさんだことである。このことは，私たちが医者と「患者」としてテーブルをはさんで座っているというのでなく，あたかもテーブルの同じ側に一緒に座って，この探求をやっていることを，彼女が体験的にわかっていることを示している。

ジャン　だけど年をとればとるほど，結婚生活の状況について強く考えてしまうんです。今となってはこの二つのことが関係しているかどうかわかりません。でもとにかく，結婚して，自分を拘束し，子どもができること──これはとても，とても恐い感じがするんです。そして年をとるにつれてだんだん恐くなってくるんです。

カール　自分を拘束することが恐い，子どもができるのが恐い，ということ

ですね？　そして，そんなこと全部が恐怖となって，その恐怖心全体がふくらんできているように思われる，と。
ジャン　そうです。自分を拘束することは恐くないんです。例えば，仕事とか友だちとか，何かをするときにも。だけど結婚となると私には，とても——。
カール　それで，あなたは責任感がない，とかそういう人ではないということですね。（ジャン　ええ，全然そうではないんです）。自分を仕事に拘束することもあるし，友だち関係もある。ただ結婚生活となると，それに束縛されてしまうんじゃないかと思ってしまって，それがとても恐い。

　先ほどの長い沈黙によってジャンは，結婚生活の恐怖について口をひらき，その感じを探求するようになった。
　このクライエントは，「自分自身のことや自分の体験，そしてそれらの相互関連などを含めて感情や知覚の対象を，しだいに明確化し，分化させ始める」（文献2，p.216）のである。ジャンが，自分を拘束することが恐いのではなくて，ある特定の拘束に限って恐いのだと認める部分は，私の理論の上記の部分をはっきりと例証している。
　私たちはここで，もう間違いなく，彼女の自己，より深い内的な自己を探ろうとする仲間になっている。お互いに相手の発言のなかに自由に入り込むことができるようになっている。

ジャン　〔長い沈黙の後で〕私が話したほうがいいのですか。
カール　私としては，あなたが，頭のなかでぐるぐる廻っていることについて何かの取っ掛かりがつけられるようにお手伝いできたらと思っています。
ジャン　うーん〔沈黙〕。私，実際，今日ここに呼び出されるなんて思っていませんでした。わかっていたらリストを作って来たかったわ！〔沈黙〕。私の問題となると——私が本当に好きなのは芸術なんですよ。音楽とダンスに夢中になっています。できたら何もかも投げ出して，自分の人生を音楽とダンスに注ぎ込めたらと思うんです。だけど残念なことに，私たちが

今住んでいるこの世のなかでは、仕事をして、ある社会的基準を守らなければなりません。できなくて悔やんでいるというのではなく、やらないとさみしいし、本当にやりたいことなんです。でも、どうやったらいいのでしょうか。そのことが何か関係があるのでしょうか——つまり、だんだん年をとってきて、いつも後ろを振り向いては、戻ってくることを繰り返している、ということと——。

カール　あなたがおっしゃっているのは、あなたは確かに人生の目標をもっている、本当にやりたいことがある、——（ジャン　はい、そうです）、つまり音楽や芸術に集中したい。けれども、社会がそれを妨げていると感じている。でも、あなたがやりたいと思っているのは、ほかのことはすべて投げ出して、好きな音楽に熱中することなんですね。

ジャン　そのとおりです。

　ジャンはその探索のなかで、どの方向に進んだらよいか知ろうとしていたとき、私にその責任を預けようとしている。私は自分が感じていることだけを言っている。

　彼女の次の発言は、面接でクライエントに主導権をとらせることに大きな利点があることをはっきりと証明している。最初の長い沈黙は、彼女を結婚生活の探索へと導いていった。そして今回の長い沈黙は、彼女の自己イメージのびっくりするほど肯定的な局面を導き出している。はっきりしていることが何一つない彼女にとって、その芸術への思いだけはとても確かなものに思われる。

　私の応答は、肯定的な目的と目標に十分に気づかせるという利点をもっていた。クライエントに対して鏡を向けてやることは価値がある。

　セラピー過程の観点からいえば、ジャンは「これまで気づかれないままになっていた、あるいは気づいてはいても歪曲されていた感情にはっきりと気づき、それを十分に体験している」（文献2, p.216）のである。

ジャン　この18カ月の間、すべてが、——本当に不思議なことですが——状況は重大なところにさしかかってきました。私はいつの間にか、人は年

をとるにつれてだんだん我慢強く，忍耐強くなるもの，と思うようになりました。今まで，本当に心配ごとなんてありませんでした。今が初めてなんです，本当の問題というものをもったのは。だから，それにどう対処していいのかわからないんです。

カール　あなたには，この18カ月の間に，すべてのものが，とてもとても重要なものに思われてきたんですね——生活のあらゆる瞬間，あらゆる局面が（ジャン　そうです），もっと重大でもっと意味深いものに思われてきたのですね。そして「どうしたらいいだろうか？」という疑問が一層深いものに思われてきた。

ジャン　〔沈黙〕カール先生，ひとつ質問に答えて下さいませんか。先生には，結婚生活のことと，年をとるということが関連があると思いますか，それともないでしょうか。

カール　そうですね。あなたのお話のなかでは，この二つは関連しているように思われますね。年をとる恐れだけに限らず，結婚生活や子どものこと，自分を拘束する恐れも，ときがたつにつれて大きくなり，恐怖の塊のようになったと，あなたは言っているように私には聞こえます。それと平行しながら，あなたは「私が本当に打ち込みたいことはわかっているけど，——ただ，できないだけだ」とも，おっしゃっていますね。

　ジャンは自分の人生の問題が差し迫っていることと，その処理についての無力感を体験している。そして答えを権威者に求める，というお決まりのパターンをとっている。

　彼女はすでに会話のなかで，その二つの問題の関連について述べている。私はただ，彼女の感じ方と，その意味の中心部分を彼女にフィードバックしているだけである。何も私が，答えるのを頑固に拒否しているというわけではない。最上の答えはクライエントの内側からしか出てこない，という深い信念が私にはあるからで，事実，ジャンは彼女自身が語っていることのなかで，自分の質問に答えているのである。

ジャン　うーん。そしてそれは——放棄するという感じとは全然違うんで

す。ただ罠にはまってしまうという恐れなんです。ちょうど今，私が年齢のことで罠にはまっているように，ですね。

カール　罠にはまってしまう，という感じなんですね。今年という年(year)にはまって，今の年齢にはめられて，そしてまた結婚生活についても罠にはまってしまう〔沈黙〕。そして人生は恐ろしい見通しになってきたと。

　彼女が，感じていることにぴったり合う言葉，比喩を探している過程を追ってみると面白いものである。彼女はここまで，恐れ，パニック，重大であるという感じ，そして今度は罠にはまる，という言葉を試してきた。瞬間瞬間に内的に感じられた意味にぴったり合う言葉や言い回し，比喩を見つけようとすることで，クライエントはその感情をいっそう深く体験するようになる。
　私のほうは，たとえ彼女が自分の感じを十分に言葉にしていなくても，彼女の内的世界のなかを心地よく動き，彼女が感じているままに私も感じている。

ジャン　ええ〔沈黙〕。私はまだそれを引きずっているんですね（カール　フンフン），そして，私の内面の奥深くにそれを沈めておこうとしています〔沈黙〕。私，職場に行って「お願い，助けて。私，35歳なんです。これからどうしたらいいでしょうか」なんて言えません。そういうこととは全然違うんです。その気になれば私，まだショートパンツをはいておさげ髪にすることもできるんです。でもそういうことではないんです。これは――これは，罠にはまってしまうことへの恐れなんです。

カール　そしてあなたが抱えている恐れは，あなたが世のなかで何とかやっていくのを妨げるわけではないんですね。それはそれで大丈夫なんだけど，やっぱりこの恐れは内側の深い所にあって，何よりも大きな恐れは，罠に引っ掛かるんじゃないかという恐れなんですね。

　ここで彼女は自分が体験していることと自分が世のなかに向ける仮面との違いにしだいに気づきつつあるのに，私はそれに反応し損なっている。またショートパンツとおさげ髪ということにさらりとふれたこと――明らかにそれは彼女の自己概念のもうひとつの肯定的な局面なのだが――を見逃している。

10 クライエント・センタード/パーソン・センタード・アプローチ

しかし重要な意味をセラピストがとり損なっても，多くの場合もう一度チャンスがやってくるものである。そして次のやりとりのなかで私にその機会が与えられることになる。

ジャン　それにまだ，「あなたは人生で最高の時期にいるのよ。すべてがうまくいっているじゃない」なんて言う人もいます。そういう人たちは，私が心のなかで感じていることをほとんどわかってないんです。

カール　そうですね。だから外部からは，つまり見ている人には，あなたは最高の時期にいて，すべてがうまくいっている，というふうに見えるのだろうけど，それは内側からみたジャンではない。ジャンの内側はそれとは全然違っているんですね。

ジャン　〔長い沈黙──そして何かつぶやく〕ほかに何か聞きたいことがありますか〔カールと観衆から笑いが起こる〕。私，とにかくこの高い所でひどく緊張しているんです。

カール　好きなだけ時間をとっていいですよ。私のほうは，内面にいるそのかわいそうな怯えたジャンと仲良しになってきているような気がしていますから。

ジャン　ということは，私が話せば話すほど，そのことであなたが私を理解するのを助ける，ということですか。

カール　私には，あなたが一層身近になってきている，ということです。

ジャン　このことは何か関係があるかもしれないし，あなたに役立つかもしれませんが──私が以前熱中していたアマチュア演劇と関係があるかどうかわかりませんけど，いたずら好きの少女の役を演じるのはとても好きなんです。そして何かから逃れたいとか，何かしたいというときはいつでも私，あの腕白な少女の役を演じたいと思うんです。

カール　それはあなた自身がとてもよく知っている面ですね（ジャン〔笑う〕）。多くの舞台でその役を演じてきたんですね（ジャン　しかもうまくいくんですよ！）。うまくいく──その腕白な少女はうまくやっていくんですね。それにもう一つ，あなたがおっしゃったことですが，あなたは私を助けようとしているんですね。私は，ここで私たちがやっていること

が，あなたを助けることになって欲しいのです（ジャン　有り難うございます）。〔沈黙〕。というのは――あなたが私にいろいろ話してくれるとき，それは私のためではない，という感じが私にはするんです。いろいろなことを話して下さることで，あなたが自分自身をよりよく知ることができれば，と私は望んでいます。

　ここでジャンは，この関係について彼女の考えをはっきりと述べている。それは，もし要求されれば私に情報を与えることによって，専門家である私に彼女を援助する外部の力になってもらいたい，というものである。私が責任の中心を彼女に移そうとしたことが，うまくいったかどうかはっきりしない。私の言っていることを彼女が理解しているとは思わない。実際に，「有り難うございます」という彼女の言葉から，彼女にとっては私がまだ，直接的な援助を与える人であるということがはっきりわかる。
　腕白な少女を演じることが，彼女の問題とどんな関係があるのか，私にはよくわからないが，彼女の非意識（nonconscious）がひとつの道をたどっており，それが彼女の恐怖心に最も関連のある領域に私たちを導いてくれるだろうと深く信じている。

　ジャン　私は，この問題について同じ経験をしたことがある一人の人と話し合ったことがあるんです。彼女は，外傷体験が人に及ぼす影響というものを知っています。彼女自身，似たような感情を体験したことがあるんです。そして彼女はこう言いました。「あれは，とっても変な感じだったけど，でも何とか克服できたわよ。ある時間かけてね――一人か二人の人に助けてもらってね」と。大事なことは〔沈黙〕，自分が信用し，信頼がおける人で，私とある時間を一緒に過ごすことができる人，そんな人と話すことができるということだと思います。でも，そういう人を見つけるのはとても難しいことです。
　カール　それでも，やはりあなたは，本当に信頼できる人で，この大変な時期を何とかあなたが通り抜け，成長させてくれるような人をもとめている，と。

ジャン　ええ、この罠にはまっている今〔笑い〕。それでとにかく私、どう対処していいのかわからないんです。本当にわからないんです。
カール　あなたには少し大変すぎる問題だと感じておられるんですね。
ジャン　まあ、これは私の日常生活の一部なんです。目が覚めた瞬間から寝る瞬間までの。確かにこの問題を多くの人とは話していません。本当にその反動が恐いからだと思うんです。なんとか同じ船に乗ったことがある人――私がどんな経験をしているかわかる人ですね――を探すのが大事だと思います。
カール　それであなたは求めてるんですね――誰かを。あなたにとって必要で、あなたが望んでいて、本当にあなたが信じることのできる誰かを。

　彼女はここで、判断をしない、理解と思いやりがあり、信頼できるという、誰もが望んでいるような関係をとてもうまく表現している。これは真に治療的な関係というものをうまく言いあらわしているのだが、同時にまた、基本的には「クライエントが一番よく知っている」という事実のもうひとつの証明でもある。

ジャン　そうです。私、自分の力でやろうとしてるんですけど、なかなか簡単にはいきません。（カール　そうですね）。誰かが私を後押ししてくれて、何と言うか、「あなたができることはわかっている。やればできる。あなたはそれをしたいと思っている。もうしようとしている」みたいに言ってくれれば、そうすれば――。
カール　そうすれば本当に助かる。
ジャン　私を信じることのできる人が一人いてくれればいいんです。
カール　あなたを信じている人が一人いて、「あなたは間違いなくできる。大丈夫。やり遂げることができる」と言っていればいいんですね。だけどあなたは自分に向かってそうは言えないんですね。
ジャン　そうです。そして自分でもやる気を出そうとして、そのことについて冗談を言ったりするんです。でも私、私…すごく恐いんです。後ずさりしてしまって、前に向かって行かない〔長い沈黙〕。これまで私、このこ

とを脇におこうとしてきたんです。それについて考え始めると，それを止めようとしてきたんです。でもそんなことをしてもうまくいかないんです〔沈黙〕。今の状態は，比喩的にしか言えないんですが，暗闇のなかに迷い込んでしまったようなものです。明るい所から出てきて，暗闇のなかに入り込んだのです（カール　んー）。私の言っていることがわかりますか。（カール　わかります）。今また，私，恐くなってきて——。

カール　そして非常に危険だ，と。明るい所から暗闇のなかに，未知の世界に入っていくのは（ジャン　そうなんです）。こんな事態になって，とても恐ろしいのですね。

ジャン　〔沈黙〕この状態をどう克服するか。それ以外に言うことは思いつかないんです〔沈黙〕。今，この瞬間，こんなことはとても孤独な問題だという感じが確かにしています。それを経験した人もいるでしょう。経験してない人もいるでしょう。そして彼らはおそらく「何が問題なんだ？」って考えるでしょう。私は，ときには冗談さえ自分に言ったりします。「これを新聞の広告欄に出そうかしら。反響なんて〔笑い〕返ってこないわよ」みたいに言って〔沈黙〕。それは笑いごとなんだけど，私は努めて笑いとばそうとしてるんです。

カール　でも，あなたとしては，ここに別の人がいて，外部の人がいてくれて，あなたに自信を与え，あなたがこの大変な時期を乗り切れるよう援助してくれることを，本当はとても望んでいるんですね。

ジャン　そうです。というのも，お祈りはするんですけど——私は宗教に対しては自分独自の考えがあって——霊的傾向は発達するということを信じているからなんです。だからこれは私にとってはもしかしたら，業のなせる条件づけなのかもしれない，とも思うんです。もちろん，このことは，私の心のなかで起こっている全然別のことで，いわば私の発達の一部みたいなものです。でもそれだけでは足りない，やっぱり実際に誰かと直接に接触しなければならないんです〔沈黙〕。私が話すことのできる誰かと——。

この会話の部分を通して，彼女は深いやり切れなさ，恐怖の処理ができない

こと，誰かから援助してもらえる関係が欲しいこと，援助は間違いなく外から来るという確信，それに自分の痛みを隠すときに笑顔をつくること，などの気持ちを十分に深く体験している。

　私は，彼女のこの失望の道を，心理的な意味で彼女と共に歩んでいる。明るみから暗闇へ，という彼女が用いた比喩を，彼女に向けて照らし出している。その理由は次の私の反応をみればはっきりする。

　カール　誰か話せる人ですね。そして——これはおかしな考えのように聞こえるかもしれませんが——その話せる友だちのひとりは，あの腕白少女であったらいいな，と思うんです。おわかりいただけるかどうかわからないんですけど，あなたの内面に住んでいる，あの快活で腕白な少女だったら，明るみから暗闇のなかまであなたのお供ができるんじゃないかと思うんですが——こんなことあなたには全然意味をなさないかもしれませんけど。
　ジャン　〔当惑したような声で〕もう少し説明していただけませんか。
　カール　つまり，あなたの最も親しい友だちはあなたが内部に隠しているあなた自身，恐がっている少女，腕白少女，つまり表にはそんなに顔を出さない本当のあなた自身ではないか，ということですけど。
　ジャン　〔沈黙〕実を言うと——今おっしゃったこと，そして振り返ってみると——これまで私はその腕白な少女をすっかり失ってきました。実際，この18ヵ月のあいだ，その腕白少女はすっかり消えていました。

　これは直観的に出た反応だが，この種の反応を私はしだいに信用するようになってきている。この表現は私の内部に自然に形成されて，外に表出したがっていたものである。私はきわめて試験的なつもりでこれを口にしたのだが，彼女の無表情な困惑した様子をみて，これはきっと私のまったくの見当違いで役に立たないのでは，と思った。しかし，その次の反応から，それが彼女の内面の深くに存在する何かに触れたことがわかる。

　私はこの種の直観的な反応に大きな価値をおくようになってきた。この種の反応はそれほど頻繁に起こるわけではないのだが（実際，これは私の録音のな

かで見つけた初めてのものである），起こった場合には，ほとんどいつもセラピーを進展するのに役立っている。こうした瞬間，私はクライエントの世界の内側にもぐり込み（棲み込み）（indwelling），その世界と波長も完全に合っており，おそらく若干の意識変容状態にあると思う。そこでは私の無意識の知性がとって代わり，私は私の意識が気づいているよりもはるかに多くのことを知っているのである。私が反応を意識的に作るのではなく，他者の世界を感じとる私の非意識からの反応が，私の内部に自然に沸き上がってくるのである。

> カール　消えてしまったんですね。はあはあ，なるほど〔笑う〕。それじゃ，私もそんなに間違ってはいなかったんですね。それでしたら彼女を探さなきゃなりませんね〔笑う〕。
> ジャン　電話番号ですか〔笑い声〕。
> カール　ええ，知りたいです！〔笑い声〕。彼女は楽しそうだし，そう怖くもなさそうだし。けっこう生意気そうでもあるし〔笑い声〕。
> ジャン　〔けげんそうな顔で〕そうすると私，だんだん年をとっても，腕白少女でいられるんですね？
> カール　さあ，どうでしょう――私はまだ80歳ですが，まだまだ腕白坊主なんです〔たくさんの笑い声と喝采〕。
> ジャン　〔笑いながら〕コメントはしないでおくわ。〔沈黙〕それで私の結婚に対する気持ちが変わるんでしょうか。
> カール　それは，あなたが自分自身に問いかけている非常に大事な質問だと思います。もし，あなたの内部のその腕白少女ともっとよい友だちになれば，結婚生活という冒険を少し怖がらずに済むでしょうか。その子はこの18カ月間，寂しがってたんじゃないかと思うんですが。本当にそう思います。
> ジャン　〔沈黙〕まったくそのとおりです。今，おっしゃったことは問題の核心を突いています。そして――。

ここでは私たちの関係が，心地よい仲間同士の共同研究者のようになっていることは明らかである。非常に真面目な問題についてもユーモアをもってい

る。それは、ひらかれた、信頼し合った関係である。

　ジャンの内部では、自分の体験の最も大切な部分を自分自身が否定してきたのであり、そしてそのことが非常に重要な事実である、という認識が深まっている。

　私は自分の反応が気にいっている。それは自然に沸き上がってきたものであり、面白みもあるけれども、その意味していることはまったく真面目なものである。

　カール　申し訳ありませんが、あと1, 2分でやめなければなりません。
　ジャン　けっこうです。時計を15分、進ませてあるんです、いつも遅れるから〔笑い〕。
　カール　15分ぶん、年をとった？〔多くの笑い声〕
　ジャン　〔笑いながら〕そうですね── 10分前ですね──。
　カール　そうです。それでは、ここでやめようと思いますが、よろしいでしょうか。
　ジャン　はい。とても助かりました。本当にどうも有り難うございました。

　突然終わったような感じであるが、時間も来ていたし、その状況について彼女が冗談を言えるようになったことは、彼女が無力感をもたずに面接を終わることができたことを示しているであろう。さらに言えば、ここがこの面接の本当の終結の地点であった。

この面接における重要な要素
　この面接には、サイコセラピーや援助関係に対するパーソン・センタード・アプローチの特徴がたくさん含まれている。そのいくつかについて述べてみよう。

　1．彼女が自分のなかで体験しているすべての感情、すべての思考、すべての方向変換、すべての意味づけを、評価を加えずに受容していること。この受容は完全なものであると思うが、ひとつだけ例外がある。それを説明しておく

ほうがよいであろう。彼女の依存したい気持ち，答えを出してくれる権威としての私に頼りたい気持ちを，私は心から受容している。私が彼女の頼りたい気持ちを受容していることに注意してほしい。このことは，私が彼女の期待に応ずるように振る舞うという意味ではない。私が彼女の依存したい気持ちを容易に受容することができるのは，私が自分の立場を知っており，彼女には私が権威として映っていても，実際には私は権威的人物にならないことを知っているからである。

　しかし，ある一点で，私が完全には受容できていないところがある。彼女は実際に「あなたが仕事をやりやすいように，もう少し話します」と言っているのだが，私は彼女のこの関係についての見方を完全に受容しないで，彼女の見方を変えようとして，2度，無意味な試みをしている。私は実際に「私たちがやっているのは，あなたを援助することであって，私を援助することではありません」と反応している。彼女はこの反応を無視したので，そのプロセスは妨げられなかった。

　2．彼女が体験している感情と個人的意味づけを深く理解すること。このために可能な限りの感受性を結集すること。私は彼女の私的な世界に十分にうまく入り込んでいるので，彼女はしだいにこの関係を安全に思うようになり，心に浮かぶどんなことでも言えるようになっている。

　この，きめこまやかな共感が非常に深かったので，ある時点において私の直観がこれに取って代わり，やや神秘的とさえ思われるかたちで，彼女が接触を失っていた非常に重要な部分に触れることになった。おそらく，この時点では，私たちは，相互に意識の変容状態にあったのであろう。

　3．彼女自身の自己の探求のための仲間であること。セラピストとして私は，クライエントをリードしようとしない。なぜなら，私よりも彼女のほうが自分の苦悩の震源への道をよく知っているからである（もちろん，それは無意識の知恵なのだが，それでもそれはあるのである）。私は，私の理解が鈍くならないようにと思っている。もし私が鈍いと，その探索は彼女にはあまりにも恐ろしいものになるからである。私がしたいことは，彼女の側についていて，

ときには一歩後ろを行き，私たちの歩んでいる道がもっとはっきり見えるときには一歩前を行ったりし，直観からの導きがある場合にだけは前方に少し跳躍することである。

4. 彼女の問題の核心へと私たちを導いてくれる「有機体の知恵」を信頼していること。私は面接のなかで，彼女が自ら自分の問題に関連する領域に入って行くだろうと，信じ切っていた。私が臨床家としてどれだけ優れていたとしても，彼女の母親の死や芸術への愛好，あるいは数年前に舞台で演じた役柄などが彼女の恐怖心の解決に何らかの関係があるなどとは，予想することができなかったであろう。しかし，彼女の有機体，非意識の精神は——それをどのように呼ぼうとも——信頼されたときには，問題の核心部分に通じる道をたどって行くのである。

だから私はセラピストとして，クライエントが自分自身のやり方で，自分なりのペースで，その葛藤の核心に向かっていけるようにしたいのである。

5. クライエントが自分の感情を十分に体験することができるように援助していること。その最も良い例は，彼女が，罠にはまってしまうという無力感を，まったく完全に体験しているところである。そうした苦悩する感じが十分に深く，広く感じられるときには，その人はそこから動き出すことができる。それは変化のプロセスにおける動きとして重要な部分である。

これは注目すべきことだと思うのだが，彼女が非常な確信をもって「今，おっしゃったことは問題の核心を突いています」と言ったとき，彼女は明らかに自分を救ってくれる何かを体験しているのである。しかし，それが何か，までは言葉にしていない。それは問題ではないのである。重要なのは体験しているということであって，セラピストはそれが何かを細かく知る必要はないのである（この場合は彼女が翌日，私に教えてくれたが）。

これらの要素を指摘したことで，セラピーにおけるパーソン・センタード・アプローチは，それ独自の有機的な流れをもつ，非常に微妙な，そして多くの場合，混み入ったプロセスに触れ合うものであることが，明らかになったであろう。このプロセスが起こるためには，セラピストが理解的で，思いやりのあ

る人として，十分にそこに存在していることが非常に重要である——最も重要な事柄はクライエントの感情と体験のなかで起こるのだが——。

ジャンの結末

この面接が終わった直後に，ジャンはその場の聴衆に自分の体験をこう述べた。「これは私にはとても不思議なんですが，とてもあがっていたんですけど，とても面白かったんです。私は助けを必要としていました。そしてカールのおかげで答えを見つけたと思います」。もしこの後の会話がなかったら，これは単なるご挨拶としか受けとられないであろう。

翌朝，ジャンは私に，「腕白少女」についてのやりとりから彼女の自己探求が始まった，と述べた。この18カ月のあいだ，その腕白少女がいなかったばかりでなく，自分のなかのさまざまな部分も消えていたことに彼女は気づいたのである。「ひとりの全体的人間として，人生に立ち向かうために，私から消えていってしまった部分を，見つけなければならないことに気づきました」。彼女にとってこの面接は，「魂を揺さぶられる体験」だったと彼女は言った。この面接で始まったプロセスは，彼女のなかでずっと続いているようである。

文　献

1. Capra, F. *Turning Point: Science, Society and the Rising Culture.* New York: Bantam Books, 1982.
2. Rogers, C. R. A theory of therapy, personality and interpersonal relationships, as developed in the client-centered framework. In Koch, S. (Ed.), *Psychology: A Study of a Science*, Vol. 3. *Formulations of the Person and the Social Context.* New York: McGraw-Hill, 1959, 184–256.
3. Rogers, C. R. *On Becoming a Person.* Boston: Houghton Mifflin, 1961.
4. Rogers, C. R. Client-centered psychotherapy. In Kaplan, H. I., Sadock, B. J. and Freedman, A. M. (Eds.), *Textbook of Psychiatry*, 3. Baltimore: William and Wilkins Co., 1980, 2153–2186.

1　カプラ，F.『ターニング・ポイント』吉福伸逸・田中三彦・上野圭一・菅靖彦訳，工

作舎，1984年。
2 「クライエント中心療法の立場から発展したセラピィ，パースナリティおよび対人関係の理論」『パースナリティ理論』（ロージァズ全集8）1967年，第5章。
3 『ロージァズ全集』第4-6，8，12巻に分訳されている。1966-1967年。

第III部

過程のなかの人間

人間は幼児から成人になっていくにつれて，だんだんとその内面にある裂け目を作っていく。その裂け目は，私たち自身のより深い「体験過程」を直接的に意識することができなくしてしまうのである。是認され，愛されようとして，私たちは，自分の人生の世話をしてくれるこの重要な人びとには受容されないと思われる，自分自身の感情や表現を抑えつけるようになっていく。愛されたい，受け入れられたいという欲求から，私たちの「自己一致する」(congruent) 能力，統合的であり，純粋である (genuine) 能力を傷つけてしまうのである。幼児期の「評価の主体」(locus of evaluation) は自己の内部に確固とした基盤をもっているのだが，身体的，情動的，知的に成長するにつれて，私たちは，外部の世界から入り込んでくる評価を「取り入れる」(introject) ようになっていく。そしてやがて多くの人にとって，内部にあったものと外部からきたものとの見分けがつかなくなり，本当の自分がわからなくなってしまうのである。

　こうした問題をカール・ロジャーズは，その生涯にわたって観察し，研究し，書いたのである。何度も何度も彼は，とくに自分のクライエントが，そして一般の人びとが，自分自身の重要な部分との接触を失い，自尊感情の喪失を経験し，そしてこの自己不一致 (incongruence) の当然の結果である心理的，社会的問題をもつようになっていく過程を描いた。

　この破壊的な過程については，エレン・ウェストの症例ほど，まざまざと，悲劇的に描かれたものはない。「症例　エレン・ウェストと孤独」(Ellen West——and Loneliness)（第11章）においてロジャーズは，この有名なサイコセラピーの症例について，彼自身の分析を提示し，エレンがだんだんと自己自身，および周囲のすべての人びとから疎外していく状況を説得力をもって描いている。

　エレン・ウェストの症例は，苦悩する患者が「有機体の知恵」との接触を失っていくさまを，個人的なケースのなかで例証しているのだが，まさにそれ

と同じ基本的な現象が，平均的な言い方だが，ある程度よく適応している人間にも起こるのである。「価値に対する現代的アプローチ——成熟した人間における価値づけの過程」(Toward a Modern Approach to Values: The Valuing Process in the Mature Person)（第12章）というロジャーズの論文は，幼児期には自己決定ができるのに，そこからゆっくりと離れて，自分で評価する能力を外部の世界に譲り渡していくときに起こる内面の変化を，もっと十分にもっと一般的に描写している。この自己の喪失がある人びとのなかでは極端なまでにすすむので，自分の有機体がどうなっているかを意識することができなくなってしまう——自分がどう考えどう感じているかがわからなくなってしまうのである。

人間的なディレンマの否定的な，あるいは悲劇的な側面について人は述べたがらないが，ロジャーズはいつも「人間になること」(becoming a person)の過程——人間存在のより深い，より十分な水準を発見し，受容し，そして適切なときには，それを表現し，それを生きること——を探究することにいつも大きな関心を抱いてきた。価値づけの過程の論文の後半部では，人間がいかにして評価の主体を取りもどし，自分自身の生き方に責任をもてるようになるかを述べる。その論文は，彼のセラピーの経験から次のように確信するようになったという結論で結んでいる——より成熟した価値づけの過程は，その人間を個人的な成長の促進に向かわせるだけではなく，人類全体に対して建設的に貢献する方向に向かわせるものである，と。

「結婚しますか？」(Shall We Get Married?)（第13章）は，ロジャーズの1972年の著書『結婚革命』(*Becoming Partners: Marriage and Its Alternatives*)からとったものである。ロジャーズは，彼のこの発展的な過程に対する関心を，結婚生活のなかで自己を喪失するか発見するかという，特定の経験に適用する。彼は，結婚関係の二つの例をあげる。ひとつは，最終的に離婚という結末になるものだが，もうひとつの例は，ある苦しい真実を正直に表現することによって関係が改善されるものである。いずれの場合にも，ロジャーズがすべての人間関係について述べている観点が重要な役割を果たしている。すなわち，しつこく継続する強い感情が表現されないときには，その関係は悪い方向への影響を受ける。いつものことだがロジャーズは，そのパートナー関

係の結果——それが当面のカップルにとっては最高に重要な問題であることは誰も疑わないが——を強調するのではなく，そのパートナー間の，あるいはそれぞれの内面のコミュニケーションの過程が健全であるか不健全であるかを強調したのである。

　結局，結婚問題を見るにしても，セラピーのなかの人間を見るにしても，あるいは，普通の人びとのアイデンティティとの，孤独との，およびかかわりとの闘いを見るにしても，ロジャーズの関心はいつも過程のなかの人間にもどってくるのである。人間になることについての彼のするどい洞察とその説得力のある理論は，多くの専門家や非専門家を一様に彼の仕事にひきつけたのである。

11

症例　エレン・ウェストと孤独

　現代人の感じている基本的な孤独について，私自身の見解を述べたいと思う。そこで孤独から痛ましい結果にまで展開していったひとつの例として，エレン・ウェストについての私の見方を示したいと思う。

　孤独については多様な見解があるが，クライエントや一般の人について多くみられる孤立感には二つの要素があると思う。そのひとつは，人間の自己疎外（estrangement of man from himself），つまり自分の有機体的経験からの疎外である。この基本的な分裂においては，体験する有機体は，経験のなかにある意味を感じとっているにもかかわらず，意識的な自己は，他人から愛され受容されるために，それとは違った意味に固くしがみつくのである。このようにして私たちは，ほとんど運命的といえる分裂を背負うのである。多くの行動は意識された意味に支配されているが，身体的な有機体が感じとっているその他の意味は，自分自身の内部で自由に通じ合うことができないために，否定され，無視されてしまうのである。

　現代人の孤独にみられるもうひとつの要素は，私たちが本当に経験していること——つまり真実の自己（real self）なのだが——を他者に伝えられるような，いかなる関係ももっていないということである。私たちは分裂した自己の

〔出典〕　*Review of Existential Psychology and Psychiatry*, Vol. 1, No. 2, May 1961, 94-101.
　　　　Also in expanded form in Rogers, C. R. and Rosenberg, R. L., *A Pessoa Como Centro* (São Paulo, Brazil : Editoria Pedagógica e Universitária Ltda., 1977) and *A Way of Being* (Boston : Houghton Mifflin, 1980), 165-180.

両面——つまり意識された表面的な意味とさらに深いレベルの体験過程——を伝えることのできる関係をもたないときには，他の人間と真実に接触していないという孤独を感ずるのである。

　こうした孤独は，現代人特有のものであろうか。おそらくそうであろう。古い時代においても人間は，重要な他人の関心をつなぐために，自分の体験過程を無視したり，信頼しなかったりしたものである。しかし彼が取り込んだ表面的な仮面（façade），つまり彼自身が自分の経験から感じとったと思い込んでいる意味は，画一化されたものであり，しかも他人から強く支持されている信念や意味となったものである。彼の所属する社会集団は，人生や経験について同じような見方をしているので，知らず知らずに深層の自己を放棄しても，少なくとも彼は，自分が生きていくための，一貫性のある，尊敬され，承認される自己を保持していたのである。例えば初期の清教徒は，有機体としての体験過程を広い範囲にわたって否定したので，非常に強い内的緊張を味わったに違いない。しかしながら彼らが，今日のクライエントに見られるほどの激しい孤立感と孤独感を味わったかどうかは疑わしい。

　古い時代の同質的な社会集団の成員と同じように，現代人もまた，愛情を獲得することができるような生き方を優先させるために，自分自身の体験していることを放棄するのである。しかし，その取り入れた仮面は，両親や少数の他者から受け継いだものである。しかも，その仮面は，ある人には承認されても，多くの人はそれとは非常に違った人生観をもっていることを，思い知らされる状況にいつもおかれているのである。どんな仮面をつけても，安定することはできないのである。だから，以前よりもはるかに深く現代人は，他者からだけではなく，自分自身のより深い存在からの断絶と，孤立と孤独を体験しているのである。

　本論文の以下において私は，エレン・ウェストとして知られている，きわめて有益な情報を与えてくれる，ひとりの若い女性の例をあげながら，このきわめて基本的な形の現代人の孤独について述べたいと思う。

　私は，この症例がこのシンポジウムの基礎資料として選択されたことを喜んでいる。というのは，第1に，エレン・ウェストの日記，書簡などが，個人的な資料として非常に役立つことである。その上，医師，セラピスト，診断家た

ちの観察記録や報告書が、さらに資料を完璧なものにしている。第2に、この症例の完全な報告が、ドイツ語（文献1）と英語（文献2）で読むことができることである。第3に、この症例は、30年前の、精神医学やサイコセラピーの分野における最も著名な人びとが、どのように考え、どのようにやっていたかを例証してくれていることである。

エレン・ウェストの痛ましい生活の全体をここで述べることはできない（30ページ以上にわたってギッシリ詰まった印刷で公刊されている）ので、彼女の生涯におけるいくつかの決定的な出来事を選んで、コメントを加えたい。

まず彼女の青春時代。彼女は20歳まで、健康で統一のとれた普通の人間であると思う。臨床家は、彼女の生活史のなかにすぐに病理を読み取るかもしれないが、それはとくに結果論であって、私はここに病理は見ない。エレンは、元気がよくて、強情であり、感じやすく、反抗的で、せんさく好きであり、競争心にとみ、表現力豊かで、気分屋な女の子であった――簡単にいえば、生き生きとした人間である。彼女は、父親を慕っている。男の子でありたいという気持ちが強い――それは好きな男性と出会うまでつづいている。人間はなんのために生きるのかと悩んでいる。何か自分で大きなことをやりたいという、理想の夢をもっている。こうした特徴は、いずれも暗い将来を予想させるものではない。それどころか、彼女は、変化に富み、感受性豊かな、前途有望な娘なのである。

「20歳の彼女は、幸福と希望と人生への憧憬にあふれている」*。彼女は、元気がよく、真面目で、愛情にみちた男性を探し求めている。食事やお酒を楽しんでいる。しかしこの年に、重大な自己疎外が起こっているように思われる。「彼女はあるロマンティックな外国人男性と婚約するが、父親の希望でその婚約を解消する」。資料が足りなくてこの間の事情をくわしく知ることはできないが、彼女の方からなんの反対もしなかったところからみると、彼女が父親の感情をあたかも自分自身が感じていることのように取り入れているように思われる。この事件を図式にしてみると、彼女の理解は次のようになるであろう。「私は自分が恋をしているのだと思っていた。その人と婚約するという、肯定

---

* この引用と以下の引用は、メイその他の著書（1958）（文献3）からとられたものである。

的な意味深いことをしたのだと感じていた。しかし私の体験過程は信頼することができない。私は愛してなんかいないのだ。婚約なんて決して意味深い決断ではなかったのだ。私は自分の体験しているところに従って生きることはできないのだ。体験に従って生きることは，間違った行為なのであり，それによって父の愛を失うだろう」と。

そのときから数週間のうちに，彼女は過食をはじめ，太りはじめる——彼女の主要な症状となっていったものの最初のあらわれである。彼女が友だちにからかわれてからダイエットを始めたということは，彼女が自分自身に対する信頼を失い始めたことをあらわすものであろう。自分自身の衝動を信頼することができないので，他人の期待に沿って生きなければならないと思うようになる。

それから間もなく，彼女は自分自身を卑下しはじめ，死を「女性の栄光」と見はじめるようになっていくのだが，その理由を知ることはむずかしいことではない。結局自分は，ひとつの有機体として信頼できない存在であり，体験の過程は間違いの固まりであり，軽蔑に値するものである。彼女の日記には「疑惑と恐怖の影」と書かれている。それは間もなく太ることの恐怖へと変わっていく。また彼女が，自分のなかの「悪霊」——それは，彼女をたびたび襲ってくる，受容されざる，拒否された感情なのだが——にびっくりしたとしても，それは不思議なことではない。

これがエレン自身と彼女の根底にある感情との間に起こった真の疎外としてはじめてのものではなかったと思うが，それが深い意味をもつものであったことは疑うべくもない。その疎外が，長い間には，自律性をもった人間としての自信を打ち壊してしまったのである。彼女のなかの悪霊がいなくなり，幸福な時期を迎えたとしても，彼女は自己自身の一部を棄ててしまったのであり，父親の感情をあたかも自分の感情であるかのように取り入れるようになってしまった。

この時期彼女は大きく揺れ動く。彼女はなにか偉大なことをしたがっている。社会の革命を望む。学生として勉学に打ち込み，子どもたちのために読書室をつくる。しかしときどき彼女は，「自信のないミミズ」になる。死にあこがれる。家庭教師に，「善人ははやく死ぬ」という文章をなんども読ませた。

ときおり，「生の輝きがもどってきた」「乗馬教師との不快な関係」をもつ。彼女は，落ちこんでしまい，過剰に体重を気にする。

　24歳のとき，もっとひどく自分に対する信頼感を傷つける事件が起こる。彼女はまだ，老家庭教師の世話を必要とするほど不安定であったけれども，勉強しているときは幸せである。「日記は生と感覚の喜びにあふれている」。彼女はある学生と恋におちいる。この恋愛は，その時期の長さと影響の広さからみて，明らかに深くコミットしたものであった。

　彼女は婚約するが，また両親は，彼女の経験しているところは間違いだと主張する。両親は，一時的にでも別れるように要求する。それで彼女には，その関係は真実のものではないし，賢明なことでもないと思われたにちがいない。ふたたび彼女は，自分自身の体験過程を否定し，棄てて，両親の感情を取り入れてしまうのである。彼女はその関係を棄てる。それとともに彼女は，賢明な自己決定ができる自分自身への信頼をも棄て去るのである。信頼できるのは他者の経験だけなのである。この時期に彼女は医師に援助を求める。

　この時点に反抗を企てていたならば，そして自身の世界を自分で体験するために闘うだけの強さをもっていたならば，自分のより深い感情に忠実であることができただろうし，自分の自律の可能性を，文字どおりに，救うことができたであろう。しかし彼女は反抗しないばかりか，深刻なうつ病になり，自分の身体を憎悪するようになった。身体は，生きていくのに，まったく信頼のできない有機体にすぎなかったのである。彼女がどれほど自分を放棄していたかは，その極端なダイエットが説明してくれる。あとで彼女は語る。「私のなかの何物かが，太ることに反抗している。健康になり，まるまると太り，赤い頬をした，単純でしっかりした女性――私の本来の性質にピッタリしているのですが――になることに，反抗しているのです」と。

　言い換えるならば，もし彼女が自分の感情，欲求，経験を信頼していたならば，彼女はがっしりした，丸々と太った女性になり，愛する学生と結婚していたことであろう。しかし自分の感情はまったく信頼できないものになったし，欲求や経験も指針としてまったく信頼できないものになってしまった。そこで彼女は，愛する人に対する感情を否定したばかりではなく，さらに自分の肉体を，ダイエットにより，他人には承認されるけれども自分の生来の傾向とは正

反対な姿に強制しなければならない。彼女は，生きる基盤として，自分自身の体験過程をまったく信頼することができなくなったのである。

　もうひとつのエピソードに簡単にふれてみよう。彼女は自分のいとこが結婚の相手になりうると気づくが，この選択には家族も賛成する。彼らは結婚の計画をたてる。それでも2年間というものは，いとこにしようか，好きだった学生にしようかと迷っている。彼女は学生に会いに行くが，彼とは別れる——彼女の言葉によれば「傷口を広げて」——。私たちは，このきわめて決定的なやりとりの内容については何もわからないが，私は，彼女の心理的生活がここのところのバランスにかかっていた，と推定する。——自分自身の体験過程を信頼して愛する人を選ぶか，いとこを選ぶか？——彼女の感情は，いとこに対しては冷たいものであったが，まわりに承認される感情——それを期待されていた——を感じるべきであると思っていた。その学生を選べば，自律的な自分という，地図のない道を選ぶことになり，いとこを選べば，他人から期待されている生活を生きることになり，その方が安全であり，言い訳も立つ——ということにうすうす気づいていたように思う。彼女はいとこを選んで，結婚した。こうして自分に対する信頼をますますなくしていくことになったのである*。

　32歳の年までに彼女は，どうしても痩せなければならないという観念にすっかりとりつかれてしまう。この目的のために彼女は，食事をとらないで，1日に60錠の下剤を飲む。体力がなくなったことは当然のことである。精神分析をやってみるが，自分はよくならないと思う。「私は精神を分析したが，すべては理論どおりであった。分析者は私に認識を与えることはできるが，癒しを与えることはできない」と彼女は述べる。事情によって分析が打ち切られたとき，彼女はもっと悪くなっていた。

---

　*　同じエピソードがまったく違った角度から見られるという例を示したい。ここではビンスワンガー博士のコメントをあげる。彼は，彼女の「理想的」な部分と「現実的」な部分との闘いを対照させている。彼は，「エーテル（理想）の世界の，ブロンドの可愛らしい女の子と，両足でしっかり大地を踏みしめている現実的人間（いとこ）」を対照させ，「……現実の生活が最後の勝利者だ」と述べる。ビンスワンガー博士にとっても私にとっても同じことだが，私たちが「客観的」な観察をしようとしているときでさえも，私たちの価値観があらわれてしまうことを，この例は示しているのではないかと心配しているのである。

この時期に彼女は，自分の理想の恋人である学生について語る。その夫に手紙を書いている。——「その当時あなたは，私があきらめ，受け入れる準備ができていた人でした。……でもそれは，無理に決心したことでした」と。彼女は，他人が彼女に望んでいるような感情をもつように絶望的に努力しているように思われるが，それは無理に自分自身に強制しなければならなかったことである。

　このあたりから彼女のなかの疎外感はますます大きくなり，他人から孤立しているという感じも大きくなる。彼女が送られた病院の，担当の2番目の分析者が，現在ではよく知られているパターンを繰り返した時点で，彼女の最初の自殺企図があらわれたのはさして驚くことではない。彼女の夫は彼女に病院で付き添いたいと言った——彼女も彼と一緒にいることを望んでいた。しかし，父親像，つまり分析者は自分の方が状況をよく知っていると判断し，夫の付添いを禁じた。さらにここで分析者は，彼女のなかにまだかすかに残っているかもしれない，自律的人間としての自信を打ち壊してしまう。

　この時点から孤立はさらに深まり，悲劇は忍び寄ってくる。彼女は，さらに別の医師を訪ね，何人かの精神科医のところに行ったが，彼女を扱う人の目には，ますますひとつの対象物のようになっていく。とうとうビンスワンガー博士の療養所に送られる。ここに彼女は数カ月とどまる。

　この期間において，彼女の診断は，いろいろに違っていた。エミール・クレペリン（Emil Kraepelin）——有名な精神科医である——は，彼女のうつ病のある時期に，メランコリアと診断した。2番目の分析者は，「躁うつ病の傾向と結びついた重症の強迫神経症」と診断した。ある精神科医は，「進行性の精神病質」（psychopathic constitution progressively unfolding）だとした。そして知性の欠陥はないので分裂症ではないとした。しかしブロイラーとビンスワンガーの両博士は「進行性精神分裂病」（progressive schizophrenic psychosis）という診断で一致した。彼らは彼女になおる見込みはないとして「病院から退院させると自殺するのは明らかだ」と述べた。

　エレンはこうしたたくさんの議論について知っていたので，きっと，自分は人間ではなくて，奇妙な，異常な機械であって，自分の力は統制することができず，まっすぐに破滅に向かってすすんでいくだろう，と思ったにちがいな

い。これらの「診断」のなかに，医師たちが人間を扱っているのだという認識があるか探してみても，そのかけらも見当たらないのである。エレンの次のような言葉を理解するのは，むずかしいことではない。「私は奇妙な人間としての自分に対決している。私は自分が怖い」。またあるときは「私はこのひとつの点で狂っているのだ。——私は自分の本性との闘いのなかで破滅していくのだ。運命は，私を太らせ，強靭にしたがっているのだが，私は痩せて，デリケートでありたいと思っているのだ」と。事実，彼女は自らの本性とのあがきで破滅している。彼女の有機体は，健康で強くありたいと望んでいたが，取り入れられた「私」——他人を喜ばせるために身につけた偽りの自己——は，彼女がある時点で述べているように，痩せていて，「知性的」でありたいと望んでいたのである。

　賢明なる医師たちは，自殺の危険があるにもかかわらず，次のような結論に達した。「信頼できる，はっきりした治療は不可能である。それゆえに私たちは，解放してほしいという患者の要求に従う決定をした」と。彼女は退院した。3日後には彼女はとても幸せそうに見え，ここ数年間になかったぐらいよく食べ，それから致死量の薬物を飲んだ。彼女は33歳であった。彼女の墓碑銘は，彼女の言葉そのものだと言ってもよい。「私は人生を非常に受け身に生きた。その舞台では，いがみ合うふたつの力が，互いにつぶし合いをしていた」。

　エレン・ウェストの人生において何がそんなに決定的に間違っていたのだろうか。私は私の信念をうまく表現できているようにと願っているのだが，そこで間違っていたことは，私たちすべての人の人生にある程度は起こるものだが，彼女の場合にはそれが極端なだけであったのだ，と。幼児期には私たちは，自分の経験のなかに住んでいる。その経験を信頼している。赤ん坊はおなかがすくと，おなかがすいているかどうか疑ったりしないし，食べ物を求める努力をすべきかどうか，自問したりもしない。そんなことを意識しなくても，彼は自己を信頼できる有機体なのである。しかしある時期において，両親や他人が，「おまえがそんなふうに思うなら，可愛がってやらないよ」という意味のことを言うかもしれない。そのとき子どもは，自分が本当に感じていることではなく，感じなければならないことを感ずるようになる。この度合いによって子どもは，感じなければならないことを感ずるような自我を作り上げ，そし

てほんのたまにだけ，自分の有機体——自我がその一部なのだが——が本当に感じていることに気がついてびっくりするのである。エレンの場合には，この過程が極端に進行したのである。人生における最も重要な時期に，自分の経験していることが価値のない，誤った，正しくない，不健康なものであり，自分はもっと違った感じ方をすべきなのだと強いられたのである。不幸なことに彼女は，両親とくに父親に強い愛情を抱いており，そのため，自分の経験を自分で価値づける能力を棄てて，両親あるいは父親の価値づけで代用させたのである。つまり彼女は，自分自身であることを放棄してしまったのである。彼女の医師の最後の年の観察記録に，「子どものころの彼女は，他人の考えに全然頼らなかったけれども，現在では，他人がどう思っているかということにすっかり頼り切っている」と記載されているのも，驚くには当たらないことである。彼女はもはや，自分が何を感じ，何を考えているかを知る方法を失ったのだ。これは，最も孤独な状態であり，自立性をもった有機体から完全に分離している状態である。

　彼女の処遇のどこが間違っていたのだろうか。ここにいま，知性的な，感受性の高い若い女性が援助を求めている。現代の標準からすれば，予後の見通しはとても順調のように思われる。それがどうしてこのような完全な失敗となってしまったのか。意見はいろいろと違うと思うが，ここに私の意見を述べてみたい。

　彼女の治療における最大の弱点は，彼女とかかわった人の誰もが，彼女をひとりの人間——尊敬に値する人間，自律的選択のできる人間，自己の内的な経験を大事な拠りどころとして信頼する人間——として付き合わなかったと思われることである。

　それどころか彼女は，客体（もの）として扱われてきたように思われる。最初の精神分析家は，彼女がいろいろの感情を観察するのを助けはしたが，それを経験するようには助けなかった。これでは，彼女はますます自分を客体化していき，経験のなかに生き，経験を拠りどころとした生き方からは離れて行ってしまうだけである。賢明にも彼女は，「分析家は私に認識は与えてくれるけれども，なおしてはくれない」と述べている。分析家は，彼女がしかじかの力動的体制をもった人間であることを指摘する。彼女もそれに賛成するけれど

も，それはしかし，そうした力動的な感情を経験するという基盤にもとづいてのことではなかった。彼女はただ，これまで自分を孤立させてきたパターンに従っているにすぎないのである——自分自身の経験を信頼しないで，感じるべきであるもの，自分が感じていると専門家が告げることを，信じ，感じようと努めていたのである。

それから彼女の診断について，悲劇的で喜劇的な議論がつづいてくる。それについては彼女はまったく知らなかった。医師たちは，彼女がどんなタイプの客体であるかについて意見が一致しなかった。——彼女は躁うつ病である。いや強迫神経症だ。いや抑うつ症のケースだ。治療は可能である。いや不可能だ。こうして信じられないような最終決定がやってくる。——彼女は自殺傾向のある分裂病であり，治療の見込みはない。だから彼女を退院させ，自殺するのにまかせよう，と。少なくともこのことは，的中した予測のひとつであった。

「私が大声で叫んでいるのに，誰も聞いてくれない」。エレンの言葉が私の耳に聞こえてくる。誰も人間としての彼女の声を聞いてくれなかった。子どものころから——そしてきっとそれ以前からかもしれないが——，両親にしても，2人の分析家も，医師も，誰ひとりとして，彼女に深く耳を傾けるほど彼女を大事にしていなかったようである。誰も彼女を，人生に対処して生きていける人間として，その体験過程を信頼することができ，内面の感情は受け入れるに値する人間として，扱わなかったのである。こんな状況のなかで，彼女がどうして，自分自身に耳を傾け，内面の体験過程を信頼することができるのだろうか。

「私はひとりぽっちでした。私はガラスの球のなかに座っていて，ガラス越しに人を見ています。大声をあげても彼らには聞こえないのです」。ふたりの人間関係を求める，なんと絶望的な叫びであろうか。彼女は，ブーバーの言う「出会いによる治癒」(healing through meeting) を一度も経験したことがなかった。彼女と出会い，あるがままの彼女を受け入れた人はひとりもいなかったのである。

この悲しいケース記録を読んで，私は怒りを感ずる（あとでわかると思うが），と同時に，一方では勇気も湧いてくる。私はひとりの人間を死に至らし

めてしまった悲劇に怒りをおぼえるが，同時にまた元気づけられもしたのは，当時から現在までの間に私たちは多くのことを学んできたので，もしエレン・ウェストが今日，私や私の知っている多くのセラピストのもとを訪ねていたら，彼女は助かっていただろうと思うからである。こうした可能性について簡単に述べてみよう。わかりやすいように，彼女が24歳のときに私の相談室を訪ねたと仮定してみよう。そのとき彼女は，医学の援助を求めているので，今日でいえば心理学に援助を求めていたのだと考えてもよいだろう。それはちょうど彼女が，両親の強い意見に従って，愛していた学生と別れた直後のことである。

この症例を読んでみただけでも，私はこの抑圧された，不幸せな，やつれた，拒食をしている若い女性を問題なく受容できると確信している。私は，彼女の今あるがままと，これからの可能性の両方を感じとるであろう。そして，彼女が，その両方を受け入れるか，あるいはその片方でも受け入れることを願っているだろう。

次のような話題で私たちの接触が始まっていくと思う。「私，とても憂うつなんです。でも，何で憂うつなのかさっぱりわからないんです」「ひとりぼっちでいられないんです。どうしてなのかさっぱりわかりませんが」「太ったらとてもいやなんです。痩せなくちゃならないんです。でも，それもなぜなのかわからないんです」「私はこの学生を本当に愛していましたが，賢明な組み合わせになるだろうとは思わないのです」「父も母も，彼は私にふさわしい男でないと思っていたんです」。私がこうした感情のひとつひとつを理解し，彼女がそうした自分自身の感情を感ずるという権利を受け入れたならば，その他の態度もおそるおそる表現されるようになる。——例えば，婚約者と別れたときの失望。以前も今も彼に対して感じている強い気持ち。父に対する非難の気持ち（彼女を非常にびっくりさせる感情だが），などが出てくるだろう。少しずつゆっくりと彼女は，次のような感情を自分のなかに発見し，そしてそれを（抑えつけずに）体験するようになるであろう。——父親に対する愛情と非難の両方，また私に対する愛情と非難の両方，また独立した生き方への恐怖心と希望の両方，男性でありたい希望と女性でありたい希望の双方，頑丈で丈夫で満ち足りた妻への願望と，スタイルがよく賢明で闘争的な社会革命家への願望

の双方，などをありのままに経験することができるようになるであろう。また，空腹を感じ食欲をもち丈夫になることも経験し，太って醜くなり，友人に嫌われる心配も経験するだろう。彼女自身が実際に話しているのだが，「私は自分自身が怖いのです。何の備えもなく自分をまかせてきた感情が怖いのです」ということを経験することができるだろう。ほんの少しずつ，少しずつ，こうした感情のすべてを，自分自身のこうしたすべての要素を，自由に経験することができるようになるだろう。

　こうした感情が非常に自分をびっくりさせるようなものだと気づくであろう。独立した人間になるということの冒険と興奮を探ったり，それを経験することは，こうした恐ろしさの要因のひとつなのである。私のクライエントのひとりが，このことを次のように述べているが，エレンもそう言いたがることであろう。彼女は言う。

　　私はとてもびくびくしています。……とけてしまった感じですが，非常に傷つきやすいような気がします。……でも，力強いという感じもあるのです。……いま私のなかに感じているのですが，何か湧き上がってくるような，力のような……何か本当に大きくて，強いといった……。しかも初めはひとり放り出されたという身体的な感じで，いままで頼りにしてきた支えを外された，というような……〔沈黙〕……いま私は，何かたくさんのことをやり始めている，そんな感じがしています。

　これは，安全な関係のなかでは，十分に，受容されながら感情を経験する，と私が述べたことのひとつの例である。それは，私の判断では，変化の契機——おそらく身体的な，抗しがたい変化——をあらわすものである。同じようにしてエレンは，自分自身のこうした隠された側面を経験したとき，彼女は自分が変化しつつあることに気づいたであろう。この場合には，あらわれてくる変化した自己は，その有機体的な反応，内面の体験過程にもとづいたものであり，他人の価値観や他人の経験にもとづくものではないのである。

　そうして彼女は，自分の自然に逆らって，あるいは自分の感情に逆らってがんばらなくてもいいのだとわかるであろう。むしろ彼女は，自分が自分のすべ

ての体験過程にひらかれており——自分の内面の体験過程にも，他人の態度や要求を体験することにもひらかれているならば，生きていくための基盤をもてるようになるであろう。自分の体験過程にひらかれており，その意味するところに耳を傾けることができるならば，その体験過程が，自分の行動や，また人生に対する建設的な指針を与える，ということに彼女は気づくであろう。

　このように述べたからといって，その過程が順調に気持ちよくすすんだであろう，と言いたいわけではない。ひとりの人間であるということは——ときには両親に逆らい，ときには社会の圧力に抵抗し，結果がどうなるかさえわからないような行動を選択することが多いのだが——，苦しくて，犠牲も多く，ときには恐ろしいことさえもあるだろう。しかしそれは，非常に貴重なものである。自分自身になるということは，多くの犠牲をはらう価値のあるものである。それはまた，多くの貴重な局面ももってくるだろう。

　セラピー関係においては，彼女自身のすべてが受け入れられるから，自分自身についてもっと完全に話しても安全であることに気づくだろう。彼女の経験の意味を理解してくれる人がいるので，さみしく孤独でいる必要がないことがわかるだろう。また彼女は，このプロセスにおいて自分自身と友だちになれること——つまり自分の身体，自分の感情，自分の欲望が敵ではなくて味方であり，自分自身の建設的な部分であることがわかるであろう。もはや彼女は，「私は自分の本性との闘争のなかで死んでしまう」などという絶望的な言葉を吐く必要もなくなるのである。彼女の二つの基本的な自己疎外は和らげられるであろう。彼女は自分自身とコミュニケートしながら自分とのよい関係をもつことになる。また，人間関係においてまったく自己自身であっても危険なことではないとわかるだろう。その結果彼女は，他人との関係においてもっと自分を出してかかわることができるようになり，そしてまた，他人とかかわるときに本当の自分であることが，危険で不安なことではなく，もっとはるかに満足のいくものであることがわかるであろう。

　私の考えるところでは，ガラスの壁がとけてしまうのは，こうしたプロセスによるものである。彼女は，人生は冒険であり，ときには苦しいものであることがわかる。自分の複雑で矛盾する感情とうまく調和する方法を見つけていくことは，果てることのないパズルなのである。しかし彼女は，活気に満ち，真

実であり，自分自身とも他人ともかかわりをもっていくだろう。彼女は，現代人の大きな問題である孤独を，自分の力で解決していくであろう。

エレンがパーソン・センタード・セラピーに参加していたとすればそのセラピーがどのような結果になったのかについて，自信をもって，また楽観的なかたちで述べたのであるが，それについて私は弁解するつもりはない。私の経験からすれば，これ以外の結論は出てこないからである。私はエレンがかならず私の述べたとおりに動いていくとは言わないが，もし，人間と人間（person to person）というセラピー関係をつくることができたとすれば，かならず私の述べてきた方向に動いたであろう，と確信しているのである。

私自身としては，このエレン・ウェストのケースからいくつかの教訓を学びとった。その第1は，人間を客体（もの）としてとらえること——診断したり，分析したり，あるいは事例史のなかで非人間的な見方をするとか——は，どんな場合であれ，セラピーの目的を達成する妨げになるということである。人間を客体（もの）としてとらえることは，あるいは身体的疾患の治療には役立ったかもしれないが，心理的な病気を扱う場合には成功したことがないのである。ただ私たちが，人間としてかかわりをもち，その関係のなかで人間としての自己自身に賭けるとき，あるいは相手を独自の権利をもった人間として経験するとき，はじめて私たちは深く他人を援助することができるのである。そのときにこそ，クライエントとセラピストの両者のなかの孤独という苦痛を和らげる深い出会いが存在するのである。

文献

1. Binswanger, L. Der Fall Ellen West, *Schweizer Archiv für Neurologie und Psychiatrie*, 1944, 53, 255–277; 54, 69–117, 330–360; 1945, 55, 16–40.
2. Binswanger, L. The case of Ellen West. In May, R., Angel, E., & Ellenberger, H. F. (Eds.), *Existence: A new dimension in psychiatry and psychology*. New York: Basic Books, 1958.
3. May, R., Angel, E., & Ellenberger, H. F. (Eds.), *Existence: A new dimension in psychiatry and psychology*. New York: Basic Books, 1958.

12

Toward a Modern Approach to
Values: The Valuing Process
in the Mature Person

価値に対する現代的アプローチ
―― 成熟した人間における価値づけの過程

　今日，価値の問題に大きな関心が寄せられている。ほとんどすべての国の若者たちが，自らの価値観についてまったく不安定である。もろもろの宗教にまつわる価値観は，その影響力の大半を失ってしまった。またあらゆる文化のなかで，知識階級の人びとは，どのような目標を尊重すればよいのか確信できずに困惑している。その理由を求めることは困難ではない。世界の文化は，そのあらゆる局面でますます科学的に，ますます相対的になっていくように思われ，過去から受けつがれる堅固で絶対的な価値観は，時代錯誤であるように見える。おそらくさらに重要なことは，現代人が，あらゆる角度から互いに異なり，矛盾し合った価値からの攻撃に攻めたてられているという事実であろう。そう遠くない過去の歴史にあったように，自分たちの祖先や社会の価値体系に安住し，その価値体系の本質やその前提を一度も検討することなく，人生を完うすることはもはや不可能なのである。

　このような状況にあって，過去から受けつがれた価値への方向づけ（value orientation）が分解し，崩壊したように見えるとしても，それは驚くにはあたらないことである。人びとは，普遍的な価値というものがあるのか，あるいはあり得るのかといった疑問を抱く。現代世界のなかでは，価値についての一

〔出典〕 *Journal of Abnormal and Social Psychology*, Vol. 68, No. 2, 1964, 160-167, Copyright © 1964 by the American Psychological Association. Reprinted by permission of the publisher.

般的な，あるいは異文化間に共通する基盤があるといった可能性がまったく失われてしまった，と感じられることも多い。そしてこの不確実さと混乱のひとつの自然な帰結として，今日の世界でも通用するような，確かで，意味ある価値観への興味・関心とその探求が次第に高まりつつあるのである。私もまた，この一般的な関心を共有している。サイコセラピー——これが私の領域であるが——のなかで，価値の問題がさらに特別な形で生まれてくることを私は体験してきた。クライエントの価値に関する感情や信念は，セラピーの間に変化することが多い。それでは，そのクライエントは，また私たちは，それが健全な方向に変化しているかどうかを，どうやって知ることができるのであろうか。それともクライエントは，ある人びとが言うように，自分のセラピストの価値体系をただ引き継ぐだけなのであろうか。サイコセラピーとは，単にセラピストのなかにある知られざる，不明確な価値観が，疑いをもたないクライエントに無意識のうちに伝達される装置にすぎないのであろうか。それともこの価値観の伝達ということが，セラピストが公然と掲げる目標なのであろうか。セラピストとは，今日の世界に似合う価値体系を掲げて，それを分かち与える現代の聖職者であるべきなのであろうか。それなら，そのような価値体系とは，一体どんなものなのであろうか。このような問題に関しては，グラッド（Glad, D. D.）（文献 4）による実証的な基盤に立った慎重な問題提起のようなものから，より論争的な言説にいたるまで，さまざまな形で多くの議論が重ねられてきた。非常に多くの場合，その文化が直面している一般的な問題は，セラピー関係と呼ばれる文化的小宇宙のなかで，痛々しいほどに，具体的なかたちであらわれてくるのである。

　私はこの問題の全体について，ここでささやかなアプローチを試みたいのである。人が子どもから大人に成長していくにつれて，価値へのアプローチが変化していくことを，私は観察してきた。運が良ければ，真の心理的成熟に向かって成長をつづけ，さらなる変化が起こることも観察した。これらの観察の多くは，セラピストとしての私の経験のなかから生まれたものであり，そこには人間がより豊かな生に向かって動いていく過程を見る豊かな機会があった。こうした観察のなかで私は，ある方向性をもった数本の糸があらわれてきて，それが，現代世界にもよく耐え得るような，価値づけの過程（valuing process）

に関する新しい概念を提供するのを見たように思う。以前発表した論文（文献6, 7）のなかにこうした考えの一部を発表することによって，ひとつの道をひらいたのだが，ここではそれらを一層明確に，また十分に説明することにしたいと思う。

これらの観察における私の立場は，学者や哲学者のそれではないということを強調しておきたい。セラピーという親密な経験のなかで，またその他の，成長，変化，発達にかかわる状況のなかで，相手とともに生きたときの，機能しつつある人間の体験から語ろうとしているのである。

いくつかの定義づけ

これらの観察を提示する前にまず，価値という言葉で私が何を語ろうとしているのかを明確にすべきであろう。すでに数多くの定義づけがなされているが，なかでもチャールズ・モリス（Charles Morris）（文献5）が行った区分が役に立つと思われる。彼は，価値という言葉はさまざまに用いられる用語であると指摘している。どんな生き物にも，その行為にあたって，他のものよりもある種の対象や目標に好みを示す傾向がある。それを指すのに用いている，この選択的な行動を，彼は「操作的価値」（*operative value*）と呼んでいる。それが認知的，あるいは概念的な思考を含む必要はない。これは単純に行動レベルで示される価値の選択であり，例えば有機体があるひとつの対象を選択し，他の対象は拒絶するといった類のものである。単純なY字型の迷路におかれたミミズは，サンドペーパーを敷かれた方ではなく，なめらかな道の方を選択する。このときそのミミズは，操作的価値を示しているのである。

2番目の用法は「知覚された価値」（*conceived value*）と呼ばれるものである。これは象徴的な対象について個人が示す好みである。このような選択においては通常，その象徴的対象に向けられた行動の結果についての見通しや予想がある。「正直は最上の策」といった選択は，この知覚された価値である。

最後の用法は「客観的価値」（*objective value*）と呼ばれるものであり，実際にそれが望ましいと感じられたり，知覚されたりしているかどうかには関係なく，客観的にみて好ましいと言いたいときに，この言葉を用いる。私はここでは，この客観的価値についてはほとんど触れないと言っておきたい。私は操

作的価値と概念化された価値（conceptualized values）について述べたいと思う。

幼児の価値づけの仕方

まず，幼児について述べることにしよう。生きている人間は，その生の出発点から，価値に対して明確な態度をとっている。幼児はある特定のものや経験を好み，他のものや経験を拒絶する。幼児の行動を研究してみると，彼らが自分の有機体を維持し，促進し，現実化していくような経験を選択し，このような目的に役立たない経験は拒絶する，と推定することができる。少しばかり幼児を観察してみよう。

　　　空腹は否定的に価値づけられる。子どもはこのことを大声ではっきりと表現することが多い。
　　　食べ物は肯定的に価値づけられる。しかし，満腹になると，それは否定的に価値づけられる。大変熱心に反応していたその同じミルクを今は吐き出したり，それまで大きな満足を与えてくれた乳房を今は拒否し，嫌悪と拒否の表現を楽しむかのような顔をして，乳首から顔をそらす。
　　　子どもは安定感，あるいは安定感を伝えるように思われる抱っこや愛撫を価値あるものとする。
　　　子どもは，新しい経験それ自体を価値あるものとする。子どもが自分のつま先を発見して大喜びしたり，何かを探求したりする行動や，飽くことのない好奇心を楽しんでいるときに，このことを見てとることができる。
　　　子どもは痛み，苦い味，突然の大きな物音をはっきりと否定的に価値づける。

こうしたことはみなありふれたことであるが，これらが幼児の価値に対するアプローチについて何を物語っているか，ということに即して見てみたい。何よりもまずそれは，柔軟で，変化に富んだ，価値づけの過程であって，固定した体系ではない。食べ物を好むが，その同じ食べ物を嫌うこともある。安定感と休息を価値づけるが，新しい経験をするためにはそれを拒絶することもある。ここで進行していることは，有機体的な価値づけの過程として記述するのが最上と思われる。そこでは，子どもが体験しているひとつひとつの要素，一

瞬一瞬がなんらかのかたちで評価され，その時点で有機体を現実化に向かわせるかどうかによって，選択されあるいは拒絶される。経験に対するこのような複雑な評価は，明らかに有機体的なもの（organismic）であって，意識的，象徴的な機能ではない。これらは操作的な価値であって，概念的な価値ではないのである。しかしそれにもかかわらずこの過程は，複雑な価値の問題を扱うことができるのである。次のような実験を思い起こしていただきたい。その実験では小さな幼児の前に，自然食品（つまり味つけられていない）が20皿以上並べられた。しばらくたつと，子どもは自らのサバイバル，成長，発達を促進する食物をはっきりと価値づけるようになるのである。しばらくの間その子が澱粉をむさぼり食べても，まもなく蛋白質の「山盛り」を食べてバランスをとる。またときには，ある種のビタミンの不足した食物を選ぶこともあるが，その後にはまさにそのビタミンが豊富に含まれた食物を求めるのである。その子は価値選択のなかでからだの知恵，もっと正確に言えば行動的な活動に導かれた生理学的な知恵を利用していたのであり，その結果，私たちが客観的に健全な価値選択と考えることをやっているのである。

　価値に対する幼児の態度に関するもうひとつの局面に目を向けてみよう。それは，幼児の価値評価の源泉あるいは評価の主体は，明らかに子ども自身のなかにあるということである。大人とは違って小さな子どもは，自分が好きなもの，嫌いなものを知っており，そしてこの価値選択の源泉は，徹頭徹尾子ども自身のなかに存在している。子どもが価値づけの過程の中心なのであり，その選択の根拠は，自分自身の感覚によって補われているのである。こちらの方がよいという両親の考えとか，教会の教えとか，その分野で売出し中の「専門家」の意見とか，広告代理店の説得力といったものは，この時点においては子どもに何の影響力ももっていない。幼児の有機体が「これは私にとって良いものだ」「あれは私にとって悪いものだ」「私はこれが好きだ」「私はあれが大嫌いだ」と，非言語の形で表現しているとき，それは幼児自身の体験の内部から生まれてきたものなのである。私たちが価値の問題を云々していることを，もしその子がわかるならば，きっと笑い出すことであろう。自分が何が好きで何が嫌いか，何が良くて何が悪いか，いったいどうしてそれがわからないの？と彼は言うに違いない。

価値づけの過程における変化

　それではこのきわめて効率のよい，確固とした基盤をもった価値づけの過程に，一体何が起こるのであろうか。私たちが幼児期の価値づけの過程を手放し，およそすべての大人の特徴ともいえる，もっと頑固で，不確かな，効率の悪い態度を価値に対してとるようになるまでには，どのような出来事が積み重ねられるのであろうか。ここではこの変化の主な経緯について，私の考えを簡潔に述べてみよう。

　幼児は愛情を必要とし，それを求め，この求めた経験が繰り返されるような仕方で行動する傾向がある。しかしそれによって複雑な事態が起こってくる。幼児はベビーシッターの髪を引っ張って，相手が悲鳴をあげ，抗議するのを聞いて満足する。彼は次に「いたずらっ子！　悪い子ね！」という声を聞く。さらに手をピシャリと叩かれることによってそれが強化される。彼は愛情から切り離されてしまうのである。このような経験が繰り返され，またそれと同じようなたくさんのことが繰り返されるにつれて，彼は次第に「良い気持ちだ」ということが，しばしば他者の目には「悪い」ことと映るのだということを学ぶようになる。そうすると次の段階がやってくる。つまり彼は，他者がとったのと同じ態度を，今度は自分自身に対してとるようになる。彼は妹の髪を引っ張りながら，おごそかに「おまえは悪い子だ」と唱えるのである。彼は他者の価値評価を取り入れて，それを自分自身のものとする。愛情を保持するために，自らの有機体の知恵を放棄し，評価の主体を自ら手放して，他者が設定した価値に即して行動しようとするのである。

　もっと年長の子どもの例をあげてみよう。ある男の子が，大きくなったら医者になろうと考える方が，芸術家になろうと考えるよりも，両親に愛され誉められるのだということを——おそらく意識はしないで——感じていたとしよう。だんだんと彼は医者になることに付随する価値を取り込んでいく。彼は何にもまして医者になりたいと願うようになっていく。それから大学に入って，彼はガイダンス・カウンセラーから，医師課程に合格する能力があると保証されているにもかかわらず，医者になるためには絶対に必要な単位である化学で何度も落第するという事実に直面して挫折する。カウンセリング面接のなかで

はじめて彼は，自分がいかに完全に自らの有機体的反応と接触を失っていたか，いかに自分自身の価値づけの過程と接触を失っていたかを実感し始めるのである。

　次に私が担当しているクラス——教師の卵たちのグループ——から例をあげてみよう。講義の初めに私は，学生たちに「将来子どもたちに伝えていきたいと思う価値を，二つか三つあげて下さい」と頼んだ。回答にはさまざまな価値があげられていたが，私はそのなかのいくつかに驚いたのである。数人の学生が「正しく話すこと」「良い英語を使うこと。ain't といった俗語を使わないこと」などをあげた。他の数人は，きちんとすること（neatness）——「指図に従って行動すること」をあげた。ある学生は，自分の希望として「私が名前を右上に，日付をその下に書きなさいと言ったら，生徒たちにはまったくそのとおりにやってもらいたい。他の書き方は認められない」と述べた。

　これらの学生にとっては，生徒に伝えるべき最も重要な価値が，文法を正確に守ることであったり，教師の指図に厳密に従うことであったりするということに，私はかなり愕然としたことを告白する。まったく戸惑ってしまった。こうした行動が，必ずしも彼女たちの生活のなかで最も満足すべき，意味深い要素として経験されていなかったのはたしかであろう。このような価値があげられた理由は，ただこうした行動がこれまで是認されてきた——そしてそのために非常に重要なものとして彼女たちのなかに取り込まれてきたという事実のなかにしか求められないであろう。

　おそらくここにあげた例からわかるのは，愛情や是認，そして尊重を手に入れ，それを保持しようとする努力のなかで，人は，幼児期には自分のものであった評価の主体を放棄し，それを他者のなかにおくようになるということであろう。人は，自分自身の体験の過程を，自らの行動の指標として，基本的に信頼しないことを学習するのである。人は他者からおびただしい量の概念的価値を学びとり，それを自分のものとして採用する。たとえそれらが，自分の体験していることと大幅に食い違っていたとしても——。このような概念はその人自身の価値づけにもとづいていないために，流動的な変化の可能性をもつことができず，むしろ固定化した，頑固なものになりやすいのである。

取り込まれた価値パターン

　私たちの多くがこのようなかたちで，生きるよりどころとして取り込んだ価値パターンを蓄積しているのだと思われる。この，途方もなく錯綜した今日の文化のなかでは，望ましいとか望ましくないものとして私たちが取り込んだ価値のパターンは，多様な起源をもっており，それらの意味が互いに大きく矛盾していることが多い。私たちが普通にもっている取り込まれたいくつかのパターンをあげてみよう。

　　性的欲望や性的行動は，たいてい悪いことである。この概念の起源は，両親，教会，教師などたくさんある。
　　従順でないことは，悪いことである。ここでは両親や教師が軍隊と結託して，この概念を強固なものにしている。従順であることは，良いことである。文句なしに従えば，さらに良い。
　　お金を手に入れることは最高に良いことである。この概念的価値の起源は，いちいちあげることができないほど多い。
　　これまでに積み重ねられてきた学問的事実を学ぶことは，たいへん望ましいことである。
　　面白半分に拾い読みをしたり，目的もなく乱読をしたりすることは，望ましくない。これら二つの概念の起源は，学校や教育システムのなかにあることが多い。
　　抽象美術，「ポップ」アート（"pop" art），「オップ」アート（"op" art）は，良いものである。ここでは教養的文化人といわれる人びとが，価値の作り手である。
　　共産主義は，まったくいけない。ここでは政府がこの価値の大きな起源となっている。
　　隣人を愛することは，最高に良いことである。この概念は，教会とおそらく両親から植えつけられる。
　　協力とチームワークは，単独行動よりも好ましい。ここでは仲間が重要な起源である。
　　カンニングは，利口なことであり，望ましいことである。ここでもまた仲間集団がその起源である。

コカコーラ，チューインガム，電気冷蔵庫，自動車は，すべてまったく望ましい。この概念は，宣伝から植えつけられるばかりではなく，全世界の人びとによって強化される。ジャマイカから日本にいたるまで，コペンハーゲンから香港にいたるまで，「コカコーラ文化」は望ましいことの極致とみなされるようになっている。

ここにあげたのは少数ではあるが，その多岐にわたった実例である。人びとはこれらの価値パターンや対象について，自分の内部の有機体としての反応にはまったく無頓着なまま，自分のなかに取り込んで自分のものにしてしまっている。

大人の価値づけに共通した特徴

これまでに述べてきたところから，ふつうの大人——ほとんどの人にあてはまるであろう——の価値に対するアプローチには，次のような特徴があることは明らかであると思う。

　　大人のもっている価値の大部分は，その人にとって重要な人びとや集団から取り込まれたものであるが，本人はそれらを自分自身のものだとみなしている。
　　ほとんどの事柄について，評価の起源や評価の主体は，その人自身の外側にある。
　　価値が設定される規準は，それによって自分がどれだけ愛され，受け入れられるか，という度合いである。
　　これらの概念化された好悪は，その人自身の体験過程にまったく関係をもっていないか，あるいはほとんど関係をもっていない。
　　その人自身の経験が示す証拠と，これらの概念化された価値との間には，しばしば大きな，認知されていない食い違いがある。
　　これらの概念は経験のなかで検証されるようにひらかれていないので，硬直して変化のないままに保持されることになる。そうでなければ，その人の価値観は崩壊してしまうからである。ゆえにその人の価値は「正しい」のである——決して変わることのないメジナ人やペルシャ人の法律と同じように。
　　これらの概念は検証することができないので，矛盾を解消する手っ取り早い方法はない。社会からは金銭は至上の価値であるという概念を，そして教会か

らは隣人を愛することが最高の善であるという概念を取り込んでいるとき，どちらが自分にとってより一層価値があるのか，それを発見する方法はないのである。したがって絶対的に矛盾している価値を背負って生きることが，現代人の生活に共通した側面になっている。私たちはロシアに水素爆弾を落とす可能性を平然と語り合いながら，またひとりの小さな子どもが苦しんでいるという新聞の見出しに涙するのである。

　人は評価の主体を他者に譲り渡し，自分自身の価値づけの過程との接触を失ってしまっているために，自分の価値観が非常に不安定で，たやすく脅威にさらされると感じている。もしこれらの概念がいくつか壊されてしまったら，何がその代わりになるのであろうか。この脅威にさらされる可能性があるために，その人は自分の価値概念を一層硬直させて保持しようとしたり，あるいはすっかり混乱してしまったり，あるいはまたその両方が起こるかもしれない。

根本的な食い違い

　大部分の価値を他から取り込み，それを固定概念とし，ほとんど検討・検証することもない——これが私たち，多くの人間の姿であると私は思う。他者の概念を自分自身のものとして取り込むことによって，私たちは自分自身のなかに機能している潜在的な知恵との接点を失い，そして自分自身に対する信頼を失うのである。これらの価値構造は，私たち自身の体験過程のなかで進行しているものと鋭く食い違っているので，私たちは根本的なところで，自分自身から離脱してしまう。そしてこのことが，現代人の緊張と不確実感を説明するものなのである。この根本的な食い違い——その人の概念と，その人が実際に経験していることとの食い違い，そしてまた知的に捉えられた価値構造と，認知されないままにその人のなかで進行している価値づけの過程との食い違い——これこそが，現代人を自分自身から根本的に疎外（estrangement）している一因なのである。そしてこのことは，セラピストにとっても大きな問題である。

経験との接触の回復

　幸運なことに，ある人びとは私が述べてきたような状態を乗り越えて，心理的な成熟に向かってさらなる発展をつづけていく。サイコセラピーのなかで，

私たちがその人の成長にとって望ましい風土をつくろうと努力すれば，このようなことが起こるのである。またその人のためにセラピー的な雰囲気が用意されていれば，同じことは日常生活のなかでも起こるのである。価値に対する態度がこのようにより一層の成熟に向かう過程が，セラピーのなかで起こるさまを見てみよう。

　まず最初に，やや注釈めいた言い方になるが，セラピーの関係には価値が欠落しているわけではないということを述べておきたい。まったく反対なのである。セラピーの関係が非常に効果的であるとき，そこにはひとつの基本的な価値が明らかに認められる。その基本的な価値というのは，いわば他ならぬこの人間，このクライエントは価値をもっている，ということである。その人はひとりの人間として，その個別性（separateness）と独自性（uniqueness）において価値を与えられているのである。自分が人として尊重されていると感じ，またそれを認識するときにはじめてクライエントは，徐々に自分自身のさまざまな局面に価値を認められるようになる。しかし，非常に大事なことは，自分のなかで進行していること，自分が感じていること，自分が経験していること，そしてそれらに自分がどのように反応しているかに気づき，それらを感じられるようになることが，最初のころは非常に困難であるということである。彼は自分の体験過程（experiencing）を，正確な概念化を行う上で拠りどころにできる直接的な手がかり（referent）として，また行動の指針として用いる。ジェンドリン（Gendlin, E. T.）（文献2, 3）は，この体験過程が生起する過程を詳細に述べている。体験過程に自分自身が自由にひらかれていく（open）ときに，自分の感情の流れのなかで自由に生きるときに，価値に対する態度には大きな変化が起こりつつあるのである。そして幼児のころにもっていた特徴の多くがあらわれ始めるのである。

取り込まれた価値と体験過程との関係

　先にあげた，取り込まれた価値のいくつかの例をここで振り返ってみよう。また人が自分のなかに起こっているものに近づいていくとき，それらの価値に何が起こるかを示してみよう。それによって，前項で述べたことがはっきりするであろう。

セラピーのなかで過去を振り返り，次のことに気づく。「だけど私は妹の髪を引っ張るのが面白かったのだ……それで私が悪い人間になるわけではないのだ」と。

化学で落第した学生は，自分自身の体験過程に近づいていくにつれて，次のことに気づく。──「ぼくは医者になることが価値のあることだとは思わない……たとえ両親はそう思っていても。化学は嫌いだ。医者になる道を歩みたくない。そしてこういう気持ちになったからといって，ぼくは負け犬ではないのだ」と。

性的な欲望や行動が，ときには十分に満足なもので，結果的には永続的な豊かさを与えてくれるかもしれないし，ときには浅薄で一時的なもので，満足できるものではないかもしれない，ということがわかる。必ずしも社会的な規範と一致していなくても，自分の体験過程にそって動いていくようになる。

新しい価値観から美術をとらえる。「この絵は私に深い感動を与えてくれる。私にとってとても大きな意味をもっている。この絵はたまたま抽象画だけど，抽象的であるということが，私の価値づけの根拠になっているわけではない」と。

共産主義の書物や共産党員の思想や価値観のなかには，自分とは相容れないところもあると同時に，賛同できる態度や目標もあるということを自由に認識する。

他人と協力し合うことが，あるときには自分にとって意義があり，価値あることだと経験し，またあるときにはひとりになって，単独で行動したいのだと認識する。

成熟した人間における価値づけ

このような，さらに成熟した人間のなかで発展していくと思われる価値づけの過程は，ある点では幼児のそれと非常によく似ているが，またある点ではまったく異なっている。この価値づけの過程は，それぞれの特定の瞬間にもとづいて，そしてまたその瞬間が促進的（enhancing）で，実現的（actualizing）なものとして経験される度合いに基礎をおきながら，流動的であり柔軟なものでありつづける。価値が頑なに保持されているのではなく，絶えず変化しつづけているのである。昨年は深い意味があると思われていた絵が，いまは面白くない。以前には良いと経験されていた人とのつき合い方が，いまは不適

切に思われる。あのときには真実だと思われた信念が，いまはほんの少しだけ正しいか，あるいはおそらく間違いであると経験される。

　このような人が経験を価値づける仕方のもう一つの特徴は，それが非常に分化してきて，意味論者がいうところの「外在的」(extensional) なものになることである。私のクラスの教師の卵たちが学習したところでは，一般的な原則は，ときと場合に敏感に応ずる反応ほどには有効なものではない。ある学生は次のように述べている。「この男の子にはかなりきびしくするべきだ，とすぐに感じましたし，その子もそれを望んでいるように思われました。そしてそうしたことは良かったと思いました。しかし他の子どもたちにも同じようにするかというと，まったくそうではないのです」と。この女子学生は，ひとりひとりの子どもとの関係のなかでの体験過程を手がかりにしながら，自分の行動を決定しているのである。すでに私はいくつかの例をあげながら，以前には固い一枚岩のように取り込まれた価値であったものに対して，ひとりひとりがいかに違った反応をしていくかを示した。

　また成熟した人が価値に向かう態度は，ある意味で幼児の場合と同じである。評価の主体がその人の内部に再びしっかりと確立されているのである。価値に関する情報やフィードバックを与えてくれるのは，自分自身の経験である。このことは，他の源泉から手にすることのできる証拠に対してまったくひらかれていないことを意味するのではない。そうではなくて，その人の外にある証拠も，そのありのままに受け取られるが，それは自分自身の反応ほどには意味をもたないということなのである。たとえば友人から，ある新刊書が大変つまらないと聞かされるかもしれない。そして芳しくない書評を二つほど読む。このとき彼は，この本にはあまり価値がないだろうという仮説をとりあえずもつことになる。しかし彼がその本を実際に読むときには，彼の価値づけは他人から言われたことによるのではなく，自分のなかに起こる反応にもとづいてなされるのである。

　この価値づけの過程のなかにはまた，自分が経験していることのなかにじかに身をゆだねて，その複雑に絡まり合った意味の全体を感じ取り，明確化しようとする努力も含まれている。このことに関連して，あるひとりのクライエントの姿が私の脳裏に浮かんでくる。その人はセラピーの終結を目前にして，あ

るひとつの問題に迷い込んでいた。彼は両手で頭を抱えながら,こう言ったのである。「ああ,ぼくが感じているのは一体何なのだろう？ それに近づいていきたいんです。それが何なのか,わかりたいんです」と。それから彼は,自分のなかから聞こえてくる声に耳をすますよう努力しながら,静かに,辛抱強く待ったのである。そしてとうとう,自分が経験している感情の確かな味わいにはっきりと触れることができたのである。これまであげてきた他の人たちと同じように,彼もまた自分自身に近づこうとしていたのである。

　自分自身の内部で進行していることに近づく過程は,幼児のそれよりもはるかに複雑である。成熟した人においては,それははるかに大きな視野と広がりをもっている。体験過程の現在の瞬間の内には,それに関連する過去の学習に関する記憶痕跡のすべてが含まれているからである。この現在の瞬間のなかには,直接的,感覚的な影響だけでなく,過去における同じような経験から生まれてくる意味づけも含まれている。この瞬間のなかには,新しいものと古いものの両方が含まれているのである。だから私があるひとつの絵やあるひとりの人間を経験するとき,私の体験過程の内部には,この特定の出会いからくる新しい影響力ばかりではなく,絵画や人間との過去の出会いから蓄積されてきた知見が含まれているのである。同じようにして,成熟した大人の場合には,体験過程の瞬間には,結果についての仮説も含まれてくるのである。例えば「いまは3杯目も飲みたいという気持ちだけど,これまでの経験からすると,明日の朝後悔することになるだろう」とか「この人に良い感じをもってないことを率直に表現するのは,気持ちのよいことではないが,これまでの経験からすれば,そうした方が関係をつづけていく上で,結局は良いことになるだろう」というように。過去と未来の両方が,この現在の瞬間に入っており,その価値づけの過程にも入り込んでくるのである。

　私が話題にしているような人にとって（ここでもまた小さな子どもとの類似性が認められるのだが）,価値づけの過程の規準は,経験の対象がその人自身をどの程度現実化するか,ということであることがわかる。それによってその人は,もっと豊かな,もっと完全な,もっと十分に発達した人間になるであろうか。このように言うとその規準が利己的,あるいは非社会的であるように聞こえるかもしれないけれども,実際にはそうではない。他者と深い,援助的な

関係をもつことが、現実化の過程として経験されるからである。

　次に、これも小さな子どもと同様なのだが、心理的に成熟した大人は、自分の有機体の知恵を信頼し、それを使っている。ただ幼児と大人の違いは、大人の場合にはそのことを知っているという点にある。もし自分が自分自身のすべてを信頼することができれば、自分の感情や直観は、あたまで考えたことよりも賢明であろうということ、また全体的な人間として、ただ思考を働かせるよりも敏感で正確になれるということが、その人にはわかるのである。だから彼は、恐れることなく次のように言える。「この経験（このこと、この方向）が良い、と私は感じている。なぜ良いと感じたのか、おそらく後になればわかってくるだろう」と。彼は自分自身の全体性を信頼しているのである。

　これまで述べてきたことから明らかであろうと思うが、成熟した人のこの価値づけの過程は、容易な、あるいは単純なものではない。この過程は複雑なものであり、そこでなされる選択は、非常に込み入った、困難なものであることが多い。しかもこの選択が本当に自己実現的なものであるという保証はどこにもないのである。しかしそこにあるすべての証拠がその人に用いられるものであり、また彼が自分の体験過程に対してひらかれているからこそ、誤りがあっても訂正することができるのである。もし選ばれた行為が、自己を促進させる (self-enhancing) ようなものでなければ、そのことを彼は感じとって、調整や訂正を行うことができるのである。彼は、最大限のフィードバック交換を活用する。かくして、船の回転羅針盤のようにして、より一層自己自身になる (becoming more of himself) という目標に向かって、たえず針路を修正していくことができるのである。

価値づけの過程に関するいくつかの命題

　私が述べてきたことの意味をもっと明確にするために、この観点の本質的な要素を含む三つの命題を述べてみたい。それぞれの命題を全体的なかたちで、実証的な検証にかけることはおそらく不可能であろう。がしかし、ひとつひとつの命題を科学の方法で検討することは、ある程度可能である。次に示す命題は断定的に表現されているが、これは表現に明晰さを与えるためであって、実際には私はまったく試験的な仮説として提示しているのだということも述べて

おきたい。

　1．人間個体の内部における組織化された価値づけの過程は，有機体的な基盤をもっている。

　この基盤とは，人間が他の生物世界と共有しているものであると仮定される。それは健康な有機体であればどんなものにもみられる，機能的な生命過程の一部である。それはフィードバック情報を受け入れる能力であり，それによって有機体は可能な限り最大の自己発展を成就するように，絶えず自らの行動や反応を調節していくのである。

　2．人間におけるこの価値づけの過程が，効果的に自己発展を達成できるかどうかは，個人が自分自身の内部で進行している体験過程にどれほどひらかれているかによる。

　自分自身の体験過程に接近している人間の二つの例をあげてみたい。ひとつは，内部に進行しているプロセスをその意識に否定することをまだ学習していない小さな子どもである。もうひとつの例は，このひらかれた状態の利点を再学習した，心理的に成熟した人である。

　3．経験に対してひらかれる方向に向かって個人が動いていくのを援助するひとつの方法は，その人がひとりの独立した人間として尊重されるような，また自分のなかに進行している体験過程が共感的に理解され，価値づけられるような，また脅威を感じることなく自分自身の感情や他者の感情を自由に経験できるような，そうした関係を提供することである。

　明らかにこの命題は，セラピーの経験から生まれたものである。それは，セラピー関係の本質的な特質を簡潔に述べたものである。これについてはすでにいくつかの実証的な研究がなされており，例えばバレット=レンナード（Barrett-Lennard, G. T.）（文献1）による研究はその好例であるが，それはこうした記述を支持するものである。

価値づけの過程の結果に関する命題

　いま私は，価値および価値づけに関する理論の核心に近づいてきた。この理論の帰結として，どのようなことが起こるのであろうか。まずこの価値づけの過程から生まれる行動の特質に関する二つの命題を大まかにあげて，この新しい領域に入っていきたいと思う。次にセラピストとしての私自身の経験から，これらの命題を裏付けるような証拠をいくつか提示したい。

　4．自分の体験過程に対してより大きくひらかれる方向に向かって動いている人にあっては，その価値の方向に有機体としての共通性がある。

　5．このような共通の価値方向は，その人自身やその社会にいる他の人びとの発展を促進し，人類という種の生存と進化に寄与するような種類のものである。

　セラピーのなかで，人が価値あるものとみなされ，より自由に感じ，自由に自己であるようになってくると，ある価値の方向があらわれてくる。これは私の経験のなかでも注目に値する事実であった。これらの方向は無秩序なものではなく，驚くほどの共通性をもっている。この共通性は，セラピストのパーソナリティとは無関係である。というのは，まったく異なったパーソナリティのセラピストが担当するクライエントのなかにも，このような傾向がみられるからである。また，この共通性は，特定の文化の影響によるものでもないようである。というのは，アメリカ，オランダ，フランス，日本などの非常に異なった文化においても，この共通した方向性があらわれているからである。したがって私は次のように考えたい。価値方向にあらわれるこの共通性は，私たちすべてが同じ種に属しているという事実によるものと考えたい——すなわち，人間の幼児が個々別々に，他の幼児と同じ食べ物を選ぶのとまったく同じように，セラピーにおけるクライエントも個々別々に，他のクライエントと同じ価値方向を選ぶのである。内的な発展を促進するような，そしてまた，もし人びとが本当に自由な選択をするならば，すべての人が選びとるような，そのよう

なある一定の経験の要因が、種には備わっているのかもしれないのである。
　次に私のクライエントたちが人格的成長と成熟の方向へ動いていくとき、彼らのなかにみられたいくつかの価値の方向を示してみよう。

　　　見せかけのものから離れていくようになる。見栄を張る、防衛する、うわべをとりつくろう、などといったことは、否定的に価値づけられる傾向がある。
　　　「べき」ということから離れていくようになる。「私はこういうふうにすべきだ」とか「こうあるべきだ」という強制的な感情は、否定的に価値づけられる。たとえ誰がそのように命令したとしても、クライエントは「あるべき」存在から遠ざかっていく。
　　　他者からの期待に迎合しなくなる。他者を喜ばせることそれ自体を目標にして振る舞うことは、否定的に価値づけられる。
　　　リアルである（being real）ことが、肯定的に価値づけられる。クライエントは自分自身であるような、自分の本当の感情そのものになるような、ありのままの自分であるような方向に向かって動いていく。これは非常に深いレベルでなされる選択であると思われる。
　　　自己指示（self-direction）が、肯定的に価値づけられる。クライエントは自分自身の選択を行い、自分自身の生を導いていくことに、ますます誇りと自信をもつようになる。
　　　自己および自分自身の感情が、肯定的に価値づけられるようになる。自分自身を軽蔑と絶望をもって眺めていた地点から離れて、クライエントは自分自身と自分の反応を価値あるものとみなすようになる。
　　　自分がひとつのプロセスであること（being a process）が、肯定的に価値づけられる。ある固定した目標を願望している状態から、クライエントは、自分が潜在力（potentialities）のひらかれてくるプロセスであることの喜びを選ぶようになっていく。
　　　おそらく他のすべてにもまして、クライエントは、自分の内的な経験や外的な経験のすべてに対してひらかれているということを、価値づけるようになっていく。自分自身の内部に起こる反応や感情に対して、他者の反応や感情に対して、そして客観世界の現実に対してひらかれており、それらに対して敏感であること——これこそ彼がはっきりと選びとる方向なのである。この開放性（openness）は、クライエントにとって最も価値ある評価の源泉となる。

他者に対する感受性と他者を受容することが、肯定的に価値づけられる。クライエントは、自分自身をありのままに認めるのとまったく同じように、他者をもありのままに認めるようになる。

最後に、深い関係が肯定的に価値づけられる。他者と密接で親密な、現実的で、十分に伝い合える関係をもつことは、すべての人のなかにある深いレベルの欲求と合致しているように思われて、きわめて高く価値づけられるのである。

これらは、私が観察してきた、人格的成熟に向かって動いている人のなかで選択された方向である。確かにここに示したリストは不適切で、おそらくいくぶん正確さに欠けるであろうが、私にとっては刺激的な可能性をもっている。その理由を説明しよう。

人が人間として尊重されるとき、彼が選びとる価値は、可能性の全領域にわたるものではない。それは意味深いことである。そういった自由な雰囲気のなかで、ある人は詐欺や、殺人や、窃盗を価値づけ、ある人は自己犠牲の生き方を価値づけ、またある人は金銭だけを価値づける、ということにはならないのである。そうではなくて、その根底の深いところには、一筋の共通性があるように思われる。私はあえて次のように考えたい。人間が、自分が深く価値づけているものを——それがどんなものであっても——内面的に自由に選択できるときには、その人は自分の生存や成長や発展に役立ち、また他者の生存や発展に貢献するような対象や、経験や、目標を価値づける傾向をもっているのである。成長促進的な雰囲気におかれると、このように自己実現的で社会化された目標を選ぶということが、人間有機体の特徴なのではないかと私は考えている。

これまで述べてきたところから、次のように推論することができる。すなわち、どのような文化においても、ひとりの人間として価値づけられるような尊重と自由の雰囲気が与えられるとき、成熟した人は、こうした同じ価値方向を選択し優先しようとする、と。これは検証可能な、非常に意味深い仮説である。そのような人であれば、一貫した、あるいは確固たる価値観の体系をもっていなくても、その人の内部にある価値づけの過程は、文化を超え、時間を超えて一貫した価値方向をあらわしていくであろう。

さらに次のようなことも暗示される。すなわち，私が記述しようとした流動的な価値づけの過程を示し，また私があげたような価値方向をおおむねもっている人は，現在進行中である人類の進化において非常に大きな働きをする存在である。かりにも人類という種がこの地球上で生き残ろうとするならば，私たち人間は，新しい問題や新しい状況に速やかに適応していかなければならないし，発展と生き残りに役立つものを新しい複雑な状況のなかから選びとることができなければならない。またそのような選択にせまられたときには，正確に現実を認識しなければならない。これまで描写してきた心理的に成熟した人間は，人類の生き残りと発展に寄与する経験を尊重するような特質をもっていると私は思うのである。そのような人は，人類の進化の過程において，価値ある参加者であり，道案内であるといえるであろう。

　たどった道筋は異なっているが，私は結局，価値の普遍性の問題にもどってきたようである。「そこにある」(out there) 普遍的な価値とか，ある集団——哲学者や支配者，聖職者から押しつけられた普遍的な価値体系ではなく，人間としての普遍的な価値方向が，人間有機体の体験過程のなかからあらわれるという可能性を私たちはもっているのである。人間が自分自身の有機体的な価値づけの過程に密接に触れているとき，個人的な価値と社会的な価値が，ともに自然なものとして，また経験されるものとしてあらわれてくる。そのことが，セラピーで観察された事実から明らかなのである。ここから次のことが示唆される。現代人はもはや自分に価値を与えてくれるものとして，宗教も，科学も，哲学も，またいかなる信念体系をも信頼してはいないけれども，もし自分自身の内部にある有機体的な価値づけの基盤に再び触れることができるようになれば，それを改めて発見するであろう。そしてそれが，私たちすべてが直面している，やっかいで複雑な価値の問題に対する，体系的で，適応的で，そして社会的な方法になるであろう。

要　約

　私は，人が自分の価値観に対する確かな基盤を求めようとするときに役立つような観察結果——それはサイコセラピーの経験から生まれたものである——を提示しようとした。

私は，人間の幼児が，周囲の世界との評価的関係のなかにじかに参入し，彼の小さな，しかし複雑な有機体がもっているすべての知恵を役立たせながら，自分の実現過程における意味にしたがって，経験を認めたり，拒絶したりしている様子を記述してきた。
　また，私たちがこの直接的評価の能力を失い，社会的な是認や，愛情や，尊重を手に入れられるよう振る舞い，またそのような価値づけに即して行動するようになっていく様子も述べてきた。愛を獲得するために，自らの価値づけの過程は放棄されるのである。生き方の中心は他者のなかにおかれているため，恐怖や不確かな感じがつきまとい，そのために取り込まれた価値に固くしがみつかなければならなくなるのである。
　しかし，人生およびセラピーのなかで，心理的な成長をつづけていくのに好ましい状況が用意されれば，私たちは，幼児がもっている直接性と流動性を保ちながら，豊かさにおいては自らをはるかに超えていくような価値への接近過程を，いわば螺旋状に発展させていくようになる。経験とつき合うようになると，私たちは再び自ら評価の主体となり，あるいはその源泉となり，結局は自らを発展させるような経験を選びとり，豊かな認知的学習や認知的な機能のすべてを活用しながらも，同時に自分自身の有機体の知恵を信頼するのである。
　これらの観察事実から，ある基本的な結論が導かれることを指摘した。すなわち人間は自分の内部に，価値づけに対する有機体的な基盤をもっているということである。自分自身のなかにあるこの価値づけの過程に自由に触れられるだけ，その人は自己を発展させるような行動をとるのである。さらに，自分の体験過程への接触を可能にする条件のいくつかについてもわかっているのである。
　セラピーのなかでは，経験に対するこのような開放性が，結果的に個人を超え，さらにおそらくは文化をも超えて共通するように思われる価値方向をあらわにすることになる。やや手垢のついた言葉で表現すれば，自分の体験過程にこのように触れている人は，誠実さや，自立や，自己指示や，自己認識や，社会的責任や，愛のある対人関係などといった方向を価値づけるようになっていくのである。
　最後に，私は次のように結論した。人が心理的な成熟の方向に向かって，あ

るいはもっと正確に言えば、自分の体験過程にひらかれていく方向に向かって動いていくとき、価値づけの方向には新たな普遍性があらわれてくることもあり得るのである。このような価値の基盤は、自己および他者の発展を促進するとともに、人類の肯定的な進化の過程に寄与するものであると思われる。

文献

1. Barrett-Lennard, G. T. Dimensions of therapist response as causal factors in therapeutic change. *Psychological Monographs*, 1962, *76* (43, Whole No. 562).
2. Gendlin, E. T. Experiencing: A variable in the process of therapeutic change. *American Journal of Psychotherapy*, 1961, *15*, 233–245.
3. Gendlin, E. T. *Experiencing and the creation of meaning.* New York: The Free Press of Glencoe, Division of the Macmillan Co., 1962.
4. Glad, D. D. *Operational values in psychotherapy.* New York: Oxford University Press, 1959.
5. Morris, C. W. *Varieties of human value.* Chicago: University of Chicago Press, 1956.
6. Rogers, C. R. *Client-centered therapy.* Boston: Houghton Mifflin Co., 1951. Chapter XI, 522–524.
7. Rogers, C. R. A theory of therapy, personality and interpersonal relationships, As Developed in Client-Centered Framework. In S. Koch (Ed.), *Psychology: A study of a science*, Vol. III. *Formulations of the person and the social context.* New York: McGraw-Hill, 1959, 185–256.

---

3 ジェンドリン、E. T. 『体験過程と意味の創造』筒井健雄訳、ぶっく東京、1993年。
6 『パースナリティ理論』(ロージァズ全集8) 1967年、pp. 145-148。
7 ロージァズ全集8、1967年、pp. 165-278。

13

Shall We Get Married ?

結婚しますか？

　二，三の事実をみてみよう。カリフォルニア州では1970年に，17万3千組の婚姻があり，およそ11万4千組の「結婚解消」があった。言い換えれば，100組の夫婦が結婚して，66組の夫婦が離別したということである。これは明らかに事態を正確にあらわしているものではない。というのは，1970年に新しい法律が施行され，双方の同意さえあれば，「有罪者」を決めるために裁判に訴えなくても，結婚を「解消できる」ことが認められたからである。また，離婚成立が1年先だったのが，6カ月で決着するようになった。それで，1969年の状況をみてみよう。その年には，100組の結婚に対して離婚は49組であった。もっと多くの夫婦が離婚するはずであったが，新しい法律が施行されるのを待っていた夫婦がいたのである。ロサンジェルス郡（ほとんどロサンジェルス市だが）では，1969年の離婚は，結婚の数の61パーセントだった。1970年には新しい法律のもとで，同郡の結婚解消の数は，結婚数の74パーセントになった。4組が結婚する間に3組が結婚を解消したことになるのだ！そして1971年には6万1千560件の結婚証明書が発行されて，4万8千221件の離婚届が提出されている。それは結婚者数の79パーセントに当たる。これは最終的な決着ではない。というのは，最終結果はしばらくの間はわからないのである。現在は，意思表示の段階なのである。このように1971年には，5組が結婚しようとしており，4組が離婚しようとしていたのである。3年の

〔出典〕 *Becoming Partners : Marriage and Its Alternatives*. New York : Delacorte Press, 1972, 9–21.

あいだにアメリカのひとつの大都市の結婚解消率は，61パーセント，74パーセント，79パーセントと増えていった。これらの夫婦や，この数字は，きっと私たちに何かを訴えようとしているにちがいないと思う。

「それはそうだけれども，カリフォルニアだからね」とある人はいうかもしれない。しかし，私は意図的にこの州を選んだのである。その理由は，社会的・文化的な行動において，カリフォルニアの人びとが現在やっていることは，いろいろなことのなかに示されてきたように，明日はかならず他の州の人びとが追随するからである。さらに私がロサンジェルス郡を選んだのは，都市の中心部が今日示している姿が明日の他州のモデルになるからである。したがって，ごく控え目に言っても，カリフォルニアでは，2組の結婚のうち1組以上が結婚解消に終わる，と言ってもよいであろう。そして，教育程度が高く，あらゆる面で近代化している都市部においては，その比率が4組に3組，あるいは5組に4組の割合にさえなっているのである。

若い人びとと接触していて，（疑いという段階を越えて）はっきりしてきたことは，現代の若者は，制度としての結婚に不信感をもつ傾向があるということである。彼はそのなかにあまりに多くの欠陥を見てきたし，自分自身の家庭のなかでその失敗を見てきた場合も多い。そういうものではなく，男女の関係というものは，お互いを促進させ成長させるものである場合にのみ，意味深いものであり，維持しようと努力する価値があるものなのである。結婚が経済的な安定をもたらすということは，この国の初期の植民地時代に，夫婦がチームで仕事をする必要があったときには通用することであったとしても，現在ではほとんどそうした理由はない。今日の若者は，結婚は「死がわれらを分かつまで」つづくという，宗教的な考えには感動しない。むしろ彼は，結婚生活の永遠の誓いなどということは，はっきりと偽善であるとみる傾向がある。結婚したふたりの行動をみてはっきりとわかることは，もし彼らが誠実であるならば，その結婚がふたりにとって豊かな満ち足りた経験であるかぎり，「病気のときも健康なときも」いっしょに生きることを誓う，というものなのである。

多くの人びとが，結婚の現状を警戒の目で見ている。そうした人びとにとっては，結婚の現状は，現代文化が道徳の基準を失っており，私たちがいま頽廃の時期にあることの証明なのである。そしてまた，私たちがさまよい込んでい

る不道徳の深淵を生み出したことについて，神の怒りに罰せられる日がくるのはもう時間の問題だと考える。現代文化が本当に危機に瀕しており，ガタガタに崩壊するかもしれないという多くの兆候があるということには私も賛成であるが，しかし私は，それをべつの角度からみている。結婚している人も含め，現代は，多くの人にとって苦しい時代である。古代の中国人が「禍（わざわい）は福の倚（よ）るところ」†と言っているような呪われた時代に私たちは生きていくのであろう。

　私たちは今，重大な，不確実な時代に生きているのだ，と私は思う。しかも結婚制度は最も不安定な状態である。もし，フォードやゼネラルモーターズの自動車の50パーセントから75パーセントが，自動車としての寿命の初期にバラバラに壊れたとすれば，すぐさま抜本的な手段が講じられるであろう。しかし社会制度については私たちは，このような効率のよい対処の方法をしらないので，人びとは多少盲目的に，結婚に替わる制度（その成功率は確実に50パーセント以下である）を手探りしながら探し求めているのである。結婚にいたらない同棲，コミューンのなかで生活すること，多機能をもつ育児センター，一夫一婦婚の繰り返し（次々と離婚する），女性が人間としての権利を確立するためのいわゆるウーマンリブの運動，有罪者という概念を取り払った新しい離婚の法律——，これらはすべて，未来の男女関係の新しい形式をもとめようとする手探りの試みにほかならない。そこから何が生まれてくるのかを予測するには，私よりも大胆な人が必要になるだろう。

　予測することはやめて，私はこの章で，いくつかの現実的な結婚の姿を描写してみたい——そのそれぞれは，違ったかたちを示しており，それぞれが，道徳の問題，実際上の問題，個人的好悪の問題について，深遠な問題を提起するものである。たとえ解決法は示されなくても，一考に値する資料，個人的な意思決定に役立つ資料がたくさん提示されているようにと願っている。

---

†　訳注：原文は，（I *curse* you ; may you live in an important age.）であるが，その出所をはっきりと突き止めることはできなかった。論語，老子，荘子を見渡したが，この直訳らしき箇所はわからなかった。原文を直訳すれば，「禍なるかな。大事な時代をよく生きられよ」ということになるかと思う。ここの訳は，『老子』第58章の「禍兮福之所倚」に従った。老子でないとすれば「智者の事を挙ぐるや，禍を転じて福となす」（戦国策）というのもある。わが国には「禍も三年置けば用に立つ」（比喩尽）という言葉があるが，意味としてはこちらが近い。

ジョーンはなぜ結婚したか

　ジョーンの話に耳を傾けよう。彼女はいまは離婚している若い女性で，あるエンカウンター・グループで自分の結婚の背景にあるいくつかの点について話した。私には彼女の話のなかに多くの重要な意味があると感じられた。そのことについては後で述べたい。まずジョーンに登場してもらおう。

　　　私が結婚した理由は全部間違っていたんだと思います。当時は結婚はするべきものだったのです。「もう友だちはみんな結婚しているじゃないの。私はどうしようかしら。大学の最上級生よ。もうかなりの歳なのよ。結婚のこと考え始めた方がいいわ。ほかに何をしていいかわからないし。教師にはなれるけど，それだけではだめなのよ」。
　　　私が結婚した人は，非常に人気のある人で，私の方は不安定な，非常にあぶなっかしい人間でした。本当にまあ，私はこんなふうに考えていたのです。私はこの人と結婚するんだし，あの人は誰にも好かれるし，だからきっと，彼と結婚すれば，みんなは私のことを好いてくれるだろう，って！　私が結婚した人は，本当に私の気持ちをわかってくれているとは思わなかったけど，安定した気持ちにはなっていました。そうなんです。それに私は大学を卒業したとき，自分が何をしたいのかもわからなかったんです。──私が結婚した理由というのは，こんなことだったのです。

　この少し後に，彼女は，結婚する前の自分の考え方についてもっとくわしく話してくれる。

　　　なぜ私が婚約したかといいますと，私のごく親しくしていた人が婚約して，たいへん美しい指輪をしており，結婚式までのプランを着々とすすめていたからなのです。私の友人たちは，「ねえ，ジョーン，あなた，マックスといつ結婚するの？　もう3年も付き合っているじゃないの。彼を逃さない方がいいわよ。あんな人を逃がすようだったら，あなたはおばかさんよ」と言うのでした。私の母もまた，「ねえ，ジョーン，マックスのような人はなかなかいないわよ。彼はすばらしい人だし，責任感もあるし，ちゃんとしてるし，落ちついてるわよ」

と言うのです。私は「私の親友たちも，ルームメイトも，お母さんもそう言うんだから，結婚すべき人なんだわ」と思いました。私の気持ちのなかにはこんな疑問もあったのですが，私は「おまえはとても未熟だし，おばかさんだから，自分の気持ちもわからないんだわ」と思ったのです。私は「私がどうすればいちばんいいのか，他の人たちがよく知っていて，おまえはわからないんだから，彼らの助言に従った方がいいんだ」と考えたのです。

　私はなぜこんなに迷っているのか，マックスに話す元気がありましたので，結婚するのが何か怖いような気がすると言って，「これが私にとって本当に正しいのかどうかわからないわ」と言ったのです。すると彼は「考えすぎるなよ。いまに僕を愛せるようになるさ」と言いました。私は本当に，兄弟のように彼を愛するようになったのですが，兄弟以上の愛にはならなかったのです。

　結婚の贈り物の包みをあけ，すべての新鮮なものが色あせてきて，赤ちゃんができたときの新鮮さもだんだんと薄れたとき，「ああ，おまえは大ばかだよ，おまえは自分自身の内心に耳を傾けるべきだったんだよ」と感じ始めたのです。こんなことは，前に自分自身に問いかけてきたことなのに，自分にとって何が一番よいのかわからないようなおばかさんだと自分を思っていたので，それに耳を傾けようとしなかっただけなんです。だから結局は，私の考えは正しかったのです。

　私にとっては，彼女の経験のなかに際立って見えるいくつかの要素がある。まず第1に，私たちは，いかに社会的圧力に屈しやすいか，ということを示している。女子大の4年生にもなると結婚のことを考えているべきであるし，社会的には，まさにそのとおりなのである。

　また，助言することの危険性も如実にあらわれている。愛情，思いやり，関心などからなのだが，母親も親友たちもみんな，彼女がどうすれば一番いいかということを知っているのだ。他人の生き方に方向を与えることがいかに簡単で，自分自身の生き方を生きることがいかにむずかしいことであろうか！

　自分の問題に真向から向き合うことの恐ろしさ。ジョーンは自分が不安定であることも知っていた。自分の未来に不安を感じていることもわかっていた。自分の感情にたどり着くことができないこともわかっていた。しかし，真向から，しかも直接に，自分の内面の問題に直面しないで，多くの人の歩む道を選んだのだった。彼女は，自分の外側に——他人のなかに——解決が見いだせる

という幻想を抱いたのであった。

　最後に私の心を強く打つのは，これは多くの人にも当てはまることだが，ジョーンが自分自身の感情，自分の内面のユニークな反応を信頼しないという経験をしていることである。彼女は，自分がこの関係に疑問をもっていること，深い愛の感情が欠けていること，この男性に一切を捧げる準備ができていないこと，などにぼんやりと気づいていた。しかし，そうしたことは，ただ感情にしかすぎないんだ。ただ感じただけなのだ！　自分の腹の底からの反応を信頼して，それに耳を傾けさえすれば，それが一番頼りになる指標なのだとわかったのは，結婚した後のことであり，子どもができた後のことだったのである。

自己を喪うこと：それが結婚に与える影響

　次に，円滑な結婚が崩壊していった例を提供したい。このなかから失敗をもたらすいくつかの要因を知ることができると思う。前途有望な新聞学科の若き講師ジェイと，社会学専攻だが，芸術と国際関係にも興味をもっているジェニファとの物語である。私はこのふたりをずっと昔から知っている。ふたりの両親も私の友人である。彼らが知り合ったのは，ふたりとも20歳ぐらいのときであった。ふたりが知り合ったきっかけは，お互いに国際問題に深い関心をもっていたことからであった。彼らはいま，40代の前半である。ふたりとも，教育程度の高い家庭の出身であり，ジェイの父親は高い教養の持ち主であったが，それはほとんど独学によるものであった。ふたりの信仰する宗教は違っていたが，どちらも正統派を信ずるものではなく，どちらかといえば彼らの信仰は，人間主義的なものといった方が適切なものであった。彼らは結婚し，その結婚は本当に幸せそうであった。数年たつうちに男の子と女の子が生まれた。これは，将来ふたりの間にひびが生ずる可能性が出てきた最初の時点であった。ジェイは，子どもを尊重するという家庭的，文化的背景の出である。彼は子どものためにはなんでもしてやるべきであり，子どものどんな気まぐれにも従うべきだと考えていた。ジェニファは，ある程度彼の考えに付き合ったが，それは彼女のやり方とは違うものであり，この点では，彼女はジェイと意見がはっきりと違っていた。ジェイは，立派な模範的な父親のようだった。多くの

男性と違って彼は，子どもと一日を過ごすのがこの上なく好きであった。彼はこうしたときには，自分自身すっかり子どもになりきることができる人であった。

　ジェイはその職場で出世するにつれて，ヨーロッパ，中米，アジアなど，海外の諸外国に勤務することになった。どんな長期間の旅でも，家族全部が一緒に行った。ジェイとジェニファは，面白い人びとに会い，新しい文化を深く知り，いくつかの外国のプロジェクトでは一緒に仕事をしたのであった。それは一見牧歌的な結婚であり，非常に親密な家庭のように見えた。しかし，お互いの性格や行動上に，微妙な行き違いがあった——それぞれの欠陥が相手の欠陥を助長することになり，少しずつ少しずつ，お互いにオープンに向き合って，よく話し合うこともなかったので，彼らはこの牧歌的な結婚に耐えられなくなってきたのである。この微妙な悪循環の状況を，きわめて簡潔に説明してみよう。

　ジェニファは，結婚前は独立心の旺盛な，創造性に富む，革新的なことの好きな人であり，いつも新しいことを始め，他の人が思い切ってやらないような企画を実行していた。しかし結婚してからは，夫の支えになるという役割をとり，夫がやりたいことをやりたいようにできるように手助けするという役割にまわった。それが妻たるもののなすべき道だと思っていた。彼女は結婚する前に，自分には自信がないから，彼の生き方に従って生きたいと彼に書き送っていた，と私に話している。

　ジェイは非常にカリスマ性のある，魅力にあふれた人物であった。知性も高く，すばらしい話術の持ち主であった。聴き手は彼らの家に招待された友人たちであったとしても驚くには当たらない。彼はその夜の中心人物であった。一方，ジェニファはその夜のために食べ物や飲物の用意をしたり，部屋を美しく飾りつけることなどを見事にやってのけた。彼女は話題の仲間入りをしたり，自分で話題を投げかけたりしようとしたが，いつもうまくいかなかった。こうした状態のとき，彼女は相当腹が立っていたのだが，それは結婚後，12年とか14年経つまでは表面に出てくることはなかった。そのときになるまで彼女は，自分の憤りに少しも気づかなかったのである。それはおそらく，否定的な感情はほとんど表現されることのなかった彼女の家庭環境によるものであろう。

ともかく、自分に起こっていることを意識することがないまま、その非難の気持ちは内部に向かうようになった。どうして彼女は、こんなにもしっくりしない感じを持ち、存在感もなく、また心の動くこともなくなり、友人たちのようにその夫と一緒に楽しむことができなくなってしまったのだろうか。彼女はただ、ジェイが望み、必要としているような妻であろうとして、自分を放棄してしまったのだ。セーレン・キルケゴールの言葉があたまに浮かんでくる。「自己自身を喪失することの、もっとも恐ろしい危険は、それが何事でもないかのように静かに通り過ぎていくことである。他の喪失、例えば、腕や足や、5ドルを失ったときは、はっきりとそれと認められるのだが」と。この文章は1世紀以上も前に書かれたものであるが、信じられないぐらいにジェニファに当てはまっていた。彼女がその喪失に気づくまでに何年もかかったのである。

　もう一つ、彼らの関係で重要な局面は、ジェイの彼女への依存心である。それはいろいろな面で見られるが、とくに大事な意思決定をするときに顕著であった。外面的にはきわめて有能な専門家であるけれども、彼には決断するのが非常に難しかったようである。自分がどのように決断すべきだと彼女が思うかということを、なんとかしてジェニファに言わせようとすることが多かった。そうしてからその決断をするのであった。それがうまくいかなかったときには、彼女にも確かに責任の一部があるのだが、彼はそれを微妙なかたちで彼女に押しつけるのであった。

　彼があまりにも依存的であり、強くて断固とした父親になれないことに対して、ジェニファの心中に抑圧された怒りはますます大きくなっていった。そして、とうとう、恐ろしいことに彼女は、彼が仕事から帰ってくる車の音を聞くのもいやになってしまった。彼女の反応は「あら3番目の子どもが帰ってきたわ」であり、すっかり意気消沈した気持ちが、雲のように彼女の心のなかに覆いかぶさってくるのだった。

　自分たちの関係についての否定的な感情の一切を、このように無意識的に内部に抑圧することによって彼女はますますうつ状態におちいり、自殺を考える場合もますます多くなった。ある日彼女は、自分の死を導くような行動をとっている自分に気がついた。自分は値打ちのない人間であり、ジェイのみならず自分の親でさえも、自分がいなくても悲しむこともないだろうし、だれも自分

を愛してくれないし，だからそんな状態に終止符を打った方がよいと思った。しかしそのとき，何か彼女のなかでそれに逆らうものがあった。少なくとも，自分は生きる権利をもっているのだという，目のまえが明るくなるような気持ちがそこにはあった。彼女はすぐに気持ちを落ちつけて，前から知っており，信用しているある精神科医に，すぐに時間をとってくれないかという手紙を書いた。その予約がとれ，彼女はセラピーを受けることになり，それは長期におよぶものとなった。

　これは明らかに，彼女自身にとっては曲がり角であったのだが，結婚生活についてはそうではなかった。彼女がふたりの関係についてもっとオープンになるにつれて，長年抑圧されてきた怒りと非難をジェイにあびせかけたので，しばしば彼はすっかり戸惑ってしまうのであった。彼は彼女が望むすべてのことを与えてきたのだ。彼は家庭を愛し，妻を愛し，子どもを愛する父親であったのだ。だが，自分を依存的だと非難するこの新しい，怒れる女はいったい誰なのだろうか。性的に十分に男性でないと言うこの女はいったい誰なのだろうか。社交的な会話で自分が作り出したあの興奮を非難するこの女はいったい誰なのだろうか。彼女の両親もまた，同じように戸惑っていた。彼女は，現在の関係となんのかかわりもないような，ずっとむかしから溜め込んでいた憤激をあびせかけるのだった。

　ジェイは，この状態は自分に責任があるわけではないし，自分は夫として常に模範的に行動してきたし，ジェニファの方が明らかに「病気」なんだと強く信じていた。彼は寛大だし，援助もよくしたし，激励もし，完全に誠実であった。彼はこの状態を理解することができなくて途方に暮れており，変わる必要があるのは自分の方ではない，と確信していた。だから，ふたりが家族カウンセラーを訪れて，自分たちの問題を解決しようと何度か試みたが，こうした努力も成功せず，ある点では状態をさらに悪化させたのである。ジェイはいつも，明快であり，有利な立場で振る舞っていたので，ある程度カウンセラーを言い負かしていたほどであった。そのためジェニファの方は，ただますます怒りをつのらせるばかりであった。

　ジェニファは，ジェイに対して，自分の望み，期待するような夫になることを要求しはじめた。ジェイの方は，ほぼ15年間自分が見てきた内助者にジェ

ニファがもどってくれることを望むばかりであった。彼は、ジェニファがこれまでのような可愛いい妻にもどってくれさえすれば、これまでのような愛すべき人間でありつづけたであろう。その結婚生活はますますとげとげしいものになり、ふたりの間の雰囲気は敵意に満ち、とうとう離婚することが一番の解決策として残るばかりになった。

　私はこの結婚について二つだけコメントを述べたい。ジェイとジェニファは完全な組み合わせというわけではなかったけれども、満足な結婚生活ができたはずだという十分な根拠がある。後で振り返ってみればすぐにわかることだが、ジェニファが最初から本当の自分であることができたならば、もっとずっとけんかもできて、しかももっと多くの希望がもてたであろう。理想的にいえば、彼女が話し合いのなかで言い負かされたと思ったときに、自分のなかにある本当の感情として、彼に対する非難の気持ちを表現していたならば、お互いに満足できるようなある解決が見つけられる可能性が高かったであろう。また、子どもの教育をまかせっきりにされる不満や、彼の依存的な弱さを厄介に思ったり、性に対する積極性が欠けていることについての失望などについても、同じことが言えるであろう。もし彼女がこうした態度が起こったときに、抑えきれなくなる前に、全部口に出してしまっていたならば、またそうした態度を、自分のなかに現に存在する感情として——後ではそれが非難になってしまったが、そうした非難としてではなく——表現されていたならば、もっと深い相互理解にいたる可能性も高かったし、困難な問題を解決できる可能性も大きかったであろう。大きな、期待すべき可能性を秘めた結婚が失敗に終わることは、本当に悲劇的なことであると思う。そのなかから、強くて創造的なジェニファが生まれてきて、他人の必要や要求に合わせて、自分を犠牲にするようなジェニファはあらわれなかったであろう、と私は信じている。

　そしてジェイの方も——こうした感情が起こったときにそれにまともに直面していたならば——、自分が考えていたほどにはすぐれた父親でも夫でもなく、いつも正しかったわけでもなく、また夫婦愛や家族の保護に身を捧げはした（本当によくやっていた）が、同時にまた妻に怒りや非難の気持ちや不満足感を与えていたことを、かならずや理解したことであろう。そうすれば彼はもっと自由になり、もっと無邪気で、ときには失敗もする人間になることもで

きたのである。ところがジェイは実際には，自分はすぐれた夫であり父親であるという見方を頑固にもちつづけていたし，ジェニファがわけのわからない理由から「軌道を外れていく」までは，自分の見るかぎり結婚生活にひずみの感じなどなかったのだ，と確信していた。彼は，その結婚は崩壊の必要もないし適切なことでもないと思っていた。彼にしてみれば，ふたりの関係についてのジェニファの考え方が，本当は美しく創造的で，ときには楽しいものであったさまざまなことを，だんだんと醜い風刺画に変えていったのである。彼はこの全体の状況を理解することができなかったのであり，ただ，それは自分のやったことではないと信じていた。こんなにもあたまのよい人に，こんな洞察力が欠けているのを見るのは悲しいことである。

よみがえった結婚生活

　私は，ペグ・ムーアという若い奥さんのカウンセリングから非常に多くのことを学んだ。このカウンセリングは数年前に行われたものであるが，彼女の心配ごとや私の学んだことは，最新のポップ音楽のレコードのように「いまに生きている」のである。最新のヒットソングのように「ナウ」なものである。私はペグを私のクラスの学生であったときから知っていた。彼女は，元気がよく，自然な感じで，ユーモアのある，全米女子代表チームのような健全な外観をもった女性であった。しかし少したってから，彼女は私のところにカウンセリングを受けにきた。彼女の苦情は，夫のビルが，彼女に対してうわべだけの控え目なかかわり方しかせず，話しかけることもないし，一緒に話し合うこともないというのである。また，思いやりに欠けていて，セックスもバランスがとれていなくて，急激に離ればなれになってきた，ということであった。「あんなに元気でいきいきとした女の子が，木のような固いイメージの男と結婚するとは，なんと悲しいことだろう」と私は感じていた。しかし彼女が自分の態度を話しつくしたとき，彼女はだんだんとオープンになり，その仮面を取りはずすようになったとき，その様相は急激に一変した。彼女は，結婚以前の自分の生き方について抱いていた深い罪悪感を話し出した。それは，彼女が多くの男性——その多くは既婚者であったが——と男女関係をもっていたことであった。彼女は人といるときにはたいてい，朗らかで自然な人間であるけれども，

夫と一緒のときには固くなり，かまえていて，自然でなくなるのである。また，夫には，自分が期待しているような夫になるようにきびしく要求していることも自分にはわかっている。

　この時点で，私が町を離れることになったので，カウンセリングは中断される。彼女はその後も続けて私に手紙で自分の気持ちを伝え，そしてこう書き加えている。「もし私が彼（彼女の夫）に対して，こんないろいろなことを言えさえすれば，私は家庭で落ちついた気持ちでいられたと思います。しかしそうしたからといって，彼が人を信ずるようになるでしょうか。もしあなたが私の夫で，こういう真実を知ったとしたら，私を拒絶的だと思いますか。私は『かわいい子』ではなくて『ステキな女の子』でありたいのです。なんだかとてもこんがらかってきました」。

　その後もう一通の手紙がきたのだが，そのなかから多少長くなるけれども引用したほうがよいと思う。ある晩，客がふいに立ち寄ったとき，彼女がどんなにいらいらし，不愉快であったかということを彼女は伝えている。客が立ち去ったあと——

　　私は不愛想な振舞いをしたことで自分がいやになっていました……まだ不機嫌で，罪意識をもっており，自分自身とビルに対して怒っていたのです——お客たちがやってきたときも帰った後も，同じくらい憂うつな気持ちでした。
　　それで，自分が本当にやりたいと思っていながら，それはどんな人間にも期待できないことだと思ってやらずにいたことを，やってみることにしました——それは，自分がなぜあんな恐ろしい行動をとったかをビルに話すということです。それはあなたに話すよりずっと難しいことでした——本当に難しいことでした。こまかくくわしく話すことはできませんでしたが，私の両親に対するさもしい気持ちのいくらかをなんとかしぼりだし，それからあの「いやらしい」やつらについてはもっと話しました。彼がこんなことを言うのを聞いたことがないのですが，両親のことを話したとき，彼は「ようし，僕がきっと力になってあげられると思うよ」と言ったのです。そしてまた，私のやったことを非常によく受け入れてくれました。私は彼にこう言いました……私はいろいろなことをやるのを許してもらえなかったから——トランプの遊び方さえ知らないのだから——いろいろな状況をうまく処理できないと思っているのだ，と。

私たちは話し合い，議論し合い，本当にふたりのいろいろな気持ちを深く掘り下げて話すことができました。私は彼に，男友だちのことについてはそれほど完全には話しませんでした——その名前はあげませんでしたが，何人くらいかということはほのめかしました。そう，夫はとてもよく理解してくれましたし，物事が非常にはっきりしてきましたので，私は夫を信じたのです。私は今，あたまのなかに次から次へと湧いてくるばかげた，くだらない，理屈にあわないことでも，夫に話すことを恐れなくなりました。そしてまた，それを恐れないでいると，ばかげたこともきっと浮かんでこなくなるのです。あなたに手紙を書いたあの晩，もうほとんど逃げだそうと思っていました。——町を立ち去ろうとさえ思っていたのです（すべてのことから逃れるために）。しかし，私は問題から逃げつづけていただけなのであり，それに立ち向かわなければ本当に幸せにはなれないのだということに気がつきました。私たちは子どもを持つことについて話し合い，ビルが学校を卒業するまで待つということに決めました。私はこの計画案にとても満足しています。自分たちの子どもにしてやりたいことについてもビルは私と同じように考えています——なかでも大事なことは，子どもにしてやりたくないことについても意見が一致するのです。ですから，あなたがもう絶望的な感じの手紙を受け取ることがなかったならば，事態は期待どおりにすすんでいるとお考えください。

　ところで，もしかしてと思っているのですが，そのことが，ビルと私の仲を親密なものにするためにできる唯一の道なのだということを，あなたはずっとご存じだったのでしょうか。それは，ビルに対して公平ではないんじゃないかと自分に言いつづけてきたひとつのことなのです。そんなことをすれば，ビルの私に対する，そしてすべての人に対する信頼感を損ねてしまうだろうと思っていました。ビルと私の間にはとても大きな壁がありましたから，彼はほとんどよそものだったと思うのです。私を悩ませていることを彼に話して，少なくとも彼の反応を聞かなければ，それは彼に対して公平なことではない——つまり，自分が信頼される人間なんだということを証明する機会を彼から奪ってしまうだろう——と考えるよりほかにありませんでした。しかし彼は私に対してそれ以上のことを示してくれました——彼の気持ちはすっかり落ち込んでしまいました——自分の両親や，またその他のたくさんの人に対しても，自分の気持ちにすっかり自信をなくしていたのです（文献 1, pp. 316-317）。

13 結婚しますか？

　結婚生活のなかで夫婦が、仮面のかげにかくれて生きようとすれば、どれほど多くの心理的なエネルギーを消費しなければならないか、これは興味深い問題である。ペグは、見せかけの体面を保ってさえいれば、自分は受け入れられるのだとはっきりと信じていた。ジェニファとは違って、彼女は自分の気持ちにいくらか気づいていたけれども、そういう気持ちを表面に出したら、まったく受け入れられないだろうと信じ込んでいたのである。

　私にとってこの話が深い意味をもっているのは、彼女が過去の性的経験を夫に話したという事実なのではない。そこから学ぶべきことは何もないと思う。夫婦の一方が連れ合いに、ある体験を相手に隠していても、気楽な気持ちでいられるときには、それで結構幸せにやっている結婚を私は知っている。ペグの場合には、この隠しごとが大きな障壁になっていたので、ふたりの関係のなかで本当の自分でいることができなかったのである。

　私の経験則から自分に役立っていることは、長年つづいている関係のなかでは、ある感情が持続しているときには、それを表現した方がいいということである。抑えつけてしまうと、その関係を破滅に追いやるだけである。最初に経験則として述べたことは、思いつきで述べたのではない。継続している関係が大事なものであるならば、そしてその感情がなんども繰り返しあらわれてくる、しつこいものであるならば、そのときにはその感情をふたりの関係のなかにオープンにする必要があるのである。そうしないときには、ペグのケースにみられるように、その述べられなかったことが、だんだんとその関係をむしばんでくるのである。だから、彼女が「そのことが、ビルと私の仲を親密なものにするためにできる唯一の道なのだということを、あなたはずっとご存じだったのでしょうか」と問いかけてきたとき、私の答えは、彼女の言っている意味によって違ってくるであろう。私はこの結婚を救ったのは、彼女が本当の気持ちを夫と分かち合ったことだと確信しているけれども、彼女の行動の一部始終をビルに告げる必要があるかどうかは、ただ彼女だけが決めることのできる問題だと思うべきである。

　つけ加えておきたいが、子どもの誕生の知らせや、数年後の短い手紙で、その後の結婚生活も子どもたちも、すべて順調であることがわかっている。

文　献

1. Rogers, C. R. *On Becoming a Person*. Boston: Houghton Mifflin, 1961.

1　『ロージァズ全集』第 4-6, 8, 12 巻に分訳されている。1966-67 年。

第Ⅳ部

理論と研究

カール・ロジャーズは生涯を通じて，アカデミックな研究者たちから「甘い」，学術的でない，現実的でない，または「軽量級」などと批判されることが多かった。ある評論家は「もうひとりのアメリカの哲学者ハックルベリ・フィンと同じように，カール・ロジャーズはどこにでも入っていけるが，それは彼の船の喫水線があまりにも浅いからだ」と述べている。また，もうひとりの評論家は「彼は厳密さが必要なところでも，心理学の『甘い』側面を『甘く』扱った」と述べている。

　これらは皮肉な攻撃である。というのは，ロジャーズの研究者として経歴の最初の35年間では心理学理論と実証的研究が彼の業績の核心だったのである。事実，1956年には他の2人の著名な心理学者ケネス・W・スペンス（Kenneth W. Spence）とウォルフガング・ケーラー（Wolfgang Köhler）とともに，彼はアメリカ心理学会（American Psychological Association）が初めて与えた「優秀科学貢献賞」（Distinguished Scientific Contribution Award）を受賞しているのである。ロジャーズに対する表彰文は次のようなものであった。

　　……サイコセラピーの過程の記述と分析を客観化する独自の方法を開発したことに対して，サイコセラピーの理論とそれが及ぼすパーソナリティと行動における効果を追試可能なかたちで公式化したことに対して，そしてまた，この方法の価値を明らかにし，その理論の意義を探究検証するための広範な体系的研究に対して表彰する。個人を理解し，変容するといった困難な諸問題において，彼の創造力，忍耐力と科学的方法の柔軟な適応は，この心理学的関心の領域を科学的心理学の範囲のなかに移行させたのである。

　受賞したさまざまな学術賞のなかでも，彼はこの賞を生涯最も誇りにしていた。後に1963年にカリフォルニアに移ってからは，リサーチは彼の仕事のなかでは小さな部分になった。しかし，彼は常にリサーチを尊重し，セラピーの

みならず，教育，エンカウンター・グループや，その他彼が関心をもっていた分野において，彼自身や他の人の研究をしばしば引用した。

ここに紹介する最初の論文「二つの研究から学んだこと」（What I Learned from Two Research Studies）（第14章）は，ロジャーズが心理学研究にますます深く没頭し始めた1930～40年代のひとつの時期をあらわしている。これはカリフォルニア大学，サンタ・バーバラ校に拠点をおく，「ヒューマニスティック心理学公文書口述歴史記録集企画」（Oral Histroy Project of the Archives of Humanistic Psychology）の一環として，1986年4月に行われたロジャーズとの録音インタヴューの一部である。これはロジャーズの初期の仕事と初期の研究の観点について，個人的な雰囲気を伝えるものである。

次の論文はサイコセラピーの歴史における重要な展開——サイコセラピーの録音とそれらの記録をサイコセラピーの研究と訓練に活用すること——に焦点を当てたものである。当時はロジャーズを含め，ほとんど誰も知らなかったのだが，イエール大学人間関係研究所（Yale Institute of Human Relations）は1935年に初めて完全な精神分析のケースを録音し，その逐語記録を作成していたが，それは公表されなかった。ロジャーズと当時の学生であったバーナード・コヴナー（Bernard Covner）が独自の録音装置を開発し，100件くらいの数の面接を録音し，ロジャーズの『カウンセリングとサイコセラピー』(1942)という著書のなかに「ハーバート・ブライアンのケース」を完全な形で出版してはじめて，専門家たちはこの分野におけるこの強力な新しい用具に気づいたのである。

今日ではカセット録音やビデオ録画が一般的となり，すべての実践家によって広く利用できるようになっているので，セラピー面接の録音における開拓時代の困難さは想像するのも難しいであろう。「サイコセラピー技術の改善における電気録音面接の利用」（The Use of Electrically Recorded Interviews in Improving Psychotherapeutic Techniques）（第15章）はこの初期の興奮をある程度伝えているが，その録音の過程がどんなに複雑だったかは十分に伝えていない。実際には2台の録音機が必要であり，1台目のレコードを裏返したり，取り換えたりするときに，一言ももらさないようにするために，もう1台の録音機が録音を始めなければならないのである。これは約3分ごとに行わな

ければならなかった。同時に，針がレコード盤に刻んだ溝を掃除しつづけなければならなかった。そうして2，3カ月のうちに，ロジャーズとコヴナーは800枚ほどのレコード盤を集めたのである。ロジャーズの研究の多くは，そしてそれにつづいたこの分野の研究の大部分は，彼が開発し一般に広めた録音によるものであった。

　この第Ⅳ部の他の論文は，ロジャーズのお気に入りだった二つの論説である。「セラピーによるパーソナリティ変化の必要にして十分な条件」(The Necessary and Sufficient Conditions of Therapeutic Personality Change)（第16章）は短いものだが，それはロジャーズのセラピー理論を一に述べたものであり，また「もし～ならば」という実験的研究の表現で書かれている。この論文は，彼の研究を促進するための最も重要な論文であり，彼自身および他の研究者による，多くの実りある研究に道をひらくことになった。

　この短い理論的な主張に満足したロジャーズは，2年後にもっと長文の70ページの論文「クライエント・センタードの枠組みから発展したセラピー，パーソナリティ，人間関係の理論」(A Theory of Therapy, Personality, and Interpersonal Relationship, As Developed in the Client-Centered Framework)（第17章）を執筆し，それはコッチ（Koch, S.）の数巻にわたる著作『心理学——科学の研究』(*Psychology : A Study of a Science*)（1959）に収録された。ロジャーズはこれが彼の最も学術的で，完全で，よく展開された理論的公式化であると信じ，それを誇りにしていたので，どうして誰もこの論文の存在すら知らず，それに注目しないのかいつも不思議がっていた。

　私たちもコッチの著書に掲載された論文がロジャーズの最も重要な知られざる論文のひとつであると考え，その論文全体の範囲とスタイルとを代表できるように，その4分の1をここに抜粋した。ここに含まれていないものは17ページにのぼる用語の定義，その理論的な主張を裏付ける研究についての多くの補足的な文献，および主要な仮説とその研究文脈についての詳細な論議などである。ロジャーズ特有のパーソナルな文体に比べると，この論文は比較的ドライなものであるが，注意深い読者は，この論文の品格と幅広さを味わうことができるだろう。

14

What I Learned from Two Research Studies

二つの研究から学んだこと*

　個人的にも，そして専門家としての経歴においても，私に深い関わりのある話をしてみたい。それは心理学の分野にも関連があると思う。それは児童の背景や現在の状況を把握し，その子の将来の計画を援助するために，私が開発した尺度の使用にかかわるものである。それは過去に基礎をおくものであるが，しかしそれは将来を展望する測定であった。それから，その尺度が非行青少年の将来の行動を予測するかどうかを見た。その結果は驚くべきものであって，私にも信じられなかった。そこでその研究はしばらくの間，棚の上で眠っていた。これからお話することは，それから2年後の，その研究の追試についてである(社会科学の研究においては追試はあまり一般的ではないと思うが)——その追試はすべての主要な結果を確認したのである。そのころになってやっと，私はその結果を信じる心構えができてきた。もしも真剣にその結果を受け止めると，それは私たちの社会的政策の多くを大きく変えるようなものであった。そして最後にその結果は，私の研究者としての生涯をサイコセラピーの分野に集中させることになったのである。このような理由で，その話をしてみたい。

その方法：開発と初期の応用
　児童の状況の質を測定するために，あるシステムを私が開発したのは1930

---

*　これまでこれは未公開であった。もともとの1986年のインタヴューの記録が，その後ロジャーズによって編集された。ここではさらに編集を加え，読みやすくし，また重要でない資料は省いた。インフォーマルな会話の感じは残すようにした。

年代のはじめごろだったと思う。私はそれを「構成要因法」(Component Factor Method) と呼び，その目的は，私から見るとあまり使いものにならない，不毛なレッテル貼りよりも，児童の行動を診断するもっと優れた方法を提供することであった。それは事例史の検討と八つの要因の評定にもとづくものであった。評定は，個々の要因が児童の福祉に対して破壊的であるか，あるいはそれは健康で正常な適応と行動の方向にあるかを示そうとするものであった。

そのいくつかの要因は，家庭生活の質と影響力，児童の健康歴あるいは体質，経済的・文化的背景とその影響力，児童の知的発達，その児童の過去の社会的経験，遺伝的要因，それと教育的影響であった。

そのころ私の考え方はかなり決定論的であったことはわかっている。この七つの要因によって行動を本当に説明できると思っていたのである。しかし，私は別のひとつの内的要因——児童の自己理解と自己洞察の度合い，現実的な自己の受容と自分がおかれている状況の現実的な評価，それと自己に対する責任の受容——を含めていた。こういうものがすべて第 8 番目の要因に含まれていた。

「構成要因法」は児童の状況を把握するばかりでなく，どの要因は変化可能で，どの要因は変化不能であるかという一歩すすんだ，珍しい要素をもっており，それによって治療計画の展開に役立てようとするものであった。私たちは児童の遺伝的要因についてはどうすることもできないが，その子の社会的経験については何かをすることができるかもしれない。家庭環境についても何かできることがあるかもしれない。自己理解については何かをすることができるという希望をもつことができた。だから，個々のケースについて，例えばこの要因は明らかに変えられないが，これらの要因は変えることができる，というように判断することができた。今でもこれは，個人の可能性を分析するには非常にいい方法だと思っている。しかしそれは，あまり注目されなかった。私がそれを開発したロチェスターの児童研究部でもそれをよく活用したというわけでもない。尺度の開発についてはこれぐらいにしておこう。1937 年にそれをかなり詳しく報告し，1939 年には私の著書『問題児の治療』(*The Clinical Treatment of the Problem Child*) のなかでそれを公表した。

尺度の話を終える前に，それがどんなものであったのか少しだけその感触に

ふれておこう。例えば，私の記憶では，評定は－3から＋3までで，0が平均であった。評定者の評定が標準化されるように，実例を示すという試みがなされた。例えば，遺伝的要因では，－3の実例は「両親ともに精神発達障害」という例が示されていた。社会的経験では，－3の評定は次のように表現されていた――「兄弟や学校の友だちと付き合えない，よくけんかをする，他の子どもを虐待し，小さな子どもや動物に対して残酷である，社会適応のための保護観察においても成功しない」。最後の記述は保護施設のことだったと思うが，確かではない。逆に，社会的経験の＋2評定は，「チームを組んで遊ぶ，友だちは非行をしていない，よく人と交流する，学校や近所で評判がいい，充実した切手のコレクションをもっている，3人の親密な友人がいる」というようなものであった。切手のコレクションにどんな関係があるのかわからないが，このように，ある意味で評定はおおまかであったが，全体的な状況の評価になっていたことはおわかりいただけたであろう。

　自己洞察の要因についての実際の評定例を挙げておこう。－3では「自分の非行について話し合うことを拒否する，家庭の葛藤から起こる問題を話し合おうとしない，あるいは話し合うことができない。事実を前にしても自分の責任を否定する」となっていた。自己洞察の＋2評定では，「率直に自分の非行を認める，両親の対立や拒絶の理由を認め受け入れている。計画的で協力的。自分に責任があるときは責任感をもつ。事実を正直に話す。母親の不安定と自分自身の責任感の必要性を認め，それを理解している。行動や将来計画において反応性が良く，協力的である」。このように，評定がどのような材料にもとづいていたかを少しわかっていただけたと思う。さて次は，この尺度の研究への応用について述べよう。

初期的なリサーチ

　オハイオ州立大学に赴任してすぐのことだったと思うが，ビル・ケル（Bill Kell）が修士論文に構成要因法を使ってみることを決意した。彼はその尺度が非行少年の将来行動を予測するかどうかをみようとした。彼はコロンバスの青少年研究所（Bureau of Juvenile Research）というすばらしい情報源を確保していた。そこには非行少年の数年にわたる記録とその後の保護観察記録が保

管されていた。ケルはフォローアップの観察記録を参照しないで，155人の非行少年の初期の記録を検討し，構成要因に従って，それらを評定した。それからフォローアップの資料に目をとおした。フォローアップの資料は半数以上のケースで不十分だったが，初期の記録とフォローアップにおいて，十分な資料がそろっていたケースは75例だった。

このフォローアップの情報を使い，最初の記録から2，3年にわたってその適応を評定してみた。評定は非常にはっきりしていたと思う。非行が続いたか，あるいはひどくなった場合は-3である。満足な，あるいはすばらしい社会適応や教育適応をしていたものは+3である。彼はそれからこの二つをつき合わせてみた。全体的にいって，フォローアップの資料と構成要因法の総得点の間には非常に強い肯定的な関係があり，この尺度にはかなりの利点があることが示された。

私たちは2人とも，どんな結果になるかについて，いくつかの考えをもってこの研究に入ったことはたしかである。私は家庭環境が将来の行動を予測するうえで最も重要な決定因子であると考えていた。ビルも同じように考えていたが，彼はあるいは社会的経験が決定的因子となるとも考えていたと思う。ところが，最も明白な因子は，そしてそれは私たちを本当にビックリさせたのだが，あの大まかな自己洞察の因子が将来の行動を最も良く予測するものだったのである。それは将来の行動と .84 という驚くべき相関を示し，それが偶然によるという確率は1/100以下であった。社会的経験は .55 で2番目だったと思う，そして家庭の影響は将来の行動と .36 の相関を示していた。

当時，私はそれを信じる用意ができていなかった。そのこともまた，私には興味深いことである。それは1940年代のはじめごろには，私は「処遇面接」(treatment interview) に深く関わっていたにもかかわらず，児童の行動における主要な因子は外部的なものであると信じていたことを示している。人がこれから何をするかは外部的な力によって決定されると。そこで私は単純に，この研究にはなんらかの欠点があるに違いないと思っていたのである。

この研究で気になったひとつの点は，私たちは評定の信頼性に関する小規模な研究をしていたのである——6人の心理学者が同じケースを評定したと思う——そしてほとんどの因子において信頼性は適当なものであった。驚くほど高

いものではなかったが，ほどよいものであった。最も信頼性が低かったのは自己洞察であり，それで私はまた，これはあまり予測力はもたないだろうという先入観をもってしまったのである。そこで私は私以前の研究者と同じように，そこに結果をもっていながら，単純にそれを信じることを拒否していたのである。研究に何かの問題があると考え，その研究を棚の上に眠らせたのである。でも忘れてしまうことはできなかった。とても印象的だったのである。

追試による証明

ビルは1942年に修士論文を完成し，その2年後に，当時研究課題を捜していたヘレン・マックニール（Helen McNeil）がその研究を追試してみることになった。彼女は同じ研究所で，ビルのとはまったく違う，新しい事例の一群を扱うことにした。彼女はまったく同じ手続きで背景を評定し，データを集め，その後の行動を評定した。ところで，私はこれは非行少年と少女であることを言いそびれていたが，非行の場合は通常，少年が圧倒的に多数をしめるのである。彼女のサンプルとケルのを比較すると，年齢では有意な差はなかった。平均年齢は14歳と15歳の間で，範囲は8歳から17歳までであった。その他の要素も同じであった。

彼女の研究結果は，すべての主要な面でビルの結果を確認した。彼女が得た相関係数はずっと低かったので，当時私はそれを不思議に思っていた。その本当の理由を今なら自由に言えるのだが，彼女は評定者としてそれほどするどくなかったのだと思う。彼女の評定にはばらつきが少なく，そのため高い相関は得られなかった。しかし，ここでもまた自己洞察が最も高く相関し，次いで社会的経験，それ以下には多少，以前との違いがあった。

そのころ，ヴァージニア・アクスライン（Virginia Axline）はプレイ・セラピーをやっていて，私は彼女の仕事における才能と天性にとても印象づけられていた。私は以前よりもカウンセリングに打ち込んでおり，それに効果があると確信するようになっていた。ともかく私はやっとその結果を信じる用意ができてきたのである。興味深いことに，どうして私がこれらの研究を結合してすぐに論文を書かなかったのか，その理由はおぼえていない。それは1948年に出版された（文献2）が，それは私がシカゴ大学に移ってからだった。私は

このように，将来の行動を予測するのは——自己理解の度合い，自己受容の度合い，児童が自分の状況を現実的に受け入れる度合い，児童が自己に対して責任をもつ度合い，といった因子であることを示す二つの研究結果をもっていたことになる。

しかし，私は家庭環境が決定的な因子であることをあまりにも強固に信じていたために——そしてこの児童たちがとても貧しい家庭の出であり，そのために保護施設に移されていたので——「ああ，これで説明できる」と思った。そこで次は「貧しい家庭の出で，フォローアップ期間にその家庭で生活していたグループを研究してみよう」と考えたのである。ところが，私が驚き，信じられなかったことは，正しくこのようなケースにおいても，家庭環境よりも自己理解の方が予測力をもっていたということである。

今では私はこれらのリサーチを誇りに思っている。本物のリサーチだったからである。その結果は私が当時，期待していたものではなかったし，しばらく結果を信じることができなかったが，それはとても大切なことを私に教えてくれたのである。

研究の意義

この一連の状況が私にとってとても重要だった理由を強調しておきたい。自分で行ったリサーチの結果を信じられない，という生涯において数少ない機会だったことが個人的に重要だったのである。科学者があまりにも予想外な結果を見いだし，そのときにはその結果を信じられないことは，科学において重要なことなのである。研究結果の方がときには私よりも賢い，ということに気づかされたことは重要な教訓であった。将来の行動を予測するうえで最も意味があると思われた因子が，確かにまた，私にサイコセラピーの道を歩みつづけさせたひとつの因子であったという意味においても，それは重要だった。それからその一連の状況が，社会的に重要だった——事実，社会的意義においてはかなり革命的なものであった——そういうことが私には印象的であった。

子どもの行動であろうと，大人の行動であろうと——行動を変化させようとするほとんどの努力は環境を変えることに焦点を当てる傾向があると思う。私の著書『問題児の治療』（文献1）はほとんどそれを扱っていた——どのよう

に家庭環境，学校環境，レクリエーション状況を変えるか──特殊学級，特殊な個人指導などについてであった。このような要素がすべて重要であることは間違いない。しかし，子どもや大人を取り扱う方法のコスト分析をしたならば，経費の大部分が環境を変えることに使われ，個人の自己概念を変化させる努力には比較的わずかしか使われていないことがわかるだろう。自分がおかれている状況や外的現実の現実的知覚は，現実的な自己概念に伴っており，自分をどのように見るかという見方が将来の行動を予測するのに最も重要であるという事実を，私たちは受け入れてこなかったのである。そこで率直に言ってしまうと，このような結果が確認されれば（しかしこのような重要な課題を扱った研究は他にはないと思うが），問題をかかえた人，問題児，非行少年，犯罪者，その他のあらゆる社会的逸脱者を扱う方法が大きく変わるであろう。

　さらに，社会的に重要なもう一つの局面がある。非行少年や常習者などについては多くの研究がなされているが，こうした研究のほとんどは，まったくがっかりさせるようなものである。それらの研究では，環境の悪い地域や崩壊家庭の児童は非行を繰り返すことが示されている。それはただ，将来の希望がほとんどないという憂うつな事実を暗唱して述べるようなものである。しかし別の見方をすれば，これらの研究結果は社会的な希望をもたせてくれるのである。外部的な要因についてはほとんど何もできないことを認めたうえで，私たちはまだ思いついていない方法によって，あるいはグループ・セラピーによって，あるいは個人セラピーによって，または学校教師の態度改善によって，変え得る何かがあるのである。どのようにして自己の概念，自信，自己に対する信頼，自己尊重（self-esteem）などを変え得るかということについて，私たちは多くのことを知っている。逸脱者や非行の見方，その扱い方について，社会的に有意義な方法がここにあるのである。

　この点を説明するために，すでに出版された研究の結果から引用してみたい部分を記してみよう。常習者についての研究と非行少年がどうなっていくか，という憂うつな話について述べているところで（私たちの研究はこのような研究の結論と真っ向から対立するものではないことを付け加えておく），私たちは次のように書いた。──「不運な遺伝と破壊的な器質的因子および文化程度の低い環境は，すべてある程度の不適応に導く傾向があることは確かである。

しかし何にもまして重要な事実は，自然な変化や計画的な変容を可能にする要素は——個人がその人自身と現実を受容すること——それはまた将来の行動を決定する最も重要な因子でもある。……人は必然的に彼を形作った変化不能な力によって宿命づけられていると思う必要はなく，未来の行動に最も強力な影響を与えるものは，身体的あるいは社会的な遺伝や現在の環境を変えなくても，ある程度は変え得るものであることをこの研究は示唆しているのである。その最も強力な決定因子はその人自身の態度にあると思われる」。

「もしも人が自分自身と現実をどう見ているのかということ——つまり防衛の度合い，自己受容の度合い，現実の現実的評価，自立性と計画性の度合い，客観的に自己批判ができる能力——がきわめて重要であるならば，この領域においては多大なリサーチが必要なのである。——この研究の結果は，最終的にこうしたことを示唆しているのである」と。

文　献

1. Rogers, C. R. *The Clinical Treatment of the Problem Child.* Boston: Houghton Mifflin, 1939.
2. Rogers, C. R., Kell, B. L. and H. McNeil, The role of self-understanding in the prediction of behavior. *Journal of Consulting Psychology*, 1948, *12*, 174–186.

1　『問題児の治療』（ロージァズ全集 1）1966 年。
2　「行動の予測における自己理解の役割」『クライエント中心療法の初期の発展』（ロージァズ全集 14）1967 年，第 9 章。

15

The Use of Electrically Recorded
Interviews in Improving
Psychotherapeutic Techniques

サイコセラピー技術の改善における電気録音面接の利用

　オハイオ州立大学では，蓄音機のレコードに電気録音ができる装置を備えつけることができたので，カウンセリング面接中に話されたすべての言葉だけではなく，その抑揚や声の調子までも完全に，正確に保存することが可能となった。このように録音された面接は，臨床心理学とカウンセリング分野専攻の学生の訓練において，非常に価値のあるものになってきた。それは，将来臨床心理学の分野でカウンセラーやセラピストとして直面する責任に対して準備させるのに役立っているのである。

　その装置は，クリニックの面接室に隠された無指向性マイクを，もう一つの部屋にある2台のターンテーブルのある録音機に接続したものである。これによって，面接を新しいレコードに切れ目なく録音することができる。他にも満足できる種類のものがあるが，メタル・ベースのアセテート製ディスク（レコード盤）が用いられた。私たちはこのようなレコードを直接活用し，カウンセラーに個人的に，あるいは集団で再生して用いている。しかし最も徹底した研究のためには，面接の逐語記録が作成され，ひとつひとつの応答がより厳密に検討できるようにすることが一番よいことがわかってきた。そのために私たちは，レコードをイヤフォンで聞き取りながら速記者がディクタフォンから内容をタイプすることができるような機械を開発した。これは足踏み式ペダルに

〔出典〕 *American Journal of Orthopsychiatry*, Vol. 12, 1942, 429-434. Copyright © 1942 by the American Orthopsychiatric Association, Inc. Reprinted with permission.

よって針を自由に上げ下げできるものであり，ひとつひとつの文章を聞き取り，それをタイプし，それから次の文章を聞き取ることができるディクタフォンのようにしたものである。機材の詳細な記述は，最近出版された二つの論文で報告した（文献1）。

さまざまな種類のカウンセリングおよびセラピー面接の記録が可能になった（これまでには純粋に診断的な面接の研究は少ない）。勉強の問題と個人的な適応の問題の両者を含む大学生とのカウンセリング面接，問題をもつ親と問題児のセラピー面接，もっと幼い子どもとのプレイ・セラピーの接触，これらすべてが録音された。これらのカウンセリングの一部は臨床訓練中のサイコロジストによって行われ，一部は経験あるサイコロジストによって行われたもので，さまざまな専門性のレベルが代表されている。合計すると，私たちの手元には，百近い面接録音と逐語記録がある。

サイコセラピー概念の教育における有用性

完全に録音された面接はさまざまなかたちで役に立ってきた。それはまず，生々しい，そして明瞭な種々のクライエントの態度を描写しており，それはカウンセラーが抽象的な記述から得られる，どんなものよりもずっと意味深いものである。学生は，例えばプレイ・セラピーが本当の敵意や攻撃の感情の発散にはなりにくいと思っていたとしても，10歳のジミーとのプレイ接触の録音記録を聞けば，その疑いは拭い去られる。父親の粘土の像——彼はときどきそれをサタンと呼ぶのだが——をいじりまわしながらの発言は録音記録による音の抑揚を聞けば初めて十分に味わうことができる。「えい，バラバラにしてやるぞ，どうだ！」というテーマは数回繰り返される。もうひとつのテーマは父親を起こすことを中心にしており，そこでジミーはそれぞれの声を変えながら両者の役割を演じている。「起きろ，起きろ，起きろ，起きろ，早く，早く父さん，起きろ！……」「いやだ！」「そしたら，こうだ，一日中こうだぞ！」（人形のかたちがこわれるまで叩きつけながら，嬉しそうに口笛を吹いている）。プレイ・セラピーとまったく接触したことがなかった心理学の学生でさえ，このひとつの録音記録から，このようなセラピーがしばしば最も強烈な感情を解放するという事実をはっきりと理解するのである。

クライエントの抵抗などの問題を研究するには録音記録はきわめて重要である。それは応答についての最も微細な研究を可能にし、カウンセラーが抵抗に気づく以前に、小さな抵抗の徴候がたくさん見られることを示している。事実、私たちの録音記録の研究によってサイコセラピーにおける新しい抵抗の概念が見いだされているのである。私たちセラピストに対する抵抗はすべて、カウンセラーが探りすぎたり、または時期尚早な解釈をしたことによって起こり、それはセラピーの一部としては望ましいものでも、建設的なものでもないと感じるようになってきた。これについての例証はもう少し後で示すことにする。ここではただ、逐語記録を検討し、録音された抑揚を聴くことによって、カウンセラーは抵抗の意義について、よりはっきりした概念を形成することができるばかりでなく、セラピーの予約が破られてやっとクライエントの抵抗に気づくのではなく、最初の「そうです、でも……」という発言にもっと注意を向けるようになることを指摘するにとどめておこう。

　洞察といったとらえにくい概念も、録音記録によって注意深く、明瞭に追っていくことができる。自己理解が徐々に形成されていく過程もうまく示される。クライエントは自己知覚が前進し、建設的に変化していくことも、継続していく面接において変化していく自己知覚（self-percepts）の表現のなかで、正確に検討することができる。

　　Ｂ氏　最終的にはこう言っていいと思います。私は以前よりももっと神経症の症状を楽しんではいますが、以前ほどそれを尊重していないんです。
　　カウンセラー　はい、それはいい……
　　Ｂ氏　または、別の言い方をすると、私は自分を尊重することに価値をおくようになってきているんです。そうでなければ、どうでもよくなっちゃうでしょう。

　洞察が純粋であるとき、それが新しい人生の目標に向けての肯定的な行動にどのように反映されていくか、私たちがもっているたくさんの記録のなかに示されている。Ｂ氏の場合、上述の洞察が、その後２回の面接に引きつがれた。神経症的なあり方をつづけるのか、あるいは健康になりたいのか、現状のレベ

ルに留まりたいのか，それとも困難な成長の道を歩みたいのか，本当に決断がつかないという状態であった。彼はまずカウンセラーになおしてもらい，それから健康なかたちで人生の諸状況に対応したいと望んでいたのである。しかし第7回面接までには，その仕事を自分で引き受ける勇気をもったのである。その前の回の面接の後で彼の心のなかで育ってきた確信について，B氏は次のように述べている。「はっきりした気持ちになったんです——自分にこんなふうに言ってるんです，『そう，真空の中でよくなるわけないよね。実際の状況に対応して，はじめて成長することができるんだ』って。そして『それがごまかしなんだ，前回言ってた［カウンセラーに治してもらいたい］ってことは。それは状況を回避する方法で，治る方法じゃないんだ』」。この後，彼はさらに肯定的な計画をたて，自分で見いだした新しい考え方と行動に関する決断を次のようにまとめている。「まあ，これを全部まとめてみると，私はありとあらゆる健全な状況を探しだして，それに入っていくべきだと思います」。それが空虚な決意ではなかったことはその後の健全な行動によってよく示されている。

　このような短い例であっても，あいまいなセラピー概念は，抽象的なかたちではなく，またカウンセラーという先入観のある観察者の観点からの提示によってではなく，機械的に録音された完全に事実的な様式で示されることによって，どのようにその意味と定義と生命を与えられるかが指摘されるのである。

カウンセリング過程を教える方法としての録音記録

　おそらく私たちの録音の最も有意義な利用の仕方は，スーパーヴィジョンの過程におけるものである。カウンセラーは全員一致して，自分たちの面接の録音を聞くことによって，スーパーヴィジョンのコメントがなくても，多くのことを学ぶことができ，多くの過ちを修正できたと証言している。しかし，このような録音の最も効果的な利用は，臨床のトレーニングを修了しようとしているサイコロジストの実習においてである。このような実習ではすべてのサイコロジストはひとつのケースについて集中的なセラピーを行う。ここでは可能な限り，それらの接触は録音される。録音された面接は注意深く分析され，カウンセラーが用いているアプローチがグループによって詳細に検討される。この

手続きによって，カウンセリング技術が顕著に上達することは，スーパーヴァイズのための話し合いの前後の録音によって証明されている。

　カウンセリングの手順に対するこのような解析的検討は，私たちの考え方を多くの面で豊かにしてきた。具体的には三つの点があげられる。第1に，ほとんどのカウンセラーは自分で思っているよりも，はるかに指示的なのである。ほとんどのカウンセラーが表明している目的は，面接において，自分自身の方向づけを押しつけず，クライエントに感情表現と行動選択の最大限の自由を与えようとするものだが，録音された面接ではこの目的が頻繁に破られていることが示される。おそらく録音利用の最大の成果は，臨床家が自分が指示的な質問をしたところや，自発的な感情の流れを阻止したところや，またはクライエントのために解決策を提案しようと試みたところが発見できるということであろう。ある程度経験のあるカウンセラーは，彼の二つの面接の逐語記録を読んで，次のようなコメントを記している。「これらの面接を読むまで，自分のカウンセリングが落ち込んでいる深い，暗いどん底に気づいていなかった。こんなことを実際に言ったなんて，とても信じられなかった。自分の方がよく知っていると思い込んでいたのである。自分は自分の過ちの多くに気づくことができると思っていたが，面接中には，明らかにそれはできていなかったのである」。

　コメントしておきたい第2点は，録音された面接は，ほとんどいつも面接のなかで起こっている抵抗，反抗やスランプの手がかりを与えてくれるということである。どんなカウンセラーも，その面接を終えたとき，「ある時点までは本当にうまくいっていたが，たまたま何かが起こって妨害された」と感じるようである。録音された面接は，そしてそれ以上にその逐語記録があれば，ほとんど例外なく，その困難の原因を突きとめることができる。探索，指示的な質問，早すぎる解釈，抑圧された態度を表現させるようにクライエントを追い込む発言，うっかり与えられた忠告や助言，表現されたアンビバレントな感情の認識の失敗——これらがセラピーの進展を阻止する過ちである。しばしばこれらははっきりと見えるので，カウンセラーはどうしてこんなミスをしたのか理解できないほどである。

　この例は母親について不満げに話す，不適応の男子高校生との第2回目の面

接から引用したものである。

　男の子　ところでお母さんはソーシャルワーカーなんだ。いつもクライエントの話ばかりして，みんな気が狂いそうなんだ。
　カウンセラー　君はきっと，お母さんが君に対してよりも，そのクライエントに関心をもっている，そう感じてるの？
　男の子　まあ，僕は——アー——少しはね。アー，わからないけど——僕は困っちゃうとか，そんなのではないよ。

　ここではカウンセラーは，その子がまだ表現できないでいる態度を指摘しようと試みるが，その子は最初はその感情を認め，それからそれを否認するという結果になった。これは面接が続くにつれて，大きくなってくる抵抗の始まりである。カウンセラーは，その子が父親の話をしたときにも，同じ過ちを再び犯している。

　男の子　経験から知ってるけど，お父さんは人とうまく付き合えないんだ。お母さんはできるけどね。それも不思議でしょう，だってお父さんの仕事は人とのお付き合いなんだから。でもお父さんは人を見下す傾向があると思うんだ。
　カウンセラー　お父さんは君のことも見下している，だから嫌いなんだね。
　男の子　お父さんは僕のことは見下していないと思う——まあ，ある程度見下すけど，大半の人を見下すようにはしないんだよ。お父さんはほとんどの人はバカかなんかそんなのみたいに言うんだ。わからないけど——それはなんか，気になるな，だって，まあ，1人や2人をのぞいては，僕は人を嫌っていないんだ。みんな何かをもっているだろう，ね。
　カウンセラー　でも，どちらかというとお父さんのことを徹底的に嫌いなんでしょう？
　男の子　僕はお父さんのことをまったく嫌いだとは思っていないよ。でも，お父さんはほかに，どうってことはないよ。

カウンセラーによるこの面接の通常の報告では，この男の子の抵抗の原因は特定しにくいことは確実であろう。録音記録によると，カウンセラーがその子が表明した感情を越えていったすべての場合において，その応答は明らかに受容を欠いていることが示されている。次の面接でその子が自分の問題について話したくない，とはっきり言っているのも不思議ではない。この抜粋を詳細に検討することによって，カウンセラーがどこで間違いを犯したのかが明確に示され，以降の接触では，この傾向を乗り越えていくことを可能にするであろう。

これとは反対に，録音された面接は，洞察や再方向づけを促がす技法をも等しく明らかにする。カウンセラーが単に表現された感情を認識し，明確化するときには，カタルシスが深まり，基本的な態度が言語化されることがはっきりと示される。臨床家が解釈や賞賛や批判や助言を押しつけず，クライエント自身が表現する感情を明確に見たり，受け入れたりするのを援助することに集中するときには，洞察が自発的にあらわれる様子もまた明らかに示されるのである。勇気が育ってきて，肯定的な方向への暫定的な歩みが始まり，そして自主性が増大してくると，セラピーはもはや必要でなくなるのだが，このこともまた詳しく探究することができるのである。面接をこのように詳細に分析することによって，経験の少ないカウンセラーも経験豊かなカウンセラーも同じように，治療的過程を新しく理解し直すことができるのである。この新しい理解は必然的に処遇面接を改善させ，活性化させるのである。

リサーチにおける録音面接の利用

このような資料は基本的な概念の教育やカウンセリング技法の改善において価値があるばかりでなく，リサーチにおいても貴重な生（なま）の資料となる。完全に客観的なデータにもとづいた，カウンセリングとセラピーの手続きについて，適切な研究の最初の機会を与えてくれるのである。いくつかの可能性が示唆される。現在行っているか，あるいはすでに完成した三つの研究を紹介しておく。

最初のものは，カウンセリングの評価に役立つ尺度を開発したものである（文献2）。この尺度は，カウンセラーのすべての応答が分類される約20の項

目を提示している。これらの項目は，セラピーにおけるそれらの機能に応じて，グループにまとめることもできる——問題状況の発展，洞察の発展，クライエント行動の促進，面接関係の規定——というように。あるいは，指示的技術，非指示的技術というように大別することもできる。この研究の予備的な結論は興味深いものとなっている。開発されたこの尺度は面接を評価するのに役立ち，信頼性が高い方法であることがわかった。また，カウンセラーは自分が使う技術の種類にはっきりしたパターンがあり，そのプロフィールは他のクライエントとの接触においても同じであることがわかった。指示的なカウンセラーと非指示的なカウンセラーは，用いる技術によってはっきりと区別することができた。小さなグループの研究では，指示的なカウンセラーはクライエントのほぼ3倍も話しており，非指示的なカウンセラーの話す量はクライエントの半分以下であった。このような予備的な結果は，多くの新しいリサーチの可能性をひらくものであろう。

　現在行われているもうひとつのリサーチでは，すべてのクライエントの応答を意味をもった項目に分類しようとするものである。それによって，カウンセラーとクライエントの応答の相互作用やパターンを研究することが可能になるであろう。例えば，どのタイプのカウンセラー応答のあとでクライエントは自分自身についての感情を発言するのであろうか。どのタイプのカウンセラー応答のあとで抵抗は起こりやすいのであろうか。受容の場合はどうであろうか。私たちはこのような問いに対する答えは決して単純なものではなく，あるいはまた一つだけの研究で答えられるものではないことを十分承知している。肝心なことは，私たちは初めてこのような課題に接近するための適切なデータをもっているということである。

　現在進行中の第3の研究は，面接の通常の報告の正確さについての研究である。経験あるカウンセラーと経験の浅いカウンセラーが面接の直後，事例の記録のために面接の記録を書いた。その主観的な記述が録音記録と比較された。私たちのデータはあらゆる種類の見落としや歪曲を研究することを可能にした。この研究はまだ完了していないが，今の段階でも専門家が面接記録に書くものは比較的正確であると言ってもよいだろう。しかし書かれているものよりも見落とされているものの方がはるかに多く，非常に有意義なものも些細なも

のも見落とされやすい。この研究が完成すると，すべてのケースワーク専門職にとって意義深いものになるであろう。

　私たちの録音による研究計画の記述は，このように短く，そして完全なものとは言えないが，サイコセラピーの諸問題に対する，こうした種類のアプローチに興味を呼び起こすことを期待している。この比較的新しい機械的装置の利用は，治療過程の研究とサイコセラピーの技術の教育と改善に向けての研究に対して，初めて確かな基盤を与えてくれたのである。セラピーはあいまいでありつづける必要はなく，セラピーの技能は直観的な天性だと思いつづける必要もない。サイコセラピーは検証によって明らかとなった原理にもとづくものとなり，その原理を具体化する検証された技術をもつものとなり得るのである。ここに記述した録音のプログラムは，セラピーの基本的要素について初めて理解の機会を提供し，きわめて有意義なリサーチへの道を開き，サイコロジストをはるかに適切なセラピストとして訓練することを可能にしたのである。

文　献

1. Covner, Bernard J., *Studies in phonographic recordings of verbal material*: I. The use of phonographic recordings in counseling practice and research. II. A device for transcribing phonographic recordings of verbal material. *Journal of Consulting Psychology*, Vol. 6, 1942, 105–113 and 149–151.
2. Porter, E. H., The development and evaluation of a measure of counseling interview procedures. Unpublished Ph.D. dissertation, Ohio State University, Columbus, Ohio, 1941.

16

The Necessary and Sufficient
Conditions of Therapeutic
Personality Change

セラピーによるパーソナリティ変化の必要にして十分な条件

　長年の間私は，苦悩している人びととのサイコセラピーにたずさわってきた。その経験から，そのなかに含まれていると思われる一般的な原理原則を抽出するということに，私がますます興味をもつようになっていることに最近になって気がついている。私は長い間休むことなくセラピーというかたちの対人関係に没頭してきたのだが，その微妙にして複雑な組織のなかに内在していると思われるどんな秩序性でも，どんな統一性でもそれを見つけようと努力してきた。現時点におけるこうした興味関心のひとつの成果として，サイコセラピー，パーソナリティ，対人関係の理論——私の経験している現象のすべてを包み込むような——を学問的な用語で記述してみようと試みたのである。この論文のなかで私がやりたいことは，そうした理論のごく小さな断片を取り上げて，もっと完全にそれを記述し，そしてその意味と実用性を探究することである。

問　題

　私が自分自身に問いかけたいと思っている疑問はこうである——建設的なパーソナリティ変化（constructive personality change）をもたらすのに必要

〔出典〕 *Journal of Consulting Psychology*, Vol. 21, No. 2, 1957, 95-103.

であり，そしてまた十分であるような心理的な条件を，明確に定義づけられ測定できるような用語で記述することができるか，ということである。言い換えるならば，サイコセラピー的な変化（psychotherapeutic change）が起こるのに必要なもろもろの要素を，私たちは精密に知ることができるか，ということである。

　主要な仕事に入っていく前に，前述の疑問の第2の部分，つまり，「サイコセラピー的な変化」とか，建設的なパーソナリティ変化といった言葉は，何を意味するのかについて，きわめて簡単に述べてみたいと思う。この問題もまた，深く掘り下げ慎重に考察しなければならない問題ではあるが，当面は，この論文の目的に合致するような，常識的な意味を述べておくにとどめたい。これらの用語は次のような意味である。——表面的なレベルでも，もっと深いレベルにおいても，個人のパーソナリティ構造が，統合性がより大きくなり，内面の葛藤が少なくなり，効果的な生き方に用いられるエネルギーが大きくなったと臨床家たちが一致して認めるような方向に変化することである。——もうひとつの方は，行動における変化が，一般的に未成熟とみなされる行動から，成熟したとみなされるような行動へと変化することである。私たちが前提条件と考えているような種類の変化を示すには，この簡単な記述で十分であろう。それはまた，この変化の規準が規定される方法をも示唆するものである*。

条　件

　私は，私自身および同僚の臨床経験，さらには現在入手できる適切な研究などに考察を加えて，建設的なパーソナリティ変化を始動するのに必要であると思われ，また総合してみるとそのプロセスを始動するのに十分であると思われる，いくつかの条件を引き出してみた。この問題にとりかかっているときに私は，そこにあらわれてきたものがあまりにも単純であることにびっくりしている。これから述べることは，その正しさを確信をもって述べるというのではな

---

* この規定が，測定可能な，また規定可能なものであることは，すでに完成された研究で公表されている（文献7）。とくにその第8, 13, 17の各章をみられたい。

くて，理論となり得るほどの価値があるだろうという期待のもとに述べられるのである。つまり，それは一連の仮説を述べ，あるいは示唆するものであって，それは是認されるかもしれないが，それによって，この分野についての私たちの知識が明確になり，拡大すると思うのである。

この論文で私はサスペンス小説を書こうとしているわけではないので，すぐに六つの条件を，かなり厳密でかなり簡潔な用語で述べたいと思う。——その六つの条件とは，パーソナリティ変化のプロセスにとって基本的なものであると私が考えるようになったものである。かなり多くの用語の意味がただちに明白なものではないけれども，そのあとにつづく説明の部分で明らかにしたいと思う。この簡潔な記述が，読者の皆さんがこの論文を読み終えたときには，もっとずっと意味の深いものになるようにと希望している。これ以上の説明はやめにして，基本的な理論的立場を述べることにしよう。

建設的なパーソナリティ変化が起こるためには，次のような諸条件が存在し，しばらくの期間存在しつづけることが必要である。

(1) 2人の人が心理的な接触をもっていること。
(2) 第1の人（クライエントと呼ぶことにする）は，不一致(incongruence)の状態にあり，傷つきやすく，不安な状態にあること。
(3) 第2の人（セラピストと呼ぶことにする）は，その関係のなかで一致しており（congruent），統合して（integrated）いること。
(4) セラピストは，クライエントに対して無条件の肯定的配慮（unconditional positive regard）を経験していること。
(5) セラピストは，クライエントの内的照合枠（internal frame of reference）を共感的に理解（empathic understanding）しており，この経験をクライエントに伝えようと努めていること。
(6) セラピストの共感的理解と無条件の肯定的配慮が，最低限クライエントに伝わっていること。

他のいかなる条件も必要ではない。この六つの条件が存在し，それが一定の期間継続するならば，それで十分である。建設的なパーソナリティ変化のプロ

セスがそこに起こってくるであろう。

関係について

　第1の条件は，最低限の関係，すなわち心理的な接触が存在しなければならないことを特定するものである。意味深い肯定的なパーソナリティ変化は，関係のなかでなければ起こらない，という仮説を私はたてている。このことはもちろん仮説であって，その仮説は否認されるかもしれない。

　第2条件から第6条件までは，その関係の特色を規定するものであるが，その関係のなかの2人の人に必要な特質を規定しているがゆえに肝要なものと考えられる。この第1の条件の意図するところは，2人の人がなんらかの程度の接触をもっており，そのそれぞれが，他者の経験領域のなかに知覚できるほどの違いをもっていることを言おうとしているだけである。その人が，そこからくる緊張を意識して気づいていなくても，ある程度その違いを「潜在知覚」(subceive) しているならば，それで十分であろう。だから，緊張病の患者が，セラピストの存在を自分とは違うものとして——どんな違いであれ——知覚しているかどうかはわかりにくいことであるが，彼がある有機体的水準においてこの違いを感じていることはほぼたしかなことである。

　いま述べたような難しい境界線的な状況を除けば，この条件を操作的な用語で規定することはかなり容易なことであり，それによって，厳密なリサーチの視点からしても，この条件が存在するのか，存在しないのかを決定することができるであろう。それを決定する最も単純な方法は，ただクライエントとセラピストの双方の気づきをみることである。もしそれぞれが，他者と個人的なまたは心理的な接触をもっていることに気づいていれば，この条件は満たされているのである。

　セラピー的変化のこの第1の条件はこのように単純なものであるから，以下につづく諸条件と切り離してしまうように，それを仮定とか，前提条件と名付けるべきであるかもしれない。しかしこの条件がなければ，残りの諸項目も意味を失ってしまうだろうから，それがこの条件を含めた理由なのである。

クライエントの状態

クライエントが「不一致の状態にあり，傷つきやすく，不安な状態にある」ことが必要だと特定されているが，それはどんな意味だろうか。

不一致は，私たちが展開してきた理論において，ひとつの基本的な構成概念である。それは，その有機体の現実の経験と，その経験をあらわすものとしてのその個人の自己像との間の不一致をさすものである。ある学生が，大学に対する恐怖心だとか，ある校舎の3階で行われる試験に対する恐怖だとかを，それが自分の基本的な欠点をあらわしているがゆえに，全体的なあるいは有機体的な水準で経験しているかもしれない。こうした自分の欠点についての恐怖心は，自分の自己概念とは明らかに調和しないものであるから，この経験は，この校舎の階段あるいは他の建物の階段を昇るさいの不合理な恐怖として，その意識のなかに（歪曲されて）表現されるようになり，やがてはキャンパスのなかを歩くときにも不合理な恐怖をおぼえるようになる。このようにして，その状況が有機体のなかに登録する経験的な意味と，その経験が自己像と矛盾しないようなかたちで意識のなかに象徴的に表現されるものとの間に基本的な不一致が生まれるのである。この場合には，自分の欠点についての恐怖を認めることは自分のもっている自己概念と矛盾するけれども，理解困難な恐怖を認めることは自己概念と矛盾しないのである。

もうひとつの例は，ひとり息子が家を出る計画をするたびに病気のようになってしまう母親である。その本当の願望は，自分のただひとつの満足の源を確保しておきたいということである。そのことを意識のなかで認めてしまうことは，自分の抱いている善き母としての自己像と一致しないのである。しかし病気ならば，自己概念と一致するし，その経験はこうした歪曲されたかたちで象徴化される。ここでもまた，知覚された自己（ここでは注目を要求している悪しき母親）と実際に経験しているところ（この場合には息子をひきとめておきたい欲求）との間に基本的な不一致が存在するのである。

人が自分自身のなかにあるこうした不一致にまったく気づいていないときには，不安と分裂の可能性にさらされるばかりである。ある経験があまりにも突然に，あるいはあまりにもはっきりと起こってくるときには，こうした不一致

を避けることができないかもしれない。そのときこの人は、こうした不一致の可能性にさらされるのである。

　その人が、自分のなかにあるこうした不一致をうすうすと知覚するときには、ある緊張の状態が起こるが、それは不安として知られているものである。その不一致は、明白に知覚される必要はない。潜在知覚されるだけで十分である——すなわち、その脅威の中身がまったくわからない場合には、自己にとって脅威になるものだとわかればよいのである。こうした不安はセラピーのなかでしばしばみられるのであるが、それはその人が、自分の自己概念とはっきり矛盾するような経験のある要素についての気づきに接近しているときなのである。

　六つの条件のうちの第2の条件に、精密な操作的定義を与えることは容易なことではないが、ある程度それも達成された。数人の研究者が、自己言及項目 (self-referent items) のリストを用いて、その個人がQ分類 (Q-sort) をする方法によって自己概念を規定したのである。それによって、操作的な自己像を得ることができる。個人の全体的な体験過程は、もっととらえにくいものである。チョドーコフ (Chodorkoff, B.) (文献2) は、ひとりの臨床家によるQ分類でそれを規定した。その臨床家は、いくつかの投影テスト (projective tests) から得られたその個人の自己像を分類し、それにもとづいて同じ自己言及項目を分類したのである。だから彼の分類は、その個人の経験の意識的な要素ばかりではなく、無意識の要素をも含んでおり、それゆえそのクライエントの経験の全体性をあらわしている（もちろん不完全ではあるが）のである。この二つの分類の相関係数は、自己と経験との間の不一致のおおまかな操作的測度を示すものである。低い、あるいは否定的な相関はもちろん不一致の度合いが高いことを示すものである。

関係のなかでのセラピストの純粋性

　第3の条件は、セラピストは、この関係の範囲のなかで、一致して (congruent) おり、純粋で (genuine) あり、統合している (integrated) 人間でなければならないということである。その意味は、その関係のなかで彼は、自由にかつ深く自己自身であり、現実に経験していることが、自己自身の気づき

として正確に表現されていなければならないということである。それは，意識的であれ無意識的であれ，仮面をかぶることの正反対である。

　だからといってセラピストが，その生活の全局面において同じ程度の統合性や全体性を示すような模範である必要はない（それは不可能なことである）。セラピストは，この関係のこの時間において正確に自己自身であり，こうした基本的な意味でセラピーのこの瞬間においてありのままの自己であれば，それで十分なのである。

　明らかにしておきたいのだが，このことは，サイコセラピーにとって理想的だとみなされないようなかたちででも自己自身である，ということを含んでいるのである。セラピストが本当に経験していることは，「自分はこのクライエントを怖がっている」とか「私の注意は自分自身の問題に集中しているので，クライエントに耳を傾けることはできない」であるかもしれないのである。もしセラピストがこうした感情を自分の意識に否定しないで，自由にその感情のまま（ほかの感情でも同じだが）でいることができるならば，私たちが述べた条件は満たされているのである。

　セラピストが自分自身のこうした現実を，どの程度はっきりとクライエントに伝えるのかという厄介な問題を考えると，話はとんでもない方向に向かうであろう。たしかにこの条件の目的は，セラピストが自分自身の感情を表現するとか，全部話すということなのではなくて，大事なことは，自分自身に関してクライエントを欺いてはならないことなのである。しかしときには，その感情が次に述べる二つの条件を妨げる場合には（クライエントに，あるいは同僚やスーパーヴァイザーに），自分自身の感情をある程度打ち明ける必要があるであろう。

　この第3の条件に操作的な定義を示唆することは，それほどむずかしいことではない。もう一度Qテクニークをもちいてみよう。（フィードラー〈Fiedler, F. E.〉〈文献3，4〉およびボウン〈Bown, O. H.〉〈文献1〉の開発したものと同じようなリストを用いて）セラピストが，関係についての一連の項目を分類するならば，その関係における自分の経験をどのように知覚しているかが示される。さらに数人の判定者がその面接を観察し，またはその面接記録を聞いて（あるいはその音声映像を観察して），同じ項目の分類をしてその関係について

判定者たちがどのように知覚しているかを示すならば、この2度目の分類によって、そのセラピストの意識している態度や行動はもちろんとして、彼の意識していない行動や推定された態度についてもいくつかの要素がとらえられるであろう。このようにしてセラピストの分類と、観察者たちの分類との間に高い相関関係が得られるならば、この関係におけるセラピストの一致性あるいは統合性についての、おおまかな操作的定義が得られるであろう。そして相関が低いときはその反対である。

無条件の肯定的配慮

　セラピストがクライエントの経験しているあらゆる局面を、そのクライエントの一部として温かく受容しているという経験をしているならば、その受容している度合いだけ彼は、無条件の肯定的配慮を経験しているのである。この概念は、スタンダル（Standal, S.）（文献8）によって開発されたものである。その意味は、受容についてなんの条件もついていないということである。「もしあなたがこれこれでありさえすれば、あなたが好きです」という感じをもっていないということである。それはジョン・デューイがその言葉を用いたときと同じように、その人を「尊重すること」（prizing）ということである。それは、「あなたはこんなときにはよいが、こんなときには悪い」というように、選択的に評価する態度とは正反対のものである。その人の「よい」、肯定的な、成熟した、信頼できる、社会的な感情の表現に対するのと同じくらいに、クライエントの「悪い」、苦痛にみちた、恐れている、防衛的な、異常な感情の表現を受容するという感じをふくむものである。彼の一致している行動と同じくらいに、彼の一致していない行動を受容することである。それはクライエントが好きである（caring for）という意味であるけれども、所有的なものではないし、また単にセラピスト自身の欲求を満足させるためのものでもないのである。それはクライエントを自分とは別個の（separate）ひとりの人間として、自分自身の感情、自分自身の経験をもつことをゆるされている人間として、好きであるということである。あるクライエントはこうしたセラピストをこう表現している──「私自身の経験を私が所有するようにしてくれた……つまり、これは私の経験なのだ、私が本当にそれを経験しているのだ、私の考

えることを考え，私の感ずることを感じ，私の欲することを欲し，私の恐れることを恐れている，ということでした。そこには『もしも』とか，『しかし』だとか，『本当は……じゃない』といった条件はありませんでした」と。このことが，パーソナリティ変化が起こるのに必要だと仮定された受容の条件なのである。

この前の2項の条件と同じように，この第4の条件もまた，程度の問題なのである＊。そのことは，特定の研究結果にもとづいてそれを規定しようとすれば，ただちに明らかになるであろう。それに定義づけを与える方法のひとつは，第3条件のところで述べたのと同じように，その関係についてのQ分類を行うことであろう。無条件の肯定的配慮をあらわす項目が，セラピストと観察者によって分類される分量だけ，そこに無条件の肯定的配慮が存在するといえるであろう。こうした項目のなかには，次のような種類の記述が含まれるであろう。——「クライエントがどんなことを言っても嫌な気持ちにはなりません」「クライエントについても，その話すことについても，是認したり否認したりする気持ちは起こりません。ただ受容するだけです」「私はクライエントに対して温かな気持ちをもっています。その人の可能性についても，その人の弱点や問題についても温かい気持ちをもっています」「クライエントの話してくれることについて判断を下そうという気はありません」「私はクライエントが好きです」など——。セラピストと観察者の両者が，これらの項目のような特色があるとし，その反対の性質の特色はないと考えるその程度だけ，第4の条件が満たされているといえよう。

＊ 「無条件の肯定的配慮」という用語は不幸な言葉である。というのは，それは絶対的な，あるか・ないかという性質の概念であるかのように聞こえるからである。完全に無条件である肯定的配慮というものが理論的にしか存在し得ないものであることが，その説明からはっきりわかるであろう。臨床的・経験的な観点から最も正確な述べ方をするならば，効果的なセラピストは，クライエントとの接触の多くの瞬間において，無条件の肯定的配慮を経験するけれども，ときどきは条件づきの肯定的配慮しか経験することができない——そしておそらくときには，効果的なセラピーでは起こりそうもないような否定的な配慮を経験するかもしれない——ということになるであろう。こうした意味において，いかなる関係においても，無条件の肯定的配慮は程度の問題として存在するものなのである。

共　感

　第5の条件は，クライエントの気づきについて，そして自己自身の経験について，正確なそして共感的理解を体験しているということである。クライエントの私的世界をそれが自分自身の世界であるかのように感じとり，しかも「あたかも……のごとく」という性質（"as if" quality）をけっして失わない——これが共感なのであって，これこそセラピーの本質的なものであると思われる。クライエントの怒り，恐れ，あるいは混乱を，あたかも自分自身のものであるかのように感じ，しかもそのなかに自分自身の怒り，恐れ，混乱を捲き込ませていないということが，私たちが述べようとしている条件なのである。クライエントの世界がこのようにセラピストにはっきりと映り，セラピストがクライエントの世界のなかを自由に歩きまわるとき，セラピストは，クライエントにはっきりしているものを自分が理解していることを伝えることができるばかりではなく，クライエントがほとんど気づいていない自分の経験の意味を言葉にして述べることもできるのである。この2番目の局面をあるクライエントは次のように述べている。——「本当にときどき，私は考えや気持ちの混乱のなかにあり，お互いに別々のところからやってくる動きの網に縛りつけられ，自分のあっちこっちからいろんな衝動がやってきて，もうたくさんだといった感じをもっているとき，ドスンとあなたからいくつかの言葉がやってきた——それはちょうど，太陽の光線が，真っ黒な雲をつらぬき，葉のしげみをつらぬいて，込み入った森の道に光の輪をひろげていくような感じでした。［それは］明晰という感じであり，もつれをほぐすことでさえあり，その情景にもうひとつひねりを加えて，物事をきれいに整理するものでした。それからその結果として——いい方向にすすむという感じがして，ゆったりした弛緩の感じがやってきました。これが太陽の光線だったのです」と。こうした鋭い共感がセラピーにとって重要なものであることは，フィードラーの研究（文献3）に示されている。その研究では，次のような項目が，経験豊かなセラピストの創りだす関係の記述のなかで高い位置を占めるものである。

　　セラピストは，患者の感情をよく理解することができる。

16　セラピーによるパーソナリティ変化の必要にして十分な条件　275

　セラピストは，患者の述べている意味について決して疑いをもたない。
　セラピストの言葉は，患者の気分やその述べている内容に，ぴったり適合している。
　セラピストの声の調子は，患者の感情を理解する完璧な力をもっていることを示している。

　セラピストの共感を操作的に定義づけるには別の方法もある。第3条件のところで述べたQ分類を用いることもできるであろう。正確な共感を記述する項目が，セラピストと観察者の双方によってその特質をもつと分類された度合いだけ，この条件が存在するとみなされるであろう。
　この条件を規定するもうひとつの方法は，クライエントとセラピストの双方が，クライエントの感情を記述する項目のリストを分類してみることである。それぞれが別々に分類するが，この仕事は，いま終了したばかりの面接の間にクライエントが経験した感情をあらわすことである。クライエントとセラピストの分類の相関関係が高ければ，正確な共感が存在したといえるだろうが，相関が低ければその反対の結論になる。
　共感を測定するもうひとつの方法は，十分な訓練を受けている判定者が，面接の録音記録を聞いて，セラピストの共感の深さと正確さを評定することである。

セラピストについてのクライエントの知覚
　最後にあげられた条件は，クライエントが最小限にでも，セラピストが自分に対して経験している受容と共感を知覚しているということである。これらの態度的な条件がある程度伝わっていなければ，クライエントに関する限りこれらの条件はその関係のなかに存在していないのであり，私たちの仮説によれば，セラピーの過程は始まっていないのである。
　態度というものは直接に知覚することができないものだから，もっと正確な言い方をするならば，セラピストの行動や言葉が，クライエントによって，セラピストがある程度自分を受容し理解していることを意味するものとして知覚されている，ということである。

この条件を操作的に定義づけることは難しいものではない。クライエントが，面接の後で，自分とセラピストとの関係をあらわす特質を記述したQ分類の項目リストを分類してみることである（第3条件のときに用いたのと同じリストを用いることができる）。受容と共感を記述するいくつかの項目が，クライエントによって，その関係の特質をなすものとして分類されるならば，この条件が満たされていると考えてもよい。現在私たちが知っている限りでは，「最低限にでも」という意味は，かなり任意的なものといわなければならない。

いくつかのコメント

ここまでは，私がセラピー的変化にとって必須であると思うようになった諸条件を，簡潔にまた事実にもとづいて述べるように努めた。私はこれらの条件の理論的文脈を述べようとしなかったし，またその効果の力動的な性質と思われるものについても説明しようとしなかった。こうした説明的な資料は，興味関心のある読者には，すでにふれた文献（文献7）でみることができる。

しかし私は，述べられた諸条件のひとつひとつについて，それを操作的用語で規定する少なくともひとつの方法をあげてきた。その理由は次の事実を強調したかったからである——ある漠然とした結果が起こるために，理想的にはそこに存在しなければならない漠然とした諸特質について話しているのではない，ということである。私は，私たちの現在の技術水準においてもほぼ測定可能である条件を提示したのであり，またいずれは真剣な研究者によってもっと適切な測定方法が開発されることを信じながらも，それぞれの条件について特定の操作の方法を提示したのである。

私たちは仮説・結果という現象を扱っているのであり，そこではその力動性を知ることはその仮説の検証にとって必須のものではないというのが私の意見なのであるが，そうした考え方を強調することがここでの目的なのである。このことを他の分野の例から説明してみよう。——一連の操作によって塩酸といわれる物質になったものが，さらに一連の操作によって水酸化ナトリウムになるとき，塩と水がその混合の産物である。このとき，その結果が魔法によるものと考えられようと，あるいは最も適切な最新の化学理論用語で説明されよう

と，それには関係なく前述のことは事実である。同じことがここでも要請されているのであり，ある規定可能な条件がある規定可能な変化に先行していること，そしてまた，この事実は，私たちがそれを説明しようと努力しようがしまいが，それとは関係なく存在している，ということなのである。

結果としての仮説

どんな理論でもそれを明確な用語で記述する最大の価値は，そこから特定の仮説が引き出され，その仮説が証明され，または否認されることができることである。それゆえ，必要にして十分であると仮定された諸条件が，どちらかといえば正確なものではないとしても（そうでないように期待しているが），それでもなおこの分野における科学を推進することができるのである。誤謬から事実を選別する基本的な操作法が提供されるからである。

既述の理論の結果として出てくる仮説は，次のような順序になるであろう。

これら六つの条件（操作的に規定された）が存在するならば，建設的なパーソナリティ変化（規定されたような）がクライエントのなかに起こるであろう。

これらの条件のひとつあるいはそれ以上が存在しないときには，建設的なパーソナリティ変化は起こらないであろう。

これらの仮説は，それが「サイコセラピー」と名付けられるかどうかにかかわりなく，いかなる状況にも適用する。

第1条件だけが二分的なもの（存在するかしないか）であり，残りの五つの条件は，違った度合いで，連続線のある位置で起こるものである。この第1条件があるならば，他の仮説がつづいてあるのであり，そしてこの第1条件は最も簡単に証明することができるものである。

六つの条件のすべてが存在するならば，第2条件から第6条件が存在する度合いだけ，それだけはっきりと建設的なパーソナリティ変化がクライエントのなかに起こるであろう。

現時点においては，上記の仮説は一般的なかたちで述べることができるだけである。その意味は，条件のすべてが同じ比重をもっているということであ

る。経験にもとづいた研究をかさねることによって、この仮説は確実に、もっとずっと洗練されたものになるであろう。例えば、もしクライエントの不安が高いときには、他の条件はあまり大事なものではなくなるかもしれない。あるいはもし無条件の肯定的配慮が高い（母親の子どもに対する愛のように）ときには、共感は少しだけでよいかもしれない。しかし現段階においては私たちは、こうした可能性を考えているだけである。

どんな意味があるか

省略されている重要なこと

セラピーの必要な条件について述べられた公式に何か驚くべき特質があるとすれば、それはおそらく省略されているいくつかの要素にあるであろう。現在の臨床実践においては、セラピストたちは、サイコセラピーに必要なものとして、ここに述べられたものよりももっとたくさんの他の条件があるかのように実践している。このことをはっきりさせるためには、私たちの研究や経験を慎重に考察した結果、ここに含めないことにしたいくつかの条件をあげれば十分であろう。

例えば、ここにあげた条件は、あるタイプのクライエントに適用されるものであって、他のタイプのクライエントのセラピー的な変化をもたらすためには別の条件が必要であるとは述べられてはいない。今日の臨床実践においては、神経症にはある方法があり、精神病には別の方法があるとか、強迫神経症に対するセラピー条件と同性愛者に対するセラピー条件とは違うものである、などなどといった考え方が最も広く浸透しているものであろう。このような考えに真っ向から反対するような臨床的観点に重い比重をかけているものだから、私は、サイコセラピーの肝要な条件がひとつの形態で存在する——クライエントや患者がそれを非常に違ったかたちで用いるにしても——という私の考え方を主張するのに、かなりの「おそれとおののき」†（fear and trembling）をおぼ

---

† 訳注：この言葉はキルケゴールの著書『おそれとおののき』（1843）からとられたものである。またそれは、新約聖書ピリピ書、2, 12 の「おそれおののきておのが救いを全うせよ」からとられたものである。

えたのである*。

これら六つの条件はクライエント・センタード・セラピーの基本的条件であるとか，他のタイプのサイコセラピーには他の基本的条件が必要である，ということは述べられていない。たしかに私は自分自身の経験から大きな影響を受けているのだが，この経験が私を，「クライエント・センタード」と名付けられる観点に導いたのである。それにもかかわらず私がこのような理論を記述する目的は，建設的なパーソナリティ変化が起こるいかなる状況にも適用される条件を提案するということなのである。それは，古典的精神分析の場合でも，あるいはその現代における後継者たち，あるいはアドラー派のサイコセラピー，その他の場合にも適用されるものなのである。だから，現在一般的に基本的なものと考えられているものの多くは，経験的には基本的なものではないであろうというのが，私の判断するところであることは明らかであろう。ここに述べられた仮説のいくつかを検証してみるならば，この厄介な問題になんらかの光が投ぜられるであろう。もちろん，違った種類のセラピーがそれぞれ違ったタイプのパーソナリティ変化を生み出し，またそれぞれのサイコセラピーにはそれぞれ違った六つの条件が必要であることがわかるかもしれない。そのことが証明されるまで，そしてそうでない限りは私の仮説は変わらない——いかなる種類のサイコセラピーでもそれが効果的なものであるならば，パーソナリティと行動における同じような変化を生み出し，そしてそれにはただ一組の前提条件が必要である，と。

サイコセラピーは，日常生活のなかに起こる他のすべての人間関係と種類の違う，特別な人間関係であるとも述べられていない。むしろ，短い瞬間でも，

---

* 最近完成されたカートナー（Kirtner, W. L.）（文献5）の研究は私の仮説に挑戦するものであるが，私は私の仮説を述べることに躊躇していない。カートナーの研究の結果では，シカゴ大学カウンセリング・センターの26事例からなるグループでは，生活上の問題の解決に対するクライエントのアプローチの仕方には大きな相違があって，その相違がサイコセラピーの成功度と高い相関を示していた。簡潔に述べると，自分の問題には自分のかかわり方が含まれているとみているクライエント，そしてその問題の原因は自分がつくっているからそれを変えたいと思っているクライエントは，成功する可能性が高い，ということである。自分の問題を外在化し，自分の責任を感じていないクライエントは，失敗する可能性がはるかに高いのである。だからその意味は，こうしたグループとのサイコセラピーにはある別の条件が必要であろう，ということである。しかし現時点においては，カートナーの研究が再検証されるまで，そして別の仮説がこれにとって代わるまでは，ここに述べられた私の仮説を支持したいのである。

少しであっても，よい友情関係は六つの条件を満たしていることが明らかであろう。しかしそれはほんの瞬間的なことであり，やがて共感はくずれていき，肯定的配慮は条件付きのものとなり，「セラピスト」である友人の純粋性は，ある程度の仮面や防衛によって曇ってくるであろう。だからセラピー関係というものは，一部は他の関係のなかにもしばしばみられる建設的な性質を高めたものと考えられるし，他の関係ではせいぜい瞬間的でしかなかった性質が，時間的に拡大されたものである，とみることができるであろう。

　特別な，知的・専門的な知識——心理学的な，精神医学的な，医学的な，あるいは宗教的な——がセラピストに要求される，ということも述べられていない。第3，第4，第5条件はとくにセラピストに適用されるものであるが，それは経験的な性質のものであり，知的な情報なのではない。それが学習によって獲得されるものであるとすれば，私の考えでは経験的な訓練によって獲得されるものである。それは専門的な訓練の一部であると思うが，いまは普通そうなってはいない。こうした急進的な観点をもつことを私は心苦しく思っているのだが，私の経験からは別の結論を引き出すことはできない。知的な訓練や知識・情報の獲得はたしかに多くの貴重な結果を生み出していると思うが，セラピストになるということはこうしたものの結果ではないのである。

　セラピストがクライエントについて正確に心理学的診断をしていることがサイコセラピーに必要なことだとも述べられていない。ここでもまた，私が私の仲間の臨床家たちと非常に違った観点をもつことを心苦しく思っている。どんな心理センターでも，精神医学的センターでも，精神衛生センターでも，クライエントまたは患者の膨大な心理学的評価に多大な時間をかけているのをみるときに，サイコセラピーに関するかぎりそれが有用な目的に役立っているにちがいないようにみえるであろう。しかし私がセラピストを観察すればするほど，またフィードラーその他による研究（文献4）のようなものを綿密にしらべてみればみるほど，私はますます，こうした診断的な知識がサイコセラピーに必須のものではないという結論にならざるを得ないのである*。それがサイ

---

*　ここで，診断的評価が無益なものだと言いたいわけではない。私たち自身，パーソナリティの変化を調査研究するさいにこうした方法をふんだんに使っているのである。ここで問題にしているのは，サイコセラピーの前提条件としてのその有用性なのである。

コセラピーの序曲として必要なものだと弁護することは、多くの場合、莫大な時間を使うことを認容するためのもうひとつの弁明にすぎないかもしれないのである。サイコセラピーそのものに関するただひとつの有用な目的を私は観察している。あるセラピストたちは、こうした診断的な知識をもっていないと、クライエントとの関係のなかで安心していられないのである。このようなセラピストたちは、診断的情報がないと、クライエントが怖くなったり、共感できなくなったり、無条件の肯定的配慮を経験することができなくなったり、あるいはその関係のなかで仮面をつけていなければならなくなるのである。彼らは、自殺への衝動を前もって知っていれば、なんとか少しはクライエントを受容することができるのである。だからあるセラピストたちにとっては、診断的情報のなかに自分が見いだす安定感が、関係のなかで自分が統合した状態でいられる基盤であったり、また共感や十分な受容を経験するための基盤であったりするかもしれない。こうした場合には、心理学的診断はたしかに、セラピストに安心感を与え、そしてそのためにより効果をあげられるものとして正当化されるであろう。しかしこのような場合でもなお、それはサイコセラピーの基本的な前提条件であるとは思われない*。

　サイコセラピーの必要にして十分なものとして私が仮説設定した条件は、主としてそこに述べなかったことによってかえって印象的で、特異なものとなるのだが、おそらくそのことを示す例証は十分にあげられたと思う。もしセラピストの行動を調査することによって、サイコセラピーに必要と思われる仮説を決めなければならないとすれば、その条件のリストはもっと長いものとなり、もっと複雑なものになるであろう。

この理論的公式は有用であろうか？
　理論的な抽象化と一般化を試みるという冒険によって個人的な満足感をもっ

＊　私は冗談のようにこう述べたことがある。このようなセラピストは、自分の前にいるクライエントあるいは患者のではなく、だれかべつの人の診断を与えられても同じように安心するであろう、と。サイコセラピーがすすむにつれてその診断が正しくないとわかっても、それはとくに問題にはならない。というのは、私たちはいつも、クライエントとかかわっている間に診断の誤りがみつかると予想しているからである。

ているけれども，それは別として，この論文のなかに提出されている理論的記述は価値のあるものであろうか。私は有用性をもっていると思っているのだが，そのことをもっと十分にくわしく述べてみたいと思う。

　研究という分野においては，それは調査研究に方向と刺激を与えることができよう。それは，建設的なパーソナリティ変化の条件を一般的なものとみているので，研究の機会を大きく広げるものである。サイコセラピーは，建設的なパーソナリティ変化を目指す唯一の場ではないのである。産業におけるリーダーシップ訓練のプログラムや軍隊のリーダーシップの訓練プログラムも，こうした変化を目指していることが多い。教育の機関も，教育のプログラムも，知的技能ばかりではなく，性格やパーソナリティの発達を目指していることが多いのである。コミュニティの機関も，非行者や犯罪者のパーソナリティ変化や行動の変化を目的にしている。こうしたプログラムは，ここに提出された仮説を広範囲にわたって検証する機会を与えるであろう。もしここに仮説として提出された条件が満たされていないのに，こうしたプログラムのなかで建設的なパーソナリティ変化が起こったとすれば，そのときはこの理論は改訂されなければならない。しかしもしこの仮説が支持されたとすれば，そのときは，こうしたプログラムの計画についても，そしてまた人間のダイナミックな性質に関する私たちの知識についても，その結果は意味深いものとなるであろう。サイコセラピーそれ自体の領域においては，さまざまな学派の実践に一貫した仮説が適用できるということは，きわめて有益なものとなるであろう。もう一度述べるが，提出された仮説が否認された場合でも，それが肯定された場合と同じように重要なものであろう。というのは，いずれの結果が出ても，私たちの知見に深い意味を付け加えることになるからである。

　サイコセラピーの実践についてこの理論はまた，考慮すべき大事な問題を提供している。そこに示唆されているひとつの意味は，種々のセラピーの技術は，それが条件のひとつを満たすチャンネルとしてどのくらい役立つかということを除けば，それほど重要なものではないということである。例えば，クライエント・センタード・セラピーにおいては，「気持ちのリフレクション」(感情の反映)(reflecting feelings) という技術が記述され説明されているが（文献6, pp. 26-30），ここに提出された理論にそくしていえば，この技術は決して

セラピーの基本的な技術なのではない。しかしそれが、セラピストの感受性豊かな共感と無条件の肯定的配慮を伝えるチャンネルを提供しているならば、それは、セラピーの基本的な条件が満たされる技術的なチャンネルとして役立っているのである。同じような意味で、私がここに提示した理論によれば、パーソナリティの力動性についての解釈、自由連想、夢解釈、転移現象の分析、催眠、ライフスタイルの解釈、暗示といった技術のセラピーは、基本的にいって価値はない。しかしこうした技術のそれぞれは、ここで公式化された基本的条件を伝えるチャンネルになることができる。解釈（interpretation）でも、セラピストの無条件の肯定的配慮を伝えるようなかたちで与えることができる。自由連想（free association）の流れでも、セラピストが経験している共感を伝えるというかたちで耳を傾けることができる。転移現象（transference）を扱う際にも、効果的なセラピストは、その関係のなかでの自分自身の全体性や純粋性を伝えることが多い。その他の技術についても同じことがいえる。しかしこうした技術がセラピーにとって基本的である要素を伝えることができるのとまったく同じように、それらの技術のいずれも、仮定されたセラピーの諸条件とまったく反対の態度や経験を伝えることもできるのである。感情を「反映する」といいながら、セラピストに共感が欠けていることを伝えることになるかもしれない。解釈もまた、セラピストの大いに条件付きの配慮を示すようなかたちで与えられるかもしれない。どのような技術であっても、セラピストが自分自身の気づきに否定されているある態度を表現しているという事実を伝えているかもしれないのである。だからここに提出された理論公式のひとつの価値は、セラピストが、サイコセラピーに必要な経験、態度、行動の諸要素について、そしてまた、サイコセラピーにとって必要でない、ときには有害でさえある諸要素について、もっと批判的に考えることを助けることができるということであろう。

　最後に述べたいことは、教育、矯正、軍隊、産業の領域で、人間のパーソナリティ構造や行動の建設的な変化を目指しているプログラムにおいて、ここで述べた公式は、そのプログラムの適不適を測定するための、きわめて暫定的であるが、ひとつの規準となることができるということである。研究によってもっと厳密に検証されるまでは、それは妥当な規準と考えることはできないけ

れども，サイコセラピーの分野においてはそれは，もっと別の条件，もっと別の仮説を批判的に分析し，それを公式化するのに刺激を与えることができるであろう。

要　約

　より大きな理論的枠組みから引き出すことによって，六つの条件が，建設的なパーソナリティ変化の過程が始動するための，必要にして十分な条件として仮定された。それぞれの条件について簡単な説明がなされ，そのそれぞれが，研究目的のためにどのような操作的定義を与えられるかについても示唆した。この理論が，研究に対し，サイコセラピーに対し，あるいは建設的なパーソナリティ変化を目指す教育・訓練プログラムに対して，どのような潜在的意味をもっているかも示唆された。普通サイコセラピーに必要であるとみられている多くの条件が，この理論に則していえば，基本的なものではない，ということも指摘された。

文　献

1. Bown, O. H. An investigation of therapeutic relationship in client-centered therapy. Unpublished Ph.D. dissertation, University of Chicago, 1954.
2. Chodorkoff, B. Self-perception, perpetual defense, and adjustment. *J. abnorm. soc. Psychol.*, 1954, 49, 508–512.
3. Fiedler, F. E. A comparison of therapeutic relationships in psychoanalytic, non-directive and Adlerian therapy. *J. consult. Psychol.*, 1950, 14, 436–445.
4. Fiedler, F. E. Quantitative studies on the role of therapists' feelings toward their patients. In O. H. Mowrer (Ed.), *Psychotherapy: theory and research.* New York: Ronald Press, 1953.
5. Kirtner, W. L. Success and failure in client-centered therapy as a function of personality variables. Unpublished master's thesis, University of Chicago, 1955.
6. Rogers, C. R. *Client-centered therapy.* Boston: Houghton Mifflin, 1951.
7. Rogers, C. R., and Dymond, Rosalind F. (Eds.). *Psychotherapy and*

personality change. Chicago: University of Chicago Press, 1954.
8. Standal, S. The need for positive regard: a contribution to client-centered theory. Unpublished Ph.D. dissertation, University of Chicago, 1954.

3　伊東博訳編「精神分析，非指示的方法，アドラー療法における治療関係の比較」『カウンセリングの基礎』（カウンセリング論集1）誠信書房，1960年，第13章。
6　この原著のタイトルは『クライエント中心療法』。邦訳書は，『サイコセラピィ』（ロージァス全集3）1967年，およびその他の巻に分訳されている。
7　この原著のpart Ⅰ，Ⅱ，Ⅳが全集13に，part Ⅲが全集10に分訳されている。『パーソナリティの変化』（ロージァズ全集13），および『成功・失敗事例の研究』（ロージァズ全集10）1967年。

17

A Theory of Therapy, Personality, and Interpersonal Relationships, As Developed in the Client-Centered Framework

クライエント・センタードの枠組みから発展したセラピー，パーソナリティ，人間関係の理論

この立場における体系的思考の一般構造

　私たちの理論的な見解をくわしく述べるに先立って，私たちの理論公式のそれぞれの部分の間の相互関係について述べておく方がよいと思う。

　最初の部分は，観察された事実に最も密接に関連し，確実に実証できるものであるが，サイコセラピーとパーソナリティ変化についての理論である。この理論は，私たちが経験したままのセラピーの現象を秩序づけるために構成されたものである。

　この理論のなかにはパーソナリティの本質と行動のダイナミックスに関するある一定の仮説があった。そのうちのあるものは明瞭に表現されているが，暗に示されているだけのものもある。これらはパーソナリティ理論としてこれまで十分に展開されてきた。その目的は，有機体としての人間とその発達のダイナミックスについての試論的な理解を得ることである——これはセラピーを受けにやって来るその人を理解しようとする試みである。

　セラピーとパーソナリティ理論に暗に含まれているのは，セラピーの成果に関するいくつかの仮説である——つまりその仮説は，社会的に建設的であり，創造的であるような人間にかかわるものである。ここ数年間私たちは，セラ

　〔出典〕　In Koch, S. (Ed.), *Psychology : A Study of a Science*, Vol. 3. *Formulations of the Person and the Social Context*. New York : McGraw-Hill, 1959, 184-256.

ピーの理論的な目標点，すなわち，最高度に創造的で，自己実現的で，十分に機能する人間についての像を描き出そうと努めてきた。

　もうひとつの方向においては，私たちのセラピー‐関係についての理解によって，すべての人間関係に関する理論的な記述を公式化したが，それはセラピー関係をただひとつの特別な場合にすぎないとみようとするものである。これはきわめて新しい試論的な展開であり，将来有望なものと考えている。

　最後に，もし私たちのセラピーに対する見解が妥当なものであるならば，それは，(a) 対人関係，(b) パーソナリティと行動における発達あるいは変化の目標と可能性，を含む人間の経験と努力のすべての分野に適用されるものであると思うのである。したがって，ひとつひとつ部分的に展開された理論の一群は，家庭生活，教育，グループ・リーダーシップ，グループ内の緊張と葛藤の場面，などの諸分野とかかわりながら存在しているのである。

　付図は，私たちの理論のさまざまな局面の間の関係を理解するのに役立つであろう。図を中央から見ていくと，そこから四つの方向に発展していることがわかる。理論の誤りは，中央から離れていくにつれて大きくなる可能性があることにも注意すべきである。一般的に周辺領域は，中心部よりも確実な実証的な資料に乏しい。図に記入されている数字は，以下に述べる種々の命題の番号であり，読者がこの理論のどこか特定の部分を読まれるときに，この理論構造の他の部分との体系的な関係を振り返って参照できるようにしてある。

　理論そのものについて述べていく前に，これが基本的には共同研究であることを私は感謝の気持ちをこめて強調しておきたいと思う。私はヴィクター・レイミー（Victor Raimy），リチャード・ホーガン（Richard Hogan），スタンレイ・スタンダル（Stanley Standal），ジョン・バトラー（John Butler），トーマス・ゴードン（Thomas Gordon）らによって書かれた，理論に貢献する特定の論文を参考にした。ほかにも多くの人びとが直接的あるいは間接的なかたちで私の考えに貢献してくれたが，とりわけオリバー・ボウン（Oliver Bown），デズモント・カートライト（Desmond Cartwright），アーサー・コームズ（Arthor Combs），ユージン・ジェンドリン（Eugene Gendlin），A. H. マズロー（A. H. Maslow），ジュリアス・シーマン（Julius Seeman），ジョン・シュライン（John Shlien），ドナルド・スニッグ（Donald Snygg）

288　第IV部　理論と研究

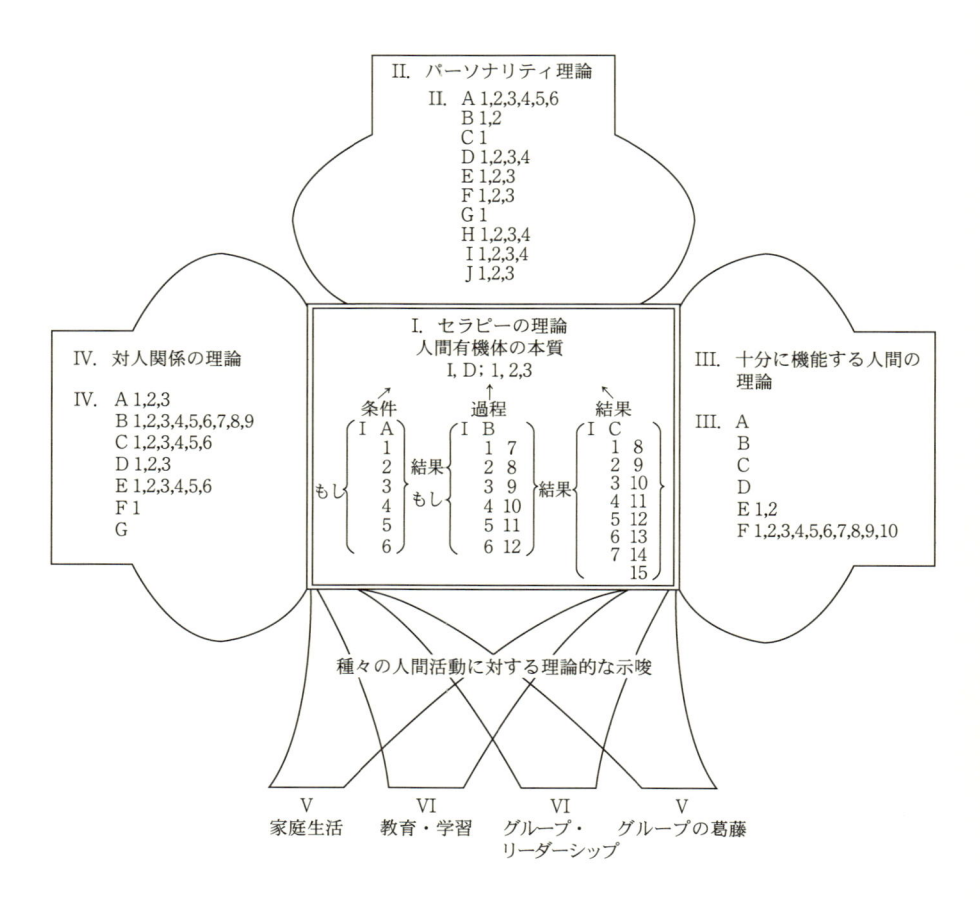

```
                    II. パーソナリティ理論
                        II. A 1,2,3,4,5,6
                            B 1,2
                            C 1
                            D 1,2,3,4
                            E 1,2,3
                            F 1,2,3
                            G 1
                            H 1,2,3,4
                            I 1,2,3,4
                            J 1,2,3
```

```
                    I. セラピーの理論
                    人間有機体の本質
                        I, D; 1, 2, 3
                           ↑
           条件        過程        結果
IV. 対人関係の理論    ┌ I A ┐ ┌ I B ┐ ┌ I C ┐   III. 十分に機能する人間
                    │ 1  │ │ 1  7│ │ 1  8│        の理論
   IV. A 1,2,3       │ 2  │ │ 2  8│ │ 2  9│    III. A
       B 1,2,3,4,5,6,7,8,9│ 3  │結果│ 3  9│結果│ 3 10│        B
       C 1,2,3,4,5,6 もし│ 4  │もし│ 4 10│   │ 4 11│        C
       D 1,2,3      │ 5  │ │ 5 11│ │ 5 12│        D
       E 1,2,3,4,5,6│ 6  │ │ 6 12│ │ 6 13│        E 1,2
       F 1          └────┘ └────┘ │ 7 14│        F 1,2,3,4,5,6,7,8,9,10
       G                            │   15│
                                    └────┘
```

```
           種々の人間活動に対する理論的な示唆

    V           VI         VI           V
  家庭生活    教育・学習   グループ・    グループの葛藤
                        リーダーシップ
```

などが，私がこれから述べようとしている理論に貴重な影響を与えていることをとくに記しておきたい。ただし，これらの人たちは，決して以下に述べる理論について責任をもっているわけではない。というのは，経験を秩序づけようとする彼ら独自の試みは，しばしば多少なりとも異なった思考の道筋をたどっているからである。

I. セラピーとパーソナリティ変化についての理論

この理論は、もしある条件が存在すればそのときどんな変化が起こるか、という形のものである。もしある一定の条件（独立変数）が存在するならば、そこにはある特徴的な要素を含んだひとつのプロセス（従属変数）が生起する。もしこのプロセス（今度はこれが独立変数となる）が生ずると、パーソナリティおよび行動にある種の変化（従属変数）が起こるであろう。このことを、具体的に述べていきたい。

本節とその次の節では、理論の公式的記述が小さい活字で簡潔に述べられる。これらの公式的記述のなかの上点を付した単語や句は、前節ですでに規定されているものであって†、定義されたものとして理解していただきたい。その他の文章の部分は説明であり、公式的記述の厳密な形には従っていない。

A. セラピー過程の条件

セラピーが生起するには、以下の諸条件が存在していることが必要である。

1　2人の人間が接触（contact）をもっていること。
2　一方のクライエントと呼ばれる人間は、不一致（incongruence）の状態にあり、傷つきやすい（vulnerable）か、あるいは不安な（anxious）状態にあること。
3　他方のセラピストと呼ばれる人間は、2人の関係（relationship）のなかで一致の状態にあること。
4　セラピストは、クライエントに対して無条件の肯定的配慮（unconditional positive regard）を経験していること。
5　セラピストは、クライエントをその内的照合枠（internal frame of reference）から共感的に理解する（empathic understanding）という経験

---

† 訳注：原典では、この節の前に、40の用語について定義づけがなされているが、この本では省略されている。次の文献を参照されたい。伊東博編訳『パーソナリティ理論』（ロージァズ全集8）1967年、第5章、pp. 179-210.

をしていること。
6 クライエントは，条件4および5，すなわち自分に対するセラピストの無条件の肯定的配慮および共感的理解を，少なくとも最低限に知覚していること。

実証的研究による証拠 特に条件5については，フィードラー（文献10, 11）とクィン（Quinn, R. D.）（文献28）の研究によって確実な証拠が見いだされた。フィードラーの研究は，熟練したセラピストは，たとえ異なった方法をとる人であっても，ある共通の関係を作り出すものであることを示した。そして，そのような関係のなかで最も重要な特徴のひとつは，セラピストがクライエントのコミュニケーションを，そのコミュニケーションがクライエントに対してもっている意味で理解する能力である。クィンは，セラピストのコミュニケーションの質が，セラピーに決定的な意味をもっていることを見いだした。これらの研究は，共感的理解の重要性をいっそう強調するものであった。

シーマンは，セラピーのなかでセラピストがクライエントを好きになっていくことが，セラピーの成功に重要な関係をもっていることを見いだした（文献36）。シーマンもリプキン（Lipkin, S.）（文献24）も，セラピストから好かれていると感じているクライエントは，成功する傾向が高いことを見いだした。これらの研究は，条件4（無条件の肯定的配慮）と条件6（それをクライエントが知覚していること）を確証するものである。

臨床経験からすれば，クライエントが傷つきやすいか不安な状態にある，という条件2が支持されるのであるが，これらの構成概念にもとづいて行われた研究はほとんどない。ギャラガー（Gallagher, J. J.）の研究は，不安の少ないクライエントは，セラピーに十分に入り込むことがなく，中断してしまう傾向にあることを示している（文献12）。

B. セラピー過程
前述の諸条件が存在しかつ持続したとき，以下のような方向の特徴をもったプロセスが展開しはじめる。

1 クライエントは，言葉および（または）行動という手段によって，次第に自由に自分の感情を表現するようになる。
2 クライエントが表現する感情は，次第に自己でないもの（nonself）よりも，自己（self）に言及したものになる。
3 クライエントは，自分の環境，他者，自己，自分の経験，そしてこれらのものの相互関係を含んだ自分の感情や知覚の対象を，次第に分化させ，弁別するようになる。クライエントの知覚は内面的（intensional）でなくなり，より外在的（extensional）になる。言い換えれば，彼の経験はもっと正確に象徴化されるようになる。
4 クライエントによって表現される感情は，次第に自分の経験のなかにあるものと，自己概念との間の不一致に言及したものになる。
5 クライエントは，そのような不一致からくる脅威に気づいていく経験をするようになる。
   a．クライエントがこの脅威を経験できるのは，セラピストがいつも変わらずに無条件の肯定的配慮を示すことによってのみ可能となる。すなわち，セラピストが不一致に対しても一致に対するのと同じように，また不安に対しても不安のない状態に対するのと同じように接することによってのみ，このことが可能となる。
6 クライエントは，過去において気づくことを否定されてきたり，歪められて気づいていた感情を，気づき（awareness）のなかで十分に経験するようになる。
7 クライエントの自己概念は，以前には気づくことを否定されてきたり，歪められていた経験を同化し，包み入れながら再体制化される。
8 このような自己構造の再体制化がつづいていくと，クライエントの自己概念は，ますます自分の経験と一致するようになる。すなわち，自己は，以前にはあまりにも脅威であるために気づくことができなかった経験を，今は包み入れるようになる。
   a．このことのひとつの必然的な結果として，知覚の上での気づきの歪曲，あるいは気づきへの否定が少なくなってくる。なぜなら，そこには脅威となるような経験が少なくなるからである。言い換えれば，防

9 クライエントは,脅威を感ずることなしに,セラピストの示す無条件の肯定的配慮をますます経験することができるようになる。
10 クライエントは,ますます無条件の肯定的自己配慮を感ずるようになる。
11 クライエントは,ますます自分自身を,評価の主体 (locus of evaluation) として経験するようになる。
12 クライエントは,経験に対して,自分の価値の条件にもとづいて反応することが少なくなり,よりいっそう有機体的な価値づけの過程 (organismic valuing process) にもとづいて反応するようになる。

実証的研究による証拠 セラピー過程を記述しているこれらの項目の多くについては,それぞれ違った度合いで,それらを確証するような証拠がある。項目2(自己照合の増大)は,私たちの多くのセラピー事例の記録によって支持されているが,まだ統計的なかたちではまとめられていない。ストック(Stock, D.) の研究は,項目3を支持しており,クライエントの自己照合的表現がより客観的になり,情動的な激しさが少なくなることを示している(文献41)。ミッチェル (Mitchell, F. H.) は,クライエントがより外在的になることを示した(文献25)。

ロジャーズは,項目4, 5, 6を支持する客観的な臨床的証拠を,事例記録というかたちで提出している(文献31)。

ヴァーガス (Vargas, M.) の研究結果は,項目7に関連するもので,自己が,新たに生じてきた自己知覚によって再体制化される仕方を示している(文献44)。ホーガン(文献20)とヘイ (Haigh, G. V.) (文献15) は,項目8aに述べられているように,セラピー過程のなかで防衛が減少することを研究したが,その研究結果はこれを確証している。自己と経験の一致が増大することは,ロジャーズの行った1ケースの徹底的な研究によって支持されている(文献31)。チョドーコフは,このような自己と経験の一致が,防衛の減少と関係があることを見いだした(文献5)。

項目10の,クライエントの肯定的な自己配慮が増大することは,スナイ

ダー（Snyder, W. U.）（文献 39），シーマン（文献 37），レイミー（文献 29），ストック（文献 41），ストローム（Strom, K.）（文献 42），シアラー（Sheerer, E. T.）（文献 38），リプキン（文献 24）らの研究によって的確に証明されている。クライエントが自分自身を評価の主体として経験するようになることは，ラスキン（Raskin, N. J.）（文献 30）の研究が最も明瞭に示しているが，これは，シアラー（文献 38），リプキン（文献 24），ケスラー（Kessler, C.）（文献 23）らの実証的証拠によって支持されている。

C．パーソナリティと行動にあらわれるセラピーの結果

　プロセス（過程）と結果との間には明瞭な区別は存在しない。プロセスの諸項目は，結果を単に分化させた局面にすぎない。したがって，以下に述べることは，プロセスの項目に含めることもできたであろう。理解を容易にするために，普通は結果とか成果という言葉に関連づけられている変化や，セラピー関係の外側から観察されるようないろいろな変化をここに一括してあげた。これらは，比較的永続的な変化として仮定されている。

1　クライエントはよりいっそう一致の状態になり，自分の経験に対してひらかれ，あまり防衛的ではなくなる。
2　その結果，クライエントの知覚は，より現実的で，客観的で，外在的なものになる。
3　その結果，クライエントはいっそう効果的に問題を解決するようになる。
4　クライエントの心理的適応は改善され，最高の適応状態に近づいていく。
　　a．これは，B7 および B8 で述べられたような自己構造の変化によるものであり，それの持続である。
5　自己と経験の一致が増大すること（前述の C4）によって，クライエントの脅威に対する傷つきやすさは減少する。
6　先に述べた C2 の結果として，クライエントの理想的自己の知覚はより現実的で，達成されやすいものになる。

7 $C4$ と $C5$ の変化が生起する結果として，クライエントの自己は，自分の理想的自己とより一致するようになる。

8 自己と理想的自己の一致が増大し（$C6$），自己と経験の一致がよりいっそう大きくなってくると，あらゆるタイプの緊張——生理的緊張，心理的緊張，そしてまた不安と定義されている特定な型の心理的緊張——が減少する。

9 クライエントの肯定的自己配慮の度合いが増大してくる。

10 クライエントは評価の主体および選択の主体が，自分自身のなかにあると知覚するようになる。

 a．$C9$ と $C10$ の結果，クライエントはますます自信をもつようになり，自己指示的になる。

 b．$C1$ と $C10$ の結果，クライエントの価値判断は，有機体的な価値づけの過程にもとづいてなされるようになる。

11 $C1$ と $C2$ の結果，クライエントは他者を，より現実的にかつ正確に知覚するようになる。

12 クライエントは，他者を歪めて知覚する必要があまりなくなり，他者に対してより多くの受容を経験する。

13 クライエントの行動は，さまざまなかたちで変化する。

 a．経験が自己構造に同化される割合が大きくなるので，自己に属するものとして「所有される」（owned）行動の割合が増大してくる。

 b．逆に，自己経験として所有されない行動，すなわち「自分自身ではない」と感ずるような行動は減少する。

 c．それゆえに，クライエントの行動は，よりいっそう自分の統制下にあるものとして知覚される。

14 クライエントの行動は，他者からすると，よりいっそう社会的で，成熟したものに見える。

15 $C1$，$C2$，$C3$ の結果として，クライエントの行動はより創造的になり，新しい状況や問題についてもっと独自なやり方で適応し，自分自身の目的や価値をもっと十分に表現するようになる。

17 クライエント・センタードの枠組みから発展したセラピー，パーソナリティ，人間関係の理論　　295

実証的研究による証拠　セラピーの結果の理論的な記述については，実証的研究によって確証されるものが多いが，まだいくらか結果の曖昧なものや確証が得られていないものもある。グラモン（Grummon, D. L.）とジョン（John, E. S.）は，TATの判定にもとづいて防衛が減少するのを見いだしている（文献14）。ホーガン（文献20）とヘイ（文献15）も，不十分なものではあるが，この点についていくつかの証拠を提供している。知覚の外在性が増大すること（項目2）に関して，ジョニエッツ（Jonietz, A.）は，セラピーが知覚に変化を起こさせることを見いだし（文献21），ミッチェルは，これらの変化は外在性へと向かうことを見いだしている（文献25）。

項目4は，適応が改善されることを述べたものであるが，ダイモンド（Dymond, R. F.）（文献8, 9），グラモンとジョン（文献14），ハイモビッツ（Haimowitz, N. R.）（文献16），ミュンチュ（Muench, G. A.）（文献27），モザーク（Mosak, H.）（文献26），コーエン（Cowen, E. L.）とコームズ（文献7）らのTAT，ロールシャッハ・テスト，カウンセラーの評定，およびその他の指標にもとづいた研究結果がこれを支持している。しかし，カー（Carr, A. C.）の研究では，九つのケースにおいて，ロールシャッハ・テストになんの変化の証拠もあらわれなかった（文献4）。

ルーディコフ（Rudikoff, E. C.）は，項目6に述べられているように，自己理想（self-ideal）がいっそう達成しやすいものになることを見いだした（文献35）。バトラーとヘイ（文献3）およびハートレイ（Hartley, M.）（文献18）によって，自己と理想の一致が増大することが確証されたが，そのことが適応のために重要であることが，ハンロン（Hanlon, T. E.），ホフステッター（Hofstaetter, P. R.）とオコナー（O'Connor, J. P.）によって支持されている（文献17）。

セラピーの間に生理的緊張が減少することは，セットフォード（Thetford, W. N.）（文献43）とアンダーソン（Anderson, R.）（文献1）の研究で証明された。不快解消指数（Discomfort-Relief Quotient）によって明示された心理的緊張の減少は，多くの研究者によって確認されている。すなわち，アッサム（Assum, A. L.）とレビ（Levy, S. J.）（文献2），コーファー（Cofer, C. N.）とチャンス（Chance, J.）（文献6），コーフマン（Kaufmann, P. E.）とレイ

ミー（文献22），N. ロジャーズ（Rogers, N.）（文献34），ツィンメルマン（Zimmerman, J.）（文献45）らの研究である。

　肯定的な自己配慮が増大することは，*IB* の部の「実証的研究による証拠」の項で示したように，十分に証明されている。評価や選択の主体が変化することは，ラスキン（文献30）とシアラー（文献38）が提供した研究結果によって支持されている。ルーディコフ（文献35）は，他者をいっそう現実性をもって知覚するようになることを示唆する研究結果を提示している。シアラー（文献38）とストック（文献41）とルーディコフ（文献35）は，項目11で仮定されたとおりに，他者がより受容的に知覚されるようになることを示している。この点に関してゴードンとカートライトが提示した研究結果は，複雑であるが，一般的には確証されないものである（文献13）。ハイモビッツとモリスはまた，少数者集団を受容できないことが，いっそうオープンに表明されるようになることを示す研究結果を得ている（文献16）。

　項目13，14で詳述した行動の変化は，改善されたケースにおいては，クライエント自身もその友人たちも，彼の行動が非常に成熟度を増したことを認めるというロジャーズの研究（文献32）によって支持されている。ホフマン（Hoffman, A. E.）は，クライエントが面接中に報告する行動が，だんだんと成熟してくることを見いだしている（文献19）。ジョニエッツが行ったインク・ブロットの知覚による研究は，項目15の仮定をいくらか支持しているかもしれない（文献21）。

II. パーソナリティ理論

　セラピーのなかで見られる個人についての私たちの知覚を秩序づけようと努力していくうちに，パーソナリティの発達と行動のダイナミックスについての理論が組み立てられてきた。先に述べた注意を繰り返すが，この理論の初期の諸命題は，私たちの経験の素材から非常に離れており，それゆえきわめて疑わしいものだということに留意してもらいたい。読みすすむにつれて，これらの命題は着実にセラピーの経験に近づいていく。前と同じように，定義ずみの用語と構成概念には上点を付けてある。それらはすでに定義されたとおりに理解

していただきたい。

A. 幼児の特徴についての仮説
個人は幼児期の間，少なくとも次のような属性をもっていると仮定される。

1　幼児は自分の経験を現実（reality）として知覚する。彼の経験が彼の現実である。
　　a．その結果，幼児は自分にとって何が現実であるかについて，他の誰よりもより多くの気づきの可能性をもっている。というのは，他者は誰も，彼の内的照合枠を完全にとってみることはできないからである。
2　幼児は，自分の有機体を実現していくという生来の傾向をもっている。
3　幼児は，その基本的な実現傾向にしたがって，現実との相互作用を行う。それゆえ彼の行動は，自分が知覚している現実のなかで，経験されている現実化への欲求を満足させるための，有機体の目標指向的な試みである。
4　この相互作用のなかでは，幼児は体制化されたひとつの全体，つまり，ひとつのゲシュタルトとして行動する。
5　幼児は，有機体的な価値づけの過程に従事する。つまり規準としての実現傾向に即して経験を価値づけるのである。有機体を維持し強化するものと知覚される経験は，肯定的な価値を与えられる。そのような維持や強化を否定するものと知覚される経験は，否定的な価値を与えられる。
6　幼児は，肯定的に価値づけられた経験を求めて行動し，否定的に価値づけられた経験を避けるように行動する。

B. 自己の発達
1　実現傾向の一部である分化（differentiation）への傾向とともに，個人の経験の一部は分化し，存在していることの気づき（*awareness of being*）や機能していることの気づきとして象徴化される。こうした気づきは，自己経験として記述される。
2　存在していることや機能していることの気づきとしてのこの表現は，環

境との相互作用，とりわけ重要な他者（significant others）から成る環境との相互作用をとおして洗練され，自己概念，すなわち，彼の経験の場における知覚の対象となっていく。

C. 肯定的配慮への欲求
1 　自己の気づきがあらわれるにつれて，個人は肯定的配慮への欲求を発達させる。この欲求は，人間に普遍のものであり，個人のなかに浸透した根強いものである。それが先天的な欲求なのかそれとも学習された欲求なのかは，この理論にとって重要ではない。この概念を公式化したスタンダルは，学習された欲求であると見なしている（文献 40）。
　ａ．この欲求の満足は，必然的に他者の経験の場について推察することにもとづいている。
　　(1)　したがってそれはしばしば曖昧である。
　ｂ．それは，個人の経験の非常に広い範囲と関連している。
　ｃ．個人が，他者の肯定的配慮への欲求を自分が満たしていると認めるときには，かならず自分自身の肯定的配慮への欲求の満足も経験している。その意味で，それは相互的なものである。
　　(1)　だから，他者のこの欲求を満たすことと，自分自身の欲求が他者によって満たされることを経験することは，両者にとって価値のあることである。
　ｄ．どのような社会的他者（social other）の肯定的配慮であっても，それはその社会的他者と関連している全配慮コンプレックス（total regard complex）へと伝えられる。その意味で，それは強い影響力をもっている。
　　(1)　したがって，重要な社会的他者による肯定的配慮の表現は，有機体的な価値づけの過程よりももっと強力なものになり得る。そして個人は，有機体の現実化にとって肯定的な価値をもつような経験よりも，このような他者の肯定的配慮へと向かうようになる。

D. 自己配慮への欲求の発達

1 ある特定の自己経験あるいは一群の自己経験と関連した肯定的配慮の満足や欲求不満は，社会的他者との肯定的配慮のやりとりとは独立に，その個人によって経験されるようになる。このようなかたちで経験される肯定的配慮を，自己配慮（self-regard）と呼ぶ。
2 自己配慮への欲求は，学習された欲求として発達する。それは，自己経験と肯定的配慮への欲求の満足や欲求不満との関連から発達してくる。
3 個人は，このように社会的他者とのやりとりとは独立に，肯定的配慮や肯定的配慮の喪失を経験するようになる。彼は，ある意味では，自分自身にとっての重要な社会的他者になる。
4 肯定的配慮と同じように，ある特定の自己経験や一群の自己経験と関連して経験された自己配慮は，全自己配慮コンプレックスへと伝えられる。

E. 価値の条件の発達

1 個人の自己経験が，重要な他者によって肯定的配慮に値するものであるとかそうでないとか弁別されるときには，自己配慮もまた同じように選択的なものになる。
2 自己経験が自己配慮にあまり値しない（あるいは，よく値する）というだけの理由によって，回避される（あるいは，求められる）とき，その個人は価値の条件（condition of worth）を獲得したといわれる。
3 個人がもし，無条件の肯定的配慮だけを経験するようなことがあれば，そのときは価値の条件は発達しないであろうし，自己配慮は無条件のものになるであろう。肯定的配慮と自己配慮への欲求は，有機体的な評価（organismic evaluation）と矛盾したものにはならないであろう。そしてその個人は，心理的に適応しつづけるであろうし，十分に機能していくであろう。この一連の事柄は，仮説としては可能であるから，理論的には重要なものであるが，実際には起こりそうにないと思われる。

F. 自己と経験の不一致の発達

1 自己配慮への欲求があるために，個人は自分のなかに生じてきた価値の条件にしたがって，自分の経験を選択的に知覚する。

    a．彼の価値の条件に一致する経験は，気づきのなかに正確に知覚され，象徴化される。

    b．価値の条件に反する経験は，あたかも価値の条件に一致しているかのように選択的に知覚されたり，歪めて知覚される。あるいは，その一部分か全体が否定されて気づかれなくされる。

2 その結果，有機体のなかに現に起こってはいるが，自己経験として認知されていない経験は，正確に象徴化されないし，また，正確に象徴化されたかたちで自己構造のなかに体制化されることはない。

3 このように，価値の条件にしたがって選択的な知覚をはじめたときから，自己と経験の不一致，心理的不適応，傷つきやすさといった状態が，ある程度存在するようになる。

G. 矛盾した行動の発達

1 Fで述べた自己と経験の不一致の結果として，同じような不一致がその個人の行動のなかにあらわれてくる。

    a．ある行動は自己概念と一致しており，その自己概念を維持し，現実化し，強化する。

        (1) このような行動は，気づきのなかに正確に象徴化される。

    b．ある行動は，自己構造のなかに同化されない，有機体の経験のある局面を維持し，強化し，現実化する。

        (1) これらの行動は，自己経験としては認知されないか，あるいは自己と一致するようなやり方で歪曲されたり，選択的に知覚される。

H. 脅威の経験と防衛の過程

1 有機体が経験しつづけるときに，自己構造（およびそのなかに組み込まれた価値の条件）に一致しない経験は，脅威を与えるものとして潜在的に

17 クライエント・センタードの枠組みから発展したセラピー，パーソナリティ，人間関係の理論

知覚される。
2 脅威の本質的な性質は，もし経験が気づきのなかに正確に象徴化されるならば，自己概念はもはや一貫したゲシュタルトではなくなり，価値の条件は破られ，自己配慮への欲求が満たされなくなるということである。そこには，ある不安の状態が存在する。
3 防衛の過程は，このような事態が起こらないようにするための反応である。
　a．この過程は，経験を選択的に知覚したり歪曲したりすることであり，そして（あるいは），経験やそのある部分の気づきを否定することで成り立つものである。このようにして経験の知覚全体を，その個人の自己構造と一致するように，また彼の価値の条件と一致するように保っているのである。
4 防衛の過程から起こってくる一般的な結果は，先に述べたような一貫性を保持しようとすることのほかに，知覚を歪曲する必要性から知覚が頑固なものになることであり，またデータを歪めたり省略することから起こる現実の不正確な知覚であり，そして内在化すること，などである。

I. 崩壊と解体の過程

以上の点までは，ここに公式化されてきたパーソナリティ理論は，多かれ少なかれ，どのような個人に対しても適用される。この項と以下の項では，ある特定の条件が存在するときにだけ起こるような過程について述べてみよう。

1 自己と経験の不一致の度合いが，その個人のなかで大きかったり重要なものであるならば，またこの不一致を示す重要な経験が突然に，あるいは非常にはっきりしたかたちで起こった場合には，その有機体の防衛の過程はうまく作動できなくなる。
2 その結果，その不一致が潜在的に知覚されるにつれて，不安が経験される。不安の程度は，自己構造がどの程度脅威を感じているかによって決まってくる。
3 防衛の過程がうまく作動しないときには，その経験は気づきのなかに正

確に象徴化され，自己構造のゲシュタルトは，この不一致の経験に気づくことによって壊される。その結果，解体（disorganization）の状態があらわれる。

4　このような解体の状態において有機体は，ときには，それまで気づきのなかで歪曲されたり，否定されていた経験とはっきりと一致するかたちで行動する。またあるときには，自己が一時的に支配的な立場を取りもどし，有機体は自己と一致した行動をとることもある。このような解体の状態にあっては，自己概念（それに伴う歪曲された知覚を含む）と，自己概念のなかに正確に象徴化されていなかったり，そのなかに吸収されていない経験との間の緊張は，統制の取れていない混乱した形で表現される。そのために，最初は自己概念が，次には経験が「フィードバック」を供給することによって，有機体は行動を統制していく。

J. 再統合の過程

GとHの項で述べられた状況のなかで（はっきりとした証拠はないが，おそらくIの項で述べられた崩壊の状況においても），再統合（reintegration）の過程が起こり得る。それは，自己と経験の間の一致を増大させる方向へと動いていく過程である。このことは次のように述べられるであろう。

1　防衛過程を転換させるために——習慣的に脅威となっている経験が気づきのなかに正確に象徴化され，自己構造のなかに同化されるためには，ある条件が存在しなければならない。
　a．価値の条件が減少しなければならない。
　b．無条件の自己配慮が増大しなければならない。
2　ある重要な他者からの無条件の肯定的配慮が伝えられることは，これらの条件を達成するひとつの方法である。
　a．無条件の肯定的配慮が伝えられるためには，それが共感的理解の文脈のなかに存在しなければならない。
　b．個人がこのような無条件の肯定的配慮を知覚するときには，それまで存在していた価値の条件は弱められるか，または解消する。

c．もうひとつの結果は，彼自身の無条件の肯定的自己配慮が増大することである。

　　d．上の 2a および 2b の条件がこのように満たされると，脅威は減少し，防衛の過程は逆転され，習慣的に脅威となっていた経験は正確に象徴化されて自己概念のなかに統合される。

3　上の 1 と 2 が生起すると，その結果個人は，脅威となる経験に出会うことが少なくなる。すなわち防衛の過程はそう頻繁にはあらわれなくなり，その防衛の結果として起こる事象は減少する。自己と経験とはより一致するようになる。自己配慮が増大する。他者に対する肯定的配慮が増大する。心理的適応が増大する。有機体的な価値づけの過程がよりいっそう行動を統制していく基盤になる。その個人は，十分に機能する存在に近づいていく。

III．十分に機能する人間についての理論

　これまで提示してきた理論のなかには，個人内部のある方向づけの傾向 (directional tendencies)（ID および IIA2）とある欲求（IIC および D）が明確に仮定されていた。これらの傾向は，ある規定された条件のもとではよりよく機能するので，今まで述べてきたもののなかにはすでに，人間有機体が最高に実現された状態という概念が暗に含まれている。この極限に仮定された人間は，「社会的進化の目標」とか「最適なサイコセラピーの目標点」などと同義語になるであろう。このような個人を，十分に機能する人間 (fully functioning person) と名づけることにしている。

　I および II 節までで述べられていないものは含まれていないが，この理論的な概念を，それ自体としてはっきりと説明しておく価値があると思われる。

A　個人は，生来，自分の有機体を実現しようとする傾向をもっている。
B　個人は，経験を気づきのなかに正確に象徴化する能力と傾向をもっている。
　1　その当然の結果として，彼は自己概念と経験の一致を維持する能力と傾

向をもっている。
C　個人は，肯定的配慮への欲求をもっている。
D　個人は，肯定的な自己配慮への欲求をもっている。
E　AとBの傾向は，CとDの欲求が満たされるときに最も十分に実現される。もっと具体的にいえば，AとBの傾向は，次のようなときに最も十分に実現される。
　1　個人が重要な他者から無条件の肯定的配慮を経験するとき。
　2　個人の照合枠についての共感的理解が完全でしかもそれが伝えられているような関係のなかに，この無条件の肯定的配慮が明らかに行き渡っているとき。
F　Eの条件が最大限に満たされれば，これらの条件を経験する個人は，十分に機能する人間になるであろう。十分に機能する人間は，少なくとも次のような特徴をそなえている。
　1　彼は自分の経験に対してひらかれている。
　　a．その当然の結果として，彼はなんの防衛をもあらわさない。
　2　それゆえに，すべての経験が気づきのなかに入ってくる。
　3　すべての象徴化は，経験的な事実が許す限り正確なものになる。
　4　彼の自己構造は，経験と一致する。
　5　彼の自己構造は，流動的なゲシュタルトになり，新しい経験を同化する過程のなかで柔軟に変化する。
　6　彼は，自分自身を評価の主体として経験する。
　　a．その価値づけの過程は，連続性をもった有機体的なものである。
　7　彼はいかなる価値の条件ももたない。
　　a．その当然の結果として，彼は無条件の自己配慮を経験する。
　8　彼は，さまざまな状況に出会って，そのときどきの新しさに対して独自の創造的な適応をしていく。
　9　彼は，自分の有機体的な価値づけを，最も満足できる行動への指針として，信頼に値するものと認める。なぜならば，
　　a．すべての利用しうる経験的事実は，気づきのなかに入ってきて，そして利用されるから。

b．経験からのデータは，気づきのなかで歪曲されたり，否定されることはないから。
　　c．経験にもとづいた行動の結果は，気づきのなかに入ってくるから。
　　d．それゆえ，情報不足のために，可能な最大限の満足を達成することができなくても，この効果的な現実検証によって修正されるから。
10　相互に肯定的配慮をもち合うことが互いに報い合う性質をもっているので（*IIC1c*），彼は他者と，可能な限り調和しながら生きていく。

Ⅳ．対人関係の理論

　ごく最近になって，私たちの理論構成は，あらゆる対人関係や対人相互のコミュニケーションのなかに存在すると思われる秩序を公式化する試みにまで拡大されてきた。この公式化は，徐々に明確になっていくと思うが，基本的にはセラピー関係を対人関係のひとつの例にすぎないと考えるセラピー理論から生まれたものである。この提示を明確化するために，悪化的関係（deteriorating relationship）および，深化するあるいは改善的関係（deepening or improving relationship）の条件と過程とその結果について，別々に述べてみたい†。実際には，これらは，ひとつの連続線上の2点，あるいは2面なのである。

E．改善的関係の過程
1　X′ から Y′ へのコミュニケーションの特徴は，経験，気づき，コミュニケーションの3者が一致していることである。
2　Y′ は，この一致をはっきりしたコミュニケーションとして経験する。それゆえ，彼の反応は，自分自身の経験と気づきの一致をよりいっそう表現するようになる。
3　X′ は，自分のコミュニケーションにかかわる領域では一致しており，

---

† 訳注：原典では，悪化的関係と改善的関係のそれぞれについて，その条件，過程，結果が述べられているが，本書では，改善的関係の過程（E）だけが抜章されている。『パーソナリティ理論』（ロージァズ全集8）1967年．第5章にはそのすべてが原典どおり訳出されている。

傷つきやすくはないので，Y′の内的照合枠に共感しながら，正確なそして外在的なやり方でY′の反応を知覚することができる。
4　理解されていると感じているので，Y′は肯定的配慮への欲求についてある程度の満足を経験する。
5　X′は自分自身がY′の経験の場にポジティブな変化をもたらしたという経験をする。
　a．そのため相互的に，X′はY′に対する肯定的配慮の感情を強めていく傾向をもつ。
　b．X′は，そのコミュニケーションの領域において傷つきやすくはないので，Y′に対して感じている肯定的配慮は，無条件の肯定的配慮になる傾向がある。
6　Y′は，少なくともそのコミュニケーションの領域においては，自分は次のような特徴をもった関係のなかにあると経験する。それは，X′の側は一致しており，X′による内的照合枠からの共感的理解があり，そして無条件の配慮がある，という関係である（*IA3, 4, 5* 参照）。
　a．それゆえ，コミュニケーションの主題の限界内では，セラピー過程のあらゆる特徴（*IB*）が始動している。
　b．Y′は，この関係のなかでは防衛の必要をほとんど感じないので，知覚を歪曲する必要は減少する。
　c．それゆえ，彼はX′からのコミュニケーションをより正確に知覚する。
7　それによって双方のコミュニケーションは，ますます一致したものになり，ますます正確に知覚され，よりいっそう相互的な肯定的配慮を伴ったものになる。

Ｖ．応用の理論

　部分的に発展してきたいろいろな応用理論を詳細に説明することは，これまで述べてきたことと重複することになるであろう。それで，この理論の各分野に応用できる局面について，いささか記述し示唆することにとどめておこう。

> 家庭生活

理論的に示唆されていることは，次のようになるであろう。

1 親が子どもに対して経験する無条件の肯定的配慮の程度が大きいほど，
   a．子どもの価値の条件は減少する。
   b．子どもはその分だけ，持続性のある有機体的な価値づけの過程にもとづいて生活することができる。
   c．子どもの心理的適応の水準が高まっていく。
2 親は，自分が無条件の自己配慮を経験している程度だけ，このような無条件の肯定的配慮を経験する。
3 親は，無条件の自己配慮を経験する程度に応じて，関係のなかで一致の状態になれる。
   a．これは，彼自身が感情（肯定的なものであれ否定的なものであれ）を表現する際に，純粋で一致した状態にあることを示している。
4 条件1，2，3が存在する程度に応じて，親は子どもの内的照合枠を現実的に，共感的に理解し，子どもに対して無条件の肯定的配慮を経験する。
5 条件1から4までが存在する程度に応じて，セラピー過程とその結果の理論（IB, C），および改善的関係の過程とその結果の理論（IVE, F）が当てはまる。

> グループの緊張と葛藤

A．グループの葛藤が減少する条件

グループの葛藤と緊張は，もし次の条件が存在するならば減少するであろう。

1 ひとりの人間（これをファシリテーターと名づける）がX，Y，Zと接触している。
2 ファシリテーターは，X，Y，Zのそれぞれとの接触において，自分自身の内部は一致の状態にある。

3 ファシリテーターは，X, Y, Zのそれぞれに対して次のような経験をしているとき。
   a．少なくともグループ・メンバーがコミュニケートしている領域において無条件の肯定的配慮。
   b．少なくともそのグループ・メンバーがコミュニケートしている領域において，X, Y, Zの内的照合枠からの共感的理解。
4 X, Y, Zは少なくとも最小限度，3aと3bの条件を知覚している（これは一般に，3bが言葉で伝えられるからである）。

B．グループの葛藤が減少する過程

もし上記の条件が存在し，かつ存在しつづけるならば，次のことが生起するであろう。

1 少なくともグループのコミュニケーションが関与している領域内では，セラピー過程の種々の要素（*IB*）がある程度生じてくる。
   a．この過程の重要な要素のひとつは，知覚が分化し外在性が増大することである。
   b．もうひとつの重要な要素は，X, Y, Zの経験のなかで脅威の感じ（*IB8, 8a*参照）が減少することである。
2 その結果，YからXへの，あるいはZからXへのコミュニケーションは防衛が小さくなり，Yの経験やZの経験とよりいっそう一致するようになる。
3 これらのコミュニケーションは，Xによってますます正確に，より多くの外在性をもって知覚される。
   a．その結果，XはYやZの共感的理解をより多く経験する。
4 Xは，YやZから脅威をあまり経験しなくなり，内的照合枠からの共感をより多く経験しているので，
   a．Xは今や，経験と気づきとの間にそれまで存在していた不一致を，気づきのなかに象徴化するようになる。
   b．その結果，彼自身の経験を防衛的に歪曲することが少なくなる。

c. それゆえ，YやZに対するXのコミュニケーションは，そのコミュニケーションの領域について，彼自身の全経験をより外在的に表現するようになる。

5 そこには改善的関係の過程に必要な条件が存在していることになり，IVE で述べた現象が起こってくる。

文　献*

1. Anderson, R. An investigation of the relationship between verbal and physiological behavior during client-centered therapy. Unpublished doctoral dissertation, Univer. of Chicago, 1954.
and physiological behavior during client-centered therapy. Unpublished doctoral dissertation, Univer. of Chicago, 1954.
2. Assum, A. L., & Levy, S. J. Analysis of a non-directive case with follow-up interview. *J. abnorm. soc. Psychol.*, 1948, *43*, 78–89.
3. Butler, J. M., & Haigh, G. V. Changes in the relation between self-concepts and ideal concepts consequent upon client-centered counseling. In [70, chap. 4].
4. Carr, A. C. Evaluation of nine psychotherapy cases by the Rorschach. *J. consult. Psychol.*, 1949, *13* (3), 196–205.
5. Chodorkoff, B. Self-perception, perceptual defense, and adjustment. *J. abnorm. soc. Psychol.*, 1954, *49* (4), 508–512.
6. Cofer, C. N., & Chance, J. The discomfort-relief quotient in published cases of counseling and psychotherapy. *J. Psychol.*, 1950, *29*, 219–224.
7. Cowen, E. L., & Combs, A. W. Followup study of 32 cases treated by nondirective psychotherapy. *J. abnorm. soc. Psychol.*, 1950, *45*, 232–258.
8. Dymond, Rosalind F. Adjustment changes over therapy from self-sorts. In [70, chap. 5].
9. Dymond, Rosalind F. Adjustment changes over therapy from Thematic Apperception Test ratings. In [70, chap. 8].
10. Fiedler, F. E. A comparative investigation of early therapeutic re-

---

* この章は，もっと長い論文からの抜粋であるので，原典にあるままのこの参考文献のすべてが，本章の訳文の中に出てくるわけではない。

lationships created by experts and non-experts of the psychoanalytic, non-directive and Adlerian schools. Unpublished doctoral dissertation, Univer. of Chicago, 1949.
11. Fiedler, F. E. A comparison of therapeutic relationships in psychoanalytic, non-directive and Adlerian therapy. *J. consult. Psychol.*, 1950, *14*, 436–445.
12. Gallagher, J. J. The problem of escaping clients in non-directive counseling. In W. U. Snyder (Ed.), *Group report of a program of research in psychotherapy*. Psychotherapy Research Group, Pennsylvania State Univer., 1953. Pp. 21–38.
13. Gordon, T., & Cartwright, D. The effects of psychotherapy upon certain attitudes toward others. In [70, chap. 11].
14. Grummon, D. L., & John, Eve S. Changes over client-centered therapy evaluated on psychoanalytically based Thematic Apperception Test scales. In [70, chap. 11].
15. Haigh, G. V. Defensive behavior in client-centered therapy. *J. consult. Psychol.*, 1949, *13* (3), 181–189.
16. Haimowitz, Natalie Reader, & Morris, L. Personality changes in client-centered therapy. In W. Wolff (Ed.), *Success in psychotherapy*. New York: Grune & Stratton, 1952. Chap. 3.
17. Hanlon, T. E., Hofstaetter, P. R., & O'Connor, J. P. Congruence of self and ideal self in relation to personality adjustment. *J. consult. Psychol.*, 1954, *18* (3), 215–218.
18. Hartley, Margaret. Changes in the self-concept during psychotherapy. Unpublished doctoral dissertation, Univer. of Chicago, 1951.
19. Hoffman, A. E. A study of reported behavior changes in counseling. *J. consult. Psychol.*, 1949, *13*, 190–195.
20. Hogan, R. The development of a measure of client defensiveness in the counseling relationship. Unpublished doctoral dissertation, Univer. of Chicago, 1948.
21. Jonietz, Alice. A study of phenomenological changes in perception after psychotherapy as exhibited in the content of Rorschach percepts. Unpublished doctoral dissertation, Univer. of Chicago, 1950.
22. Kaufman, P. E., & Raimy, V. C. Two methods of assessing therapeutic progress. *J. abnorm. soc. Psychol.*, 1949, *44*, 379–385.
23. Kessler, Carol. Semantics and non-directive counseling. Unpublished master's thesis, Univer. of Chicago, 1947.

24. Lipkin, S. Clients' feelings and attitudes in relation to the outcome of client-centered therapy. *Psychol. Monogr.*, 1954, *68*, No. 1 (Whole No. 372).
25. Mitchell, F. H. A test of certain semantic hypotheses by application to client-centered counseling cases: intensionality-extensionality of clients in therapy. Unpublished doctoral dissertation, Univer. of Chicago, 1951.
26. Mosak, H. Evaluation in psychotherapy: a study of some current measures. Unpublished doctoral dissertation, Univer. of Chicago, 1950.
27. Muench, G. A. An evaluation of non-directive psychotherapy by means of the Rorschach and other tests. *Appl. Psychol. Monogr.*, 1947, No. 13, 1–463.
28. Quinn, R. D. Psychotherapists' expressions as an index to the quality of early therapeutic relationships established by representatives of the nondirective, Adlerian, and psychoanalytic schools. Unpublished doctoral dissertation, Univer. of Chicago, 1950.
29. Raimy, V. C. Self reference in counseling interviews. *J. consult. Psychol.*, 1948, *12*, 153–163.
30. Raskin, N. J. An objective study of the locus of evaluation factor in psychotherapy. Unpublished doctoral dissertation, Univer. of Chicago, 1949.
31. Rogers, C. R. The case of Mrs. Oak: a research analysis. In [70, chap. 15].
32. Rogers, C. R. Changes in the maturity of behavior as related to therapy. In [70, chap. 13].
33. Rogers, C. R., & Dymond, R. F. (Eds.). *Psychotherapy and personality change.* Chicago: University of Chicago Press, 1954.
34. Rogers, Natalie. Measuring psychological tension in non-directive counseling. *Personal Counselor*, 1948, *3*, 237–264.
35. Rudikoff, Esselyn C. A comparative study of the changes in the concept of the self, the ordinary person, and the ideal in eight cases. In [70, chap. 11].
36. Seeman, J. Counselor judgments of therapeutic process and outcome. In [70, chap. 11].
37. Seeman, J. A study of the process of non-directive therapy. *J. consult. Psychol.*, 1949, *13*, 157–168.

38. Sheerer, Elizabeth T. The relationship between acceptance of self and acceptance of others. *J. consult. Psychol.*, 1949, *13* (3), 169–175.
39. Snyder, W. U. An investigation of the nature of non-directive psychotherapy. *J. genet. Psychol.*, 1945, *33*, 193–223.
40. Standal, S. The need for positive regard: a contribution to client-centered theory. Unpublished doctoral dissertation, University of Chicago, 1954.
41. Stock, Dorothy. The self concept and feelings toward others. *J. consult. Psychol.*, 1949, *13* (3), 176–180.
42. Strom, K. A re-study of William U. Snyder's "An investigation of the nature of non-directive psychotherapy." Unpublished master's thesis, Univer. of Chicago, 1948.
43. Thetford, W. N. An objective measure of frustration tolerance in evaluating psychotherapy. In W. Wolff (Ed.), *Success in psychotherapy*. New York: Grune & Stratton, 1952. Chap. 2.
44. Vargas, M. Changes in self-awareness during client-centered therapy. In [70, chap. 10].
45. Zimmerman, J. Modification of the discomfort-relief quotient as a measure of progress in counseling. Unpublished master's thesis, Univer. of Chicago, 1950.

---

3 「クライエント中心療法による自己概念と理想概念との関係の変化」『パースナリティの変化』(ロージァズ全集13) 1967年, 第4章。

8 「自己分類によって検討したセラピィによる適応の変化」(ロージァズ全集13) 第5章。

9 「T・A・T評定によるセラピィ終了後の適応変化」(ロージァズ全集13) 第8章。

11 伊東博編訳「精神分析, 非指示的方法, アドラー療法における治療関係の比較(フィードラー)」『カウンセリングの基礎』誠信書房, 1960年, 第14章。

13 「他の人びとに対するある態度に関するサイコセラピィの効果」(ロージァズ全集13) 第11章。

14 「精神分析的なT・A・Tスケールによって評価されたクライエント中心療法における変化」(ロージァズ全集13) 1965年, 第9章。

31 「オーク夫人のケース」『成功・失敗事例の研究』(ロージァズ全集10) 1967年, 第1章。

32 「セラピィとの関係における行動の成熟の変化」(ロージァズ全集13) 第13章。

33 ロージァズ全集13。

35 「8ケースにおける自己, 普通人, 理想の概念の変化についての比較研究」(ロージァ

ズ全集 13) 第 6 章。
36 「セラピィの過程と所産に関するカウンセラーの判定」(ロージァズ全集 13) 第 7 章。
37 「非指示的セラピィの過程に関する研究 (シーマン, J.)」『クライエント中心療法の評価』(ロージァズ全集 17) 1967 年,第 5 章および伊東博編訳「非指示的心理療法の過程に関する研究 (シーマン)」『カウンセリングの基礎』誠信書房,1960 年,第 8 章。
39 「非指示的サイコセラピィの性格に関する研究 (スナイダー, W. U.)」『クライエント中心療法の評価』(ロージァズ全集 17) 1967 年,第 4 章および伊東博編訳「非指示的心理療法の過程に関する研究 (スナイダー)」『カウンセリングの基礎』誠信書房,1960 年,第 7 章。
44 「クライエント中心療法の期間中における自己意識の変化」『パースナリティの変化』(ロージァズ全集 13) 1967 年,第 10 章。

人　名　索　引

ア
アクスライン（Axline, V.）　252
アッサム（Assum, A. L.）　295
アドラー（Adler, A.）　279
アンダーソン（Anderson, R.）　295
ヴァーガス（Vargas, M.）　292
ウェーバー（Weber, M.）　26
ウェスト（West, E.）　189, 192–205
ウェルダー（Waelder, R.）　100, 101
エリス（Ellis, A.）　ii
エンズ（Ends, E. J.）　137
オコナー（O'Connor, J. P.）　295

カ
カー（Carr, A. C.）　295
カートナー（Kirtner, W. L.）　279
カートライト（Cartwright, D.）　287, 296
ギャラガー（Gallagher, J. J.）　290
キューブラー＝ロス（Kübler-Ross, E.）　58
キルケゴール（Kierkegaard, S.）　235, 278
キルパトリック（Kilpatrick, W. H.）　12
クィン（Quinn, R. D.）　134, 290
グラッド（Glad, D. D.）　207
グラモン（Grummon, D. L.）　295
グリーンスプーン（Greenspoon, J.）　135
クレペリン（Kraepelin, E.）　198
ケーラー（Köhler, W.）　245
ケストラー（Koestler, A.）　58
ケスラー（Kessler, C.）　241
ケル（Kell, B.）　250
コヴナー（Covner, B.）　246, 247
コーエン（Cowen, E. L.）　295
ゴードン（Gordon, T.）　287, 296
コーファー（Cofer, C. N.）　295
コーフマン（Kaufman, P. E.）　295
コームズ（Combs, A.）　287, 295
コッチ（Koch, S.）　247
コフート（Kohut, H.）　155

サ
サンフォード（Sanford, R.）　167
シアラー（Sheerer, E. T.）　293, 296
シーマン（Seeman, J.）　134, 287, 293
ジェンドリン（Gendlin, E. T.）　216, 287
シュライン（Shlien, J.）　153, 287
ジョニエッツ（Jonietz, A.）　295, 296
ジョン（John, E. S.）　295
スキナー（Skinner, B. F.）　135, 148
スタンダル（Standal, S.）　272, 287, 298
ストック（Stock, D.）　293, 296
ストローム（Strom, K.）　293
スナイダー（Snyder, W. U.）　292
スニッグ（Snygg, D.）　287
スペンス（Spence, K. W.）　245
スラック（Slack, S.）　154
セットフォード（Thetford, W.）　295

タ
ダイモンド（Dymond, R. F.）　295
チャンス（Chance, J.）　295
チョドーコフ（Chodorkoff, B.）　270, 292
ツィンメルマン（Zimmerman, J.）　296
ディッツ（Dittes, J. E.）　134, 146
デューイ（Dewey, J.）　272
トインビー（Toynbee, A.）　49

ハ
バーグマン（Bergman, P.）　43
ハートレイ（Hartley, M.）　295
パールズ（Perls, F.）　ii, 155
ハーロウ（Harlow, H. F.）　136
ハイモビッツ（Haimowitz, N. R.）　295, 296
ハイン（Heine, R. W.）　133
バトラー（Butler, J.）　287, 295
ハミルトン（Hamilton, G. V.）　34

人名索引　315

ハルキデス（Halkides, G.）138
バレット＝レンナード（Barrett-Lennard, G. T.）221
ハンロン（Hanlon, T. E.）295
ヒーリー（Healy, W.）13
ビンスワンガー（Binswanger, L.）197, 198
ファーソン（Farson, R. E.）144
フィードラー（Fiedler, F. E.）133, 271, 274, 290
ブーバー（Buber, M.）148, 201
フェアプランク（Verplanck, W. S.）135, 148
ブライアン（Bryan, H.）73, 103-128
フロイト（Freud, S.）12, 100
ブロイラー（Bleuler, E.）198
ヘイ（Haigh, G. V.）292, 295
ペイジ（Page, C. W.）137
ベッツ（Betz, B. J.）132
ボウン（Bown, O.）271, 287
ホーガン（Hogan, R.）287, 292, 295
ポーター（Porter, E. H.）92-94, 96
ボールドウィン（Baldwin, A. L.）131
ホフステッター（Hofstaetter, P. R.）295
ホフマン（Hoffman, A. E.）296

ホリングワース（Hollingworth, L.）12
ホワイトホーン（Whitehorn, J. C.）132

マ

マズロー（Maslow, A. H.）49, 287
マックニール（McNeil, H.）252
ムーディ（Moody, R.）58
ミッチェル（Mitchell, F. H.）292, 295
ミュンチュ（Muench, G. A.）295
モザーク（Mosak, H.）295
モリス（Morris, C.）208
モリス（Morris, L.）296

ラ

ラスキン（Raskin, N. J.）293, 296
リプキン（Lipkin, S.）290, 293
リンズレイ（Lindsley, O. R.）135, 148
ルーディコップ（Rudikoff, E. C.）295, 296
レイミー（Raimy, V.）287, 293, 295
レビ（Levy, S. J.）295
ロジャーズ（Rogers, C.）i-viii, 3-6, 71, 154, 189-191, 245-247, 292, 296
ロジャーズ（Rogers, N.）296

事 項 索 引

ア
「あたかも……のごとく」という性質　274
アメリカ・サイコセラピスト協会　ii, iii
アメリカ心理学会（APA）　iii, 15, 245
『アメリカン・サイコロジスト』誌　iv
安定感　281
アンビバレントな　260
イェール大学人間関係研究所　246
意識的　271
意識変容状態　165, 180, 182
一致　293
一致性（congruence）　72, 139, 272
陰性　156
生まれくる新しい人間　47
エンカウンター・グループ　i, 44-46, 48, 52, 231, 246
『エンカウンター・グループ』　iv
オペラント条件づけ　135

カ
外在的（extensional）　218, 291
解釈（interpretation）　119, 132, 160, 260, 283
概念化された価値　209
開放性（openness）　223
『カウンセリング心理学』誌　iv
『カウンセリングとサイコセラピー』　17, 71, 246
隠し立てなくリアルである（transparently real）　142
仮説　277
仮説・結果という現象　276
硬いお母さん　136
価値づけの過程（valuing process）　190, 207, 209-211, 215, 217, 219, 221, 222, 224-226, 304
価値の条件（condition of worth）　292, 299-302
関係（relationship）　268, 289
患者　72, 170
感情　155, 156, 158, 160, 183, 202, 203, 207, 219-221, 241, 261, 291
感情の反映（→気持ちのリフレクション）　73, 282
関心グループ　45
技術的なチャンネル　283
傷つきやすい（vulnerable）　289, 300
気づき（awareness）　142, 291, 297, 300-303, 305, 308
気づくことを否定されてきた感情　291
機能しつつある人間の体験　208
気持ちのリフレクション　73, 152, 153, 282
逆転　303
客観的価値　208
Qテクニーク　271
Q分類　270, 273
脅威　291, 292, 301
教育のプログラム　282
脅威となっている経験　302
共感（empathy）　73, 274, 275, 283
共感的理解（empathic understanding）　138, 139, 146, 163, 267, 274, 290, 304, 306, 308
矯正　283
強迫神経症　278, 198, 201
緊張病の患者　268
クライエント　267, 271, 272, 274, 278, 280, 281
クライエント・センタード
　　──・セラピー　44, 137, 153, 162, 279, 282
　　──学派　133
　　──の風土　157
『クライエント中心療法』　3, 7, 29
クライエントの状態　269
クライエントの知覚　275
グローリア・シリーズ　ii
経験　269, 270, 272, 291
経験が気づきのなかに正確に象徴化される　301
経験が自己構造に同化される　294
経験される肯定的配慮　299
経験の場　298

結婚解消　228
『結婚革命』　48, 190
結婚生活　32, 40, 41, 52, 58, 60, 170-174, 180, 237, 238, 241
現実化　210, 219, 220, 297
建設的なパーソナリティ変化の条件　138, 266-277, 279, 284
構成要因法　249-251
肯定的自己配慮　294, 304
肯定的配慮　272, 305
肯定的配慮への欲求　298, 304, 306
行動における変化　266
ごっこ遊び（dramatic play）　82
古典的精神分析　279
個別性　216
コロンビア大学教育学部　12

サ

サイコセラピー　i, iii, 26, 27, 54, 71, 72, 74, 99, 101, 133, 140, 156, 162, 164, 166, 181, 189, 194, 207, 215, 225, 245, 246, 248, 258, 264, 271, 278-284, 286
最適なサイコセラピーの目標点　303
自己（self）
　——一致　153, 163, 189
　——概念　174, 254, 269, 270, 291, 298, 301, 302
　——経験　297, 299, 300
　——言及項目　270
　——構造　291, 301, 302, 304
　——構造の再体制化　291
　——指示（self-direction）　89, 223, 226
　——実現（self-realization）　132, 220
　——受容　86, 253, 255
　——像　269
　——と経験の一致　292-294, 302
　——と経験の不一致　300, 301
　——配慮（self-regard）　299
　——配慮への欲求　299
　——不一致（incongruence）　189
　——理解　75, 86, 89, 97, 116, 249, 253, 258
指示的質問　109, 111, 120, 260
静かな革命家　iv
実現傾向　164, 297

自分の経験に対してひらかれる　293
死へのプロセス　59, 61
社会的進化の目標　303
集中的セラピー・グループ経験（体験）　i
十分に機能する人間（fully functioning person）　287, 303, 304
重要な他者（significant others）　298
自由連想（free association）　283
受容（acceptance）
　——的-民主的　131
　——と共感　275, 276
　——の条件　273
　——を経験する　294
純粋性（genuiness）　72, 163
小グループ　45
象徴化　297, 300, 303, 304, 308
情動化された態度　108
処遇面接　13, 78, 80, 251, 262
職業選択の場面　91
神経症　117, 123, 126, 148, 258, 278
神経症者　104, 123
診断的推察　106
診断的な情報　281
神秘的現象　53
信頼　73
心理学的診断　280, 281
心理的適応　293
心理的な接触　267, 268
心理的不適応　300
スーパーヴァイザー　145, 271
スーパーヴィジョン　259
正確に象徴化される　300, 302, 303
成熟した　294
精神病　102, 278
生成の過程　147
成長促進的　131, 164
世界キリスト教学生連合会議　10
積極的拒否型　131
接触（contact）　289
セラピー
　——過程　290, 292, 307, 308
　——過程の条件　289
　——関係　280

――条件　278
――的（な）変化　73, 268, 276, 278
――的変化の必要にして十分な条件　138
――によるパーソナリティ変化の必要にして十分な条件（The Necessary and Sufficient Conditions of Therapeutic Personality Change）　247, 265
セラピスト　39, 267, 271, 272, 274, 278, 280, 231, 283
セラピストの純粋性　270
潜在知覚　268
選択の可能性　87
操作的価値　208
『創造への教育』　44, 48
存在（presence）　165
尊重　73

タ
第1の条件　268
第2の条件　270
第3の条件　270, 271
第4の条件　273
第5の条件　274
体験過程（experiencing）　25, 30, 153, 193, 195-197, 201, 203, 204, 212, 214-222, 226, 227
対人関係　265, 305
態度　72, 275
態度的な条件　275
知覚　275, 300
知覚された価値　208
知覚された自己　269
知覚されている　135
知覚される経験　297
知覚している現実　297
超越的　165, 166
超自然的精神活動　53
直観的　165
出会いによる治癒　201
『出会いへの道』　ii
転移　73, 155-157, 160
転移神経症　161
投影　156
統合性　272

洞察　86, 87, 88, 89, 101, 116, 155, 160, 258, 262
洞察と自己理解　86
独自性　216
取り入れる　189

ナ
内的照合枠（internal frame of reference）　267, 289, 306-308
内面的（intensional）　291
「人間か科学か」　29
「人間関係についての私の哲学とその発展」　49
人間研究センター　43, 45
『人間になることについて』　6
『人間の潜在力』　44, 49
人間への基本的信頼　164
能動的な傾聴　163

ハ
パーソナリティ構造　266
パーソナリティの発達　282
パーソナリティ変化　265, 266, 268, 273, 286
パーソン・センタード
――・アプローチ　v, vii, viii, 44, 45, 49, 51, 66, 162, 164, 166, 181, 205
――・ワークショップ　61, 62
ハーバート・ブライアンのケース　71, 103-128, 246
バイオフィードバック　53
犯罪者　282
非意識　176, 180, 183
非行者　282
非指示的な観点　92
非所有的配慮（nonposessive caring）　132
必要にして十分な条件　265, 284
否定されて気づかなくなる　300
皮膚電気反射　134, 146
ヒューマニスティック心理学　i
ヒューマニスティック心理学公文書口述歴史記録集企画　246
評価の主体（locus of evaluation）　147, 189, 210, 212, 214, 215, 218, 226, 292-294, 304
ファシリテーター養成グループ　61
不安　270

不安が経験される 301
不一致（incongruence） 269, 289, 291, 301
不一致の経験に気づく 302
風土 160, 162, 163, 216
夫婦生活 35
フェルズ研究所 131
不快解消指数 295
プリンストン・ワークショップ 61
分裂病 164
ベルファスト・グループ 66
防衛 292, 301, 302, 306
ポーランドのワークショップ 63

マ

満足な結婚生活 237
無意識 270
無意識的 271
無条件の肯定的配慮（unconditional positive regard） 72, 138, 139, 267, 272, 273, 289, 290, 292, 302, 304, 306-308
無条件の自己配慮 302, 304, 307
六つの条件 267
もぐり込み（棲み込み） 180
『問題児の治療』 3, 16, 28, 249, 253

ヤ

やわらかいお母さん 136
有機体的な価値づけ

――価値づけの過程 209, 225, 294, 297, 298, 303
有機体の知恵 183, 189, 211, 220
有機体的水準 268
優秀科学貢献賞 iii, 245
友情関係 280
歪められて気づいていた感情 291
ユニオン神学校 11, 12
陽性 156
よみがえった結婚生活 238

ラ

ラージグループ 62
リアルである（being real） 142, 223
リーダーシップの訓練プログラム 282
リーダーレス 45
力動性 276, 283
理想的自己とより一致 294
両価的なもの（ambivalences） 80, 83
霊的現象 59
霊魂再生 58
霊的な次元 166
露出症 109

ワ

「私の結婚」 6, 32-41
「私を語る」 6-31

訳者紹介 (50音順)

池見　陽（いけみ　あきら）【7章，9章，4部序，14章，15章】
1980年　米国シカゴ大学大学院社会科学研究科修士課程修了
現　在　関西大学大学院心理学研究科教授，医学博士

伊東　博（いとう　ひろし）【1部序，2部序，3部序，16章】
監訳者紹介参照

大石　英史（おおいし　えいじ）【5章，17章】
1989年　九州大学大学院教育学研究科博士課程単位取得退学
現　在　宇部フロンティア大学心理学部教授

梶原　和美（かじわら　かずみ）【6章，8章，12章】
1989年　九州大学大学院教育学研究科博士課程単位取得退学
現　在　鹿児島大学大学院医歯学総合研究科准教授

中田　行重（なかた　ゆきしげ）【10章】
1992年　九州大学大学院教育学研究科博士課程単位取得退学
現　在　関西大学大学院心理学研究科教授

村山　正治（むらやま　しょうじ）【序文，1章，4章，11章】
監訳者紹介参照

村山　尚子（むらやま　なおこ）【2章，3章，13章】
1959年　大阪市立大学生活科学部卒業
現　在　心理教育研究所赤坂主宰，臨床心理士

監訳者紹介

伊東　博（いとう　ひろし）
1919年　秋田県男鹿市に生まれる
1948年　東京文理科大学卒業
1950年　米国ミズーリ大学大学院修了
　　　　秋田大学助教授，横浜国立大学教育学部教授，日本カウンセリング協会理事長，東京国際大学・同大学院教授，人間中心の教育を現実化する会（人現会）会長などを歴任
2000年　死去
著訳書　『新訂・カウンセリング』誠信書房，『援助する教育』明治図書，『人間中心の教育』明治図書，『自己実現の教育』明治図書，『ニュー・カウンセリング』誠信書房，『カウンセリング〔第四版〕』誠信書房，『身心一如のニュー・カウンセリング』誠信書房，『ロージャズ全集』全23巻（共編訳）岩崎学術出版社，ロロ・メイ著『存在の発見』（共訳）誠信書房，ロロ・メイ著『自由と運命』（共訳）誠信書房，ロロ・メイ著『美は世界を救う』（訳）誠信書房，他

村山　正治（むらやま　しょうじ）
1934年　東京都に生まれる
1958年　京都大学教育学部卒業
1963年　京都大学大学院教育学研究科博士課程単位取得退学，教育学博士
　　　　京都市教育委員会カウンセラー，九州大学教養部助教授，九州大学教育学部長，九州大学心理教育相談室長，関西大学臨床心理士養成専門職課程客員教授，久留米大学文学部教授，九州産業大学大学院教授，東亜大学大学院教授，日本臨床心理士会代議員，学校臨床心理士ワーキンググループ代表を歴任。
現　在　九州大学名誉教授，東亜大学大学院臨床心理学専攻客員教授，福岡人間関係研究会代表，21世紀研究所主宰
著訳書　『エンカウンターグループとコミュニティ』ナカニシヤ出版，『カウンセリングと教育』ナカニシヤ出版，『私のカウンセラー修行──村山正治心理臨床エッセイ集』誠信書房，『臨床心理士のスクールカウンセリング3』（共編著）誠信書房，『スクールカウンセラー──その理論と展望』（共編著）ミネルヴァ書房，『新しいスクールカウンセラー』ナカニシヤ出版，『ロージャズ全集』全23巻（共編訳）岩崎学術出版社，ワン著『行動主義と現象学』（編訳）岩崎学術出版社，ロジャーズ著『結婚革命』（共訳）サイマル出版，ジェンドリン著『フォーカシング』（共訳）福村出版，ジェンドリン著『夢とフォーカシング』（訳）福村出版，『ロジャースをめぐって──臨床を生きる発想と方法』金剛出版，『心理臨床講義』（共著）金剛出版，『「自分らしさ」を認めるPCAグループ入門』（編著）創元社，『新しい事例検討法PCAGIP入門』（編著）創元社，『心理臨床の学び方』（監修）創元社，『パーソンセンタード・アプローチとオープンダイアローグ──対話・つながり・共に生きる』（共編）遠見書房，他

H. カーシェンバウム，V. L. ヘンダーソン編

ロジャーズ選集（上）
──カウンセラーなら一度は読んでおきたい厳選33論文

2001年4月25日　第1刷発行
2024年5月20日　第15刷発行

監訳者	伊　東　　　博	
	村　山　正　治	
発行者	柴　田　敏　樹	
印刷者	日　岐　浩　和	

発行所　株式会社　誠　信　書　房
〒112-0012　東京都文京区大塚 3-20-6
電話　03 (3946) 5666 代
https://www.seishinshobo.co.jp/

中央印刷　協栄製本　　落丁・乱丁本はお取り替えいたします
検印省略　　無断で本書の一部または全部の複写・複製を禁じます
Ⓒ Seishin Shobo, 2001　　　　　　　　　Printed in Japan
ISBN 978-4-414-30291-2 C3011

カウンセラー、コーチ、キャリアコンサルタントのための 自己探究カウンセリング入門
EAMA（体験 - アウェアネス - 意味生成アプローチ）の理論と実際

諸富祥彦 著

「自己探究カウンセリング」の新たな手法であるEAMA（体験 - アウェアネス - 意味生成アプローチ）の理論と方法が初めて明かされる。

主要目次
- 第1章　あなたは、何のためにこの仕事をしているのか
- 第2章　対話的アプローチの原理
　　　　─「自己との深い対話」を促す「他者との対話」
- 第3章　自己探究カウンセリングの原理／他
- 第5章　自己探究カウンセリングの四つのフェイズ／他
- 第8章　補助的ないくつかの方法とヒントになる理論
- 第9章　一人でおこなうEAMAワーク
- 第10章　内側から革命

四六判上製　定価(本体2300円＋税)

カウンセリングの理論(上)
三大アプローチと自己成長論

諸富祥彦 著

実践に役立つ33の理論のエッセンスを解説。各理論の位置関係や実践上の違いが一目でわかる全体見取り図、主要理論比較表も掲載。

四六判上製　定価(本体2200円＋税)

カウンセリングの理論(下)
力動論・認知行動論・システム論

諸富祥彦 著

最新のアプローチを含め、精神力動論、認知行動論、システム論、各理論をどう統合して使うかを解説する。

四六判上製　定価(本体2200円＋税)